本书为国家社科基金项目"微博语境下媒体应急管理研究"
(项目编号：13BXW041)的研究成果

传 媒 与 文 化 书 系

媒体声誉
应急管理研究

刘海明 ◎ 著

中国传媒大学出版社
·北京·

图书在版编目(CIP)数据

媒体声誉应急管理研究 / 刘海明著. -- 北京：中国传媒大学出版社, 2022.11
ISBN 978-7-5657-3270-6

Ⅰ.①媒… Ⅱ.①刘… Ⅲ.①媒体—危机管理—研究—中国 Ⅳ.①G219.2

中国版本图书馆 CIP 数据核字 (2022) 第 163325 号

媒体声誉应急管理研究
MEITI SHENGYU YINGJI GUANLI YANJIU

著　　者	刘海明
策划编辑	曾婧娴
责任编辑	沈刘红
责任印制	李志鹏
封面设计	拓美设计

出版发行	**中国传媒大学**出版社		
社　　址	北京市朝阳区定福庄东街 1 号	邮　编	100024
电　　话	86-10-65450528　65450532	传　真	65779405
网　　址	http://cucp.cuc.edu.cn		
经　　销	全国新华书店		
印　　刷	唐山玺诚印务有限公司		
开　　本	787mm×1092mm　1/16		
印　　张	11.5		
字　　数	252 千字		
版　　次	2022 年 11 月第 1 版		
印　　次	2022 年 11 月第 1 次印刷		
书　　号	ISBN 978-7-5657-3270-6/G·3270	定　价	58.00 元

本社法律顾问：北京嘉润律师事务所　郭建平
版权所有　翻印必究　印装错误　负责调换

目 录

绪 论 // 1

第一章 媒体声誉危机应急管理的发展脉络 // 11

11 // 第一节 西方媒体声誉危机应急管理的发展脉络
23 // 第二节 我国媒体声誉危机应急管理的发展脉络

第二章 媒体声誉危机应急管理的理论基础 // 40

40 // 第一节 媒体风险的必然与或然
48 // 第二节 媒体理念的缺陷与完美
57 // 第三节 媒体声誉应急的时间与利益

第三章 媒体声誉危机应急管理的场域与准则 // 67

67 // 第一节 媒体声誉危机应急管理的场域
76 // 第二节 媒体声誉危机应急管理的准则

第四章 新闻业务声誉危机的应急管理 // 88

88 // 第一节 必然性与媒体差错

103 // 第二节　或然性与新闻虚假
111 // 第三节　技术缺陷与技术风险

第五章　媒体机构和个人声誉危机的应急管理　　　// 118

118 // 第一节　个人声誉的应急管理
126 // 第二节　机构声誉的应急管理
134 // 第三节　涉媒声誉的行政管理

第六章　媒体声誉危机应急管理的伦理规制　　　// 142

142 // 第一节　媒体声誉危机应急管理的利己与利他
149 // 第二节　媒体声誉危机应急管理的缺位与越位
156 // 第三节　媒体声誉危机应急管理的自律与他律

第七章　结论与建议　　　// 165

附录：媒体声誉危机应急管理调查问卷　　　// 174

后　记　　　// 179

绪 论

一、研究背景

现代社会，自然科学的快速进步给人类社会生活带来明显影响。科学技术在造福人类的同时，也破坏着自然环境。与传统社会相比，现代社会所面临的风险在逐渐增加。

人类社会的每次转型都是一次"现代性"的过程。工业化社会所孕育的"现代性正从古典工业社会的轮廓中脱颖而出，形成一种崭新的形式——（工业的）'风险社会'。这种情形需要对存在于现代性内部的连续性与断裂之间的矛盾做出一种细致的权衡，此种矛盾也反映在现代性和工业社会之间、工业社会和风险社会之间的对抗中"。

进入21世纪，"现代化已经耗尽了和丧失了它的他者，如今正在破坏它自身作为工业社会连同其功能原理的前提"[①]。"风险社会"的景观是每个行业都"生活在文明的火山上"。随着"风险社会"理论被广泛接受，"风险"意识正在全社会范围内形成。

社交媒体出现后，"风险社会"面临新的转型，转型的标志是"风险"正在从环境污染、食品安全等有感的风险向网络舆论造成的行业性声誉风险转变。在社交媒体平台上，不论是个人的过失还是机构或行业性的过失，都可能在社交媒体平台上被关注，形成网络舆论，对涉事方的社会声誉构成威胁。

声誉是自然人和社会组织的无形资产，声誉下降将影响个人和机构的既有秩序。声誉风险作为21世纪的新型风险需要新的诠释和新的发展。这种风险因为不具有有形资产的直接损失而更具隐蔽性，因此较少受到全社会的重视。这其中，掌握话语权较多的行业反应更为迟钝。这种状况的形成与行业话语权的强弱成反比关系。弱话语权的行业，对于来自舆论的批评有更多的切肤之痛，这些行业适应网络舆论的速度更快，可以较早地感受到社交媒体形成的网络舆论对自身社会声誉的巨大威胁。相反，以信息传播为主的新闻业在长期的历史发展中获得了相当多的话语权，这种话语权对新闻机构的

---

① 乌尔里希. 风险社会[M]. 陆月宏, 译. 南京: 译林出版社, 2004: 2-3.

社会声誉具有天然的屏障作用，这种屏障客观上屏蔽了新闻机构负面信息的扩散，起着保护新闻机构社会声誉的作用。在互联网诞生前，传统媒体在信息传播方面的垄断地位在很大程度上"过滤"了新闻机构的社会声誉风险；在社交媒体普及前，新闻机构的声誉风险虽然开始显现，但并未真正撼动其对话语权的垄断局面。话语权的垄断使得新闻机构普遍缺乏声誉"风险意识"。

没有现实的声誉风险威胁，并不等于没有声誉风险的隐患。应该说，从新闻机构诞生之日起，在新闻活动的链条上就存在着诸多的风险隐患。这些风险有显性和隐性、急性和慢性之别。显性风险多是慢性风险，潜在的风险往往突然爆发。新闻媒体以报道社会最新的变动为己任，媒体从业者对外部社会的风险比较敏感，捕捉外部风险的能力决定着媒体的公信力。作为社会瞭望者，新闻机构具有良好的风险意识，新闻媒体关注外部变动，对突发性的自然灾害或灾难事故普遍制定有报道的应急预案。

新闻机构所具有的风险意识是外向型的，而对于指向自身的声誉风险关注不够。在这方面，不论是西方的新闻机构还是我国的新闻机构，由于媒体对公众的影响较大，新闻报道对自身问题的回避从某种意义上反而阻碍了新闻机构对自身声誉风险的认知。改变自身风险认知欠缺的局面，一方面需要新闻机构通过惨痛的教训真正认识到风险社会中没有"无冕之王"，在社交媒体时代，新闻机构同样会深陷网络舆论漩涡，降低其社会声誉；另一方面，需要新闻传播学研究从理论层面思考新闻业的行业性风险，特别是研究新闻业所面临的潜在风险，探寻媒体风险的内在规律，讨论规避这类风险的策略，为新闻业适应新的社会环境、更好地自我发展做出理论方面的贡献。

媒体风险理论研究的缺位或滞后，无法对新闻业界发出预警，新闻机构的重大丑闻事件损害的不仅仅是涉事媒体的声誉，也将对新闻业的公信力造成冲击。2011年，默多克新闻集团旗下的英国《世界新闻报》爆发窃听事件，这家有着168年历史的著名小报被迫关闭。类似的声誉事件不仅在报社出现，英国著名的电视机构BBC也紧随其后。2012年，BBC知名主播吉米·萨维尔（Jimmy Savile）和斯图尔特·霍尔（Stuart Hall）长期性侵女性的丑闻被揭发，成为轰动全球的事件。近年来，我国也曾发生过类似事件。虽然这类事件系媒体从业者的个人行为，但对我国新闻业的整体声誉也造成一些不利的影响。

"风险社会"转型的实质是风险类型的增加，声誉风险成为社交媒体时代新型的社会性风险。在这样一种"风险社会"里，就连在传统社会相对安全的新闻业也难以例外。媒体声誉风险有无规律可循，新闻机构如何化解这类声誉危机，这既是个实践问题更是个理论问题，亟待新闻业界和新闻学界共同来回答。

媒体剩余风险的发生既有或然的因素也有必然的因素，很多时候是两者的混合体。媒体声誉方面的应急管理要求将或然性与必然性有机地结合起来予以研究，不能人为地割裂它们。长期以来，学界对事物内在规律（即必然性）的把握远甚于对或然性的认识。或然性表现为某种意外，对意外情况了解不够，可能对社会发展构成威胁。全面认识或然性的内在机理，深入研究包括新闻业、新闻机构社会声誉在内的媒体声誉危机应急管理，具有较大的理论价值。

信息社会，或然性因素被放大，使得风险系数增加。对待舆论风险和媒体声誉危机事件，媒体声誉危机应急管理研究应从碎片化的事后反思转向系统化的研究，这是摆在媒体声誉危机应急管理研究者面前的一个严肃课题。

二、研究文献

（一）国外研究文献

西方国家的市场化程度高，竞争需要政府部门和企业具备相应的声誉风险意识。市场需求让社会分工更为精细，危机公关的实战经验为理论研究奠定了基础。西方国家的研究者围绕风险、危机以及危机（应急）管理进行思考，每个行业的特点不同，同类危机事件也各有不同。这样，针对危机事件的应急管理研究不再是某个学科的专利。这其中，新闻传播学的研究者立足于与新闻机构相关的声誉危机事件，思考媒体声誉危机应急管理的特点和规律。媒体声誉危机应急管理研究由此派生而来。

2022年6月29日，在Web of Science（网站）以"危机管理（emergency management）"为标题检索词，在media研究方向下，共检索出文献268篇。其中，学术论文170篇、会议论文56篇和其他相关文献资料42篇。

该领域最早的研究文献出现在1984年，此后，相关研究一直低迷，多数年份一年仅有1篇的研究文献，2014年后研究文献开始显著增加，当年7篇；2015年8篇，2016年14篇，2017年21篇，2018年24篇，2019年18篇，2020年25篇，2021年31篇。截至2022年3月，该年度文献仅3篇。

以上研究文献主要是研究媒体如何报道突发事件，即如何提升媒体报道灾难事件方面的业务水平，对本书关注的新闻机构声誉问题的应急管理则很少涉猎。

2022年6月29日，在Web of Science以"媒体负面新闻（media scandal）"为标题检索词，共检索出文献189篇。其中，学术论文113篇、会议论文60篇以及其他类型文献资料16篇。

该领域最早的研究文献出现在1992年。在1992年—2022年20年间，年度文献超过5篇的年份为：1992年（5篇）、1999年（5篇）、2002年（5篇）、2004年（6篇）、2015年（10篇）、2016年（8篇）、2017年（9篇）、2018年（12篇）、2019年（10篇）、2020年（14篇）、2021年（15篇）。截至2022年3月，年度文献仅1篇。

近年来，西方学界对媒体声誉危机应急管理的研究主要体现在以下四个方面。

第一，从认识论角度探究媒体声誉危机应急管理。认识论属于哲学的范畴，探讨的是认知与客观实在的关系以及认知的规律。对媒体风险和危机应对的认识没有现成的理论，研究者选择从探寻事件原因开始研究，原因是对结果进行解释。丑闻何以发生，或者说丑闻存在的"合理性"因素有哪些，这样的追根溯源是认识丑闻的逻辑起点。莱昂诺·奥沃（Leonor Ciarlone）讨论了布莱尔剽窃丑闻对《纽约时报》的影响，他认为信息检索软件是造成这起丑闻的主要原因。① 史蒂文·马拉斯（Steven Maras）提出了"责任空白"的概念，并呼吁对存在过失的新闻机构进行问责。②

对有害因素的认识有利于帮助人们树立危机意识。在新闻记者被誉为"无冕之王"的年代，媒体从业者的安全感远远多于危机感。认识不到外部世界对新闻业的不利影响，不利于危机意识的树立。互联网诞生后，学术界就开始预感到新闻业也并非绝对安全。理查德·比尔克（Richard Bierck）承认媒体危机管理团队的重要性，他强调新闻机构应意识到自身时刻面临的信誉危机。③

媒体危机有即时的和延时的两种形式。延时的（未来可能发生的）危机是媒体发展的趋势，认识这类趋势性现象对媒体声誉危机应急管理有参考价值。德韦恩·温塞克（Dwayne Winseck）指出，尽管加拿大新闻机构遇到了麻烦或被债务缠身，但并未出现真正的媒体危机。④ 迈克尔·布吕格曼（Michael Brüggemann）、弗兰克·埃塞尔（Frank Esser）和埃达·汉普雷希特（Edda Humprecht）研究了德国出版业的盈利现象，他们认为存在"媒体危机的可能性"。⑤

媒体危机并非一无是处。在伊娃-卡林·奥尔索纳（Eva-Karin Olssona）、拉尔斯·W.诺德（Lars W.Nord）和杰斯珀·福克海默（Jesper Falkheimer）看来，只要应急措施得当，危机事件也提供了加强媒体公信力和推出新的管理措施的机会。⑥

第二，有关媒体丑闻应急管理的理论和个案研究。因媒体丑闻造成的声誉危机事件是媒体应急管理的重点，西方研究者试图寻找媒体丑闻发生的某些规律性因素。H.J.克莱因斯图伯（H.J.Kleinsteuber）分析了德国公共电视台在政治纪念活动中的媒体事件与丑闻。⑦ 杰弗里·D.莫尔（Jeffrey D. Mohl）研究了新闻造假对记者的影响。⑧ 有的学者尝试建立媒体丑闻的理论模型。斯蒂芬·布克哈特（Steffen Burkhardt）和弗雷德里克·沃尔夫（Frederike1 Wolf）指出，丑闻对媒体公信力已构成巨大威胁，已成为具有杀伤力的病毒式信息，他们创立了跨学科的新闻机构丑闻研究模型，第一次将公共领域

---

① CIARLONE L. Unraveling the NY Times scandal: is information retrieval software the answer? [J]. EContent, 2003, 26: 12.
② MARAS S. Media accountability: dowble binds and responsibility gaps [J]. Global media journal: Australian edition, 2014, 8 (2): 1-13.
③ BIERCK R. Are you reaching your customers? [J]. Harvard management communication letter, 2000, 3: 4.
④ WINSECK D. Financialization and the "crisis of the media": the rise and fall of (some) media conglomerates in Canada [J]. Canadian journal of communication, 2010, 35: 365-393.
⑤ BRÜGGEMANN M, ESSER F, HVMPRECHT E. The strategic repertoire of publishers in the media crisis [J]. Journalism studies, 2012, 13 (5): 742-752.
⑥ OLSSONA E-K, NORD L W, FALKHEIMER J. Media coverage crisis exploitation characteristics: a case comparison study [J]. Journal of public relations research, 2015, 27: 158-174.
⑦ KLEINSTEUBER H J. Dramatized recollection - political commemorations in television operating under public-law in the German-Federal-Republic between media event and scandal- German- schiller [J]. Politische vierteliahrsschrift, 1995, 36: 571-572.
⑧ MOHL J D, Good work counters scandal [J]. Quill, 2003, 91 (5): 3.

的战略管理和新闻机构的生产过程结合起来。① C. 安·霍利菲尔德（Ann Hollifield）注意到媒体声誉危机应急管理的隐蔽性，批评应急管理研究与传媒实践的脱节。② 对理论模型建构感兴趣的研究者不乏其人。埃里克·P. 布西（Erik P. Bucy）等从危机、信誉、和公众新闻机构的评价角度，创建了丑闻背景下媒体表现引发公共评价的新闻启动模型，他们认为媒体的应急水平取决于新闻机构对待新闻自由和社会责任的态度。③

在媒体丑闻研究中，个案研究大放异彩。研究者关注《纽约时报》记者布莱尔剽窃丑闻事件的时间跨度达10年之久。乔恩·菲恩（Jon Fine）讨论了丑闻事件不仅给报社的形象带来严重损害，也对广告商造成影响，因为广告商投放广告时要事先估计读者对这家报纸的评价，他还思考了涉事媒体如何应对广告主转移部分广告费用到其他媒体。④ 弗兰克·里奇（Frank Rich）分析了《纽约时报》的造假丑闻，记者杰森·布莱尔被控涉嫌捏造和抄袭。他讨论了"一张白板"的媒体负责人如何帮助报纸恢复声誉。⑤ 乌尔里希·诺尔（Ulrich Noehle）界定了"丑闻"的概念，其指出媒体格局的多样性需要专门的方法以避免丑闻。⑥

在个案研究中，有关BBC（英国广播公司）性丑闻事件的研究文献较多，学者选择的研究角度不同。奎因·本（Quinn Ben）讨论了BBC的纪律处分是对员工新闻差错的惩罚措施，以此避免酿造丑闻，但也正是纪律处分不严，自20世纪90年代以来其损害了该公司的声誉。⑦ 保罗·索恩（Paul Sonne）从民事诉讼的角度分析了英国广播公司需要承担的法律责任。⑧

第三，从新闻业务角度分析媒体声誉危机应急管理的问题。媒体声誉危机事件受因果律的制约，很少因公众的纯粹误会而发生。威廉·F. 吴（William F Woo）注意到这个现象，指出编辑记者可以更好地了解发生在编辑部门的那些事情，他们最适合思考媒体问题。⑨ 媒体声誉危机事件给新闻机构造成伤害，但推脱责任是其危机应对的败笔。研究者对媒体声誉危机应对过程中掩盖过失的做法持批评态度。亚当·克劳（Adam Crowe）解释了社交媒体的力量和目的，他认为可以将社交媒体作为积极和有价值的工

---

① 资料来源：Steffen Burkhardt, Frederike Wolf. Managing Journalistic Firebombs: Scandals as Struggle Over Meaning. International Communication Association, 2007 Annual Meeting, p1.
② HOLLIFIELD A. Invisible on the frontlines of the media revolution［J］. The international journal on media management, 2008, 10: 179–183.
③ BUCY E P, PAUL D, BAUER N M. Crisis, credibility, and the press a priming model of news evaluation［J］.The international journal of press/politics, 2014, 19（4）: 53–475.
④ FINE J. NYT' scandal slams brand image［J］. Advertising age, 2003, 74（20）: 3–145.
⑤ RICH F. Inky tears［J］. New York, 2013, 46（11）: 22–28.
⑥ NOEHLE U. Crisis management-what is a "scandal"？Due to the diversity of the media landscape it must be specifically navigated so as to avoid scandals［J］. Fleischwirtschaft, 2014, 94（1）: 64–66.
⑦ BEN Q, BBC suspends all newsnight investigations after false tory peer abuse claim［EB/OL］.（2012-11-09）［2012-12-18］. http://www.theguardian.com/media/2012/nov/09/bbc-newsnight-investigations-tory-peer.
⑧ SONNE P. BBC faces potential liability in sex scandal［J］. Wall street journal - eastern edition, 2012, 260（104）: B3–B3.
⑨ WOO W F. Journalism's "normal accidents"［J］. Nieman reports, 2003, 57（3）:47–53.

具应用于应急管理。威尔·塞尔夫（Will Self）围绕BBC性丑闻案讨论了萨维尔隐藏虐待的证据、公众不相信BBC保护萨维尔以及萨维尔以慈善事业掩盖问题等病态的倾向。① 罗德尼·蒂芬（Rodney Tiffen）批评公关公司处理默多克新闻集团窃听丑闻时的失当行为。②

第四，从新闻伦理角度分析媒体声誉危机应急管理的问题。媒体管理工作在某种意义上是在维护伦理秩序，应急管理同样要注意管理的伦理问题。在学理研究层面，霍华德·汤伯（H.TUMBER）批评媒体兜售丑闻以牟取利益。③ 鲁本·J.斯特恩（Reuben J. Stern）将利益相关者理论引入媒体管理研究领域，他认为利益相关者的做法特别适合于新闻机构的公司治理，并建构了媒体高管的道德框架。④ 在个案研究方面，瑞安·J.托马斯（Ryan J Thomas）从责任伦理的角度讨论了2011年英国电话窃听丑闻对新闻自由的影响。在他看来，新闻机构应该扮演"看门狗"角色，重塑媒体、公众和政府的关系。⑤

国外关于媒体声誉危机应急管理的研究，更多是将媒体问题置于与政府、社会和公众的大背景下，讨论媒体问题对自身和外部的影响，研究的内容较为广泛，通常是以案例促进学术研究，分析问题的视角比较新颖，值得我们借鉴。

（二）国内研究文献

在知网以"应急管理"为标题检索词，在媒体方向下，共检索出研究文献90篇。该领域最早的研究文献出现在2003年，是徐用兵发表的《灾害事故应急处置中对新闻媒体的管理》。此后数年间，相关研究文献不多，每年在1—2篇之间。2011年达到4篇，2012年7篇、2013年6篇、2014年6篇、2015年9篇、2016年6篇、2017年2篇、2018年10篇、2019年11篇、2020年12篇、2021年8篇。截至2022年3月，该年度文献共计1篇。该领域的研究者主要有：刘海明（8篇）、付昌义（2篇），许鑫、侯爽、李磊、谢为、曾国欢、袁菲、沙靓、刘雪、金磊、王欢妮、王希波、陈敏、姚军玲、邢海波以及陈婕等（各1篇）。相关文献所署名的高校主要有：重庆大学（7篇）、南京工业大学（3篇）。

学界的相关研究以关注西方媒体问题为主，目的是给国内新闻机构提供可资借鉴的经验。

第一，媒体声誉危机应急管理的史学分析和相关理论综述。史学角度的媒体应急管理研究文献，目前发现的仅有2篇论文。展江以《纽约时报》对待丑闻态度的传统为例，认为新闻机构负责人不能将责任推诿给下属，是家族发行人制造了媒体人事制度的先天

---

① SELF W. After the savile scandal, it's time for the BBC to remove its red nose [J]. New statesman, 2012, 141（51）: 53.
② TIFFEN R. Small scandal in London - not many killed [J]. Television & new media, 2012, 13（1）: 21-25.
③ TUMBER H. "Selling scandal": business and the media [J]. Media culture & society, 1993, 15（3）: 345-361.
④ STERN R J. Stakeholder theory and media management: ethical framework for news company executives [J]. Journal of mass media ethics, 2008, 23（1）: 51-65.
⑤ THOMAS R J. Changing the conversation: can the phone hacking scandal lead to a new covenant on media [J]. Political quarterly, 2012, 83（3）: 524-531.

不足。① 王立纲注意到"民国"和"文革"时期媒体曾存在的公信力危机问题。②

对于媒体声誉危机应急管理理论方面的研究，在21世纪初已有研究者涉猎。比如，张旻星认为新闻机构应该树立品牌意识，专设机构来应对声誉危机事件，并且通过制度化以维护媒体品牌形象，从而将可能造成的损害降到最低。③ 随着声誉危机事件的增多，危机公关研究活跃起来。郑成武转述了游昌乔总结出的媒体声誉危机公关的5S通用原则。④ 整体来看，国内学术界的媒体声誉危机应急管理原创理论不多，更多是介绍西方的相关理论研究成果。有些管理学科的硕士学位论文在梳理西方危机管理的理论成果时，也有和媒体声誉危机应急管理相关的理论综述。⑤

第二，从新闻业务角度分析媒体声誉危机应急管理的问题。长期以来，由于我国新闻机构的事业化管理模式，给媒体从业者造成一种错觉：新闻报道在新闻生产环节经过了层层把关，不会存在多少问题，由此弱化了媒体从业者的职业声誉意识。受这种观念的影响，只有少数新闻机构事先制定危机预案，出台相关的应急管理规定。学术界对媒体差错的应急管理视野相对开阔，重视推介西方国家知名新闻机构的管理模式。马少华联系近年来国内新闻机构的报道失误，指出媒体的规范管理问题。⑥ 陈阅考察了《纽约时报》2003年的造假丑闻和2004年伊拉克违禁武器报道失实引发的两次信誉危机，认为该报自上而下的自我反省化解了危机，体现出其完善的自律机制。⑦ 媒体管理对新闻真实是否存在"地域歧视"，这个问题很少受到关注。李强发现美国新闻机构对国际新闻和公共事件的报道的约束乏力，因为报道对象多数不在美国，有的甚至处于美国的对立面，他们无法通过美国的法律来维护自身权益。⑧ 李霞以媒体的虚假新闻为例，指出管理制度的缺失和漏洞是假新闻泛滥的罪魁祸首，建议从法律层面加强对新闻行业的规范和约束，将问责落到实处。⑨

广播电视媒体的新闻差错形式多样。匡敦校针对开设直播节目的电台、电视台提出了控制风险的措施。⑩ 广播电视节目的差错与广播电视主持人的素养、现场应急能力有关。廖声武提出主持人应急能力培养应注意的问题。⑪ 陈心茹等提出强化对媒体从业者非职业行为的应急管理，避免媒体从业者有违公序良俗的非职业行为，以免损害其所供职新闻机构的形象，甚至影响整个媒体行业的声誉。邢海波等（2019）辨析了技术漏洞与媒体声誉危机应急管理的关系，强调技术漏洞具有必然性，对技术缺陷认识不足会降

---

① 展江.家族发行人制——《纽约时报》丑闻探因［J］.中国记者，2003（6）：64.
② 王立纲.传媒遭遇公信力危机［J］.青年记者，2009：10-11.
③ 王立纲.传媒遭遇公信力危机［J］.青年记者，2009：128.
④ 郑成武.媒体危机公关5S通用原则［J］.中国行政管理，2007（6）：87-88.
⑤ 郑成武.媒体危机公关5S通用原则［J］.中国行政管理，2007（6）：3-4.
⑥ 马少华.由词语规范到媒体管理——读《纽约时报》风格与用语手册［J］.国际新闻界，2002（6）：76.
⑦ 陈阅.《纽约时报》更正与自律机制研究［D］.广州：暨南大学，2006：1-46.
⑧ 李强.从造假丑闻看美国新闻机构自律与他律的缺失［J］.中国广播，2011（4）：23-24.
⑨ 李霞.从假新闻泛滥看媒体管理漏洞［J］.记者摇篮，2011（2）：21.
⑩ 匡敦校.新闻名誉侵权中的新闻报道失实研究——以新闻真实性为中心［J］.法商研究，2005（2）：121.
⑪ 廖声武.节目主持人的应急能力养成［J］.中国广播电视学刊，2005（8）：61-62.

低媒体的品质。

真正将媒体差错上升到声誉应急管理层面的当属学术论文《〈我们错了〉：中国式媒介更正与致歉的政治社会学考察》。作者潘祥辉区分了新闻机构"更正"和"道歉"的内在逻辑关系，①发现主流媒体的更正以文字更正为主；虽有更正但很少解释出错的原因。

第三，有关国内外媒体丑闻应急管理的个案研究。国内学术界同样对媒体丑闻个案比较感兴趣。士辉认为媒体应主动、及时面对自家丑闻，自觉接受社会监督。②张旻星建议新闻机构自身应该树立品牌意识，专设机构来应对危机事件。人事管理问题可能给新闻机构造成严重的后果。2013年发生的某记者敲诈勒索事件给研究者提供了审视的素材。王瑜敦促媒体人要讲真话、办实事，坚守新闻伦理，秉持最基本的专业素养和职业操守，维护媒体机构的公信力。③

第四，从伦理角度分析媒体声誉危机应急管理的相关问题。新闻机构的危机应对也可能存在失误，有必要从伦理角度分析媒体声誉危机应急管理的问题。李建华分析了以不确定性为根本特征的风险社会与以确定性为基础的现代伦理秩序之间的紧张关系，提出了风险社会所需要的伦理秩序：全球化伦理秩序、共生化伦理秩序、市民化伦理秩序。④伦理学只有立足于现实才能焕发出生机。曾国欢批评新闻机构对突发事件要么抢在禁令前报道，要么"等待通稿或宣传口径，与政府保持一致"，强调气候遵循传播伦理。⑤围绕"窃听门"事件，李维安认为新闻机构最大的风险是治理风险。⑥张勇锋认为《世界新闻报》停刊展示了英国成熟的新闻自律体制。⑦田新玲提出新闻机构"隐私假事件"概念，批评《世界新闻报》的这种做法丧失了最基本的良知。⑧苏驰认为在窃听丑闻中，隐私权战胜了新闻自由。⑨刘海明区分了媒体风险的必然与或然之辨，认为审视媒体声誉风险需要从认识风险和风险社会开始，了解媒体风险的必然性和或然性之关联，以最大限度规避风险，降低媒体风险对新闻机构公信力的损害程度。王欢妮讨论了媒体声誉危机应急管理的利己与利他，批评新闻机构应急管理的封闭性导致危机处置重视利己而忽视了利他，结果导致声誉危机事件的升级。

近年来，国内研究者对媒体问题应急管理的关注逐渐增加。新闻史学是新闻传播研

---

① 潘祥辉.《我们错了》：中国式媒介更正与致歉的政治社会学考察［J］.传播与社会学刊，2015（33）：53.
② 士辉.媒体应该怎样面对自家的丑闻？新华社公开自省繁峙矿难记者违纪案解析［J］.新闻与写作，2003（11）：12-14.
③ 王瑜.从"陈永洲事件"谈新闻职业操守对媒体公信力的影响［J］.佳木斯教育学院学报，2014（3）：466.
④ 李建华.风险社会中的伦理秩序［J］.中国人民大学学报，2004（6）：64-65.
⑤ 曾国欢.论公共突发事件的媒体声誉危机应急管理［J］.中国广播电视学刊，2012（10）：23-26.
⑥ 李维安.传媒帝国的危机：治理风险的累积［J］.南开管理评论，2011（4），"主编寄语"栏目.
⑦ 张勇锋.我看《世界新闻报》的倒掉［J］.记者摇篮，2011（10）：7.
⑧ 田新玲.新媒体环境下媒体侵害隐私权的道德边界刍议——从《世界新闻报》"窃听丑闻"谈起［J］.中国报业，2012（4）：19.
⑨ 苏驰，孙畅.媒体和隐私权的博弈——从《世界新闻报》窃听丑闻说起［J］.南京政治学院学报，2014（5）：108.

究的传统科目，媒体声誉危机应急管理的史学论文虽然不多，但认知意义较大。新闻业务研究呈现出多元的态势，从文字差错、技术故障到言行失当均纳入了研究的对象。此外，研究者并不满足史论和业务的研究范围，开始尝试从理论层面分析媒体声誉危机应急管理的内在本质及其规律性问题。

三、概念界定

媒体声誉危机应急管理涉及危机事件和应急管理两个方面的问题。因此，有必要对这两个核心概念进行界定，并对其应用做个简要的说明。

（一）媒体声誉危机事件

本书所称的"媒体声誉危机事件"由"媒体+声誉+危机+事件"组成。本书所使用的"媒体"，主要指传统意义上的新闻机构；"声誉"，指网络舆论对新闻机构的社会评价；"事件"指那些引起网络舆论广泛关注的媒体问题，这种关注在某个特定时间段内对新闻机构或涉事从业者的形象、声誉构成破坏性的冲击。需要重点说明的是"危机"的含义。

关于"危机"，不同学科分析问题的角度不同，对这个概念的界定差别明显。同一学科的研究者因各自的兴趣点不同，对概念的界定也各有特点。国外管理学的研究者对"危机"的定义也是如此。在查尔斯·F. 赫尔曼（Charles F. Hermann）看来，危机是指一种情境状态，决策主体的利益受到威胁并且做出决策的反应时间很有限，这种情境的发生出乎决策主体的意料。[①] 巴顿（Barton）认为，危机是一个会引起潜在负面影响的具有不确定性的事件，这种事件及其后果可能对组织及其员工、产品、资产和声誉造成巨大的伤害。[②] 班克斯（Banks）把"危机"界定为"对一个组织、公司及其产品或名声等产生潜在的负面影响的事故"[③]。

赫尔曼从一个相对宏观的层面审视"危机"，将"危机"描述成一个特定的"情境状态"，这个定义与微博平台上的声誉危机冲突比较吻合。巴顿看到了危机事件的不确定性，并意识到这种不确定事件危害的多样性。这与微博平台上的声誉危机事件比较契合，因为微博平台上偶然的议论就可能掀起一场舆论风暴，并将矛头直指某个新闻机构或媒体从业者。班克斯把"危机"界定成负面影响的事故，着重强调这类事故对涉事主体的声誉的危害。本书所说的"危机"，主要是指损害新闻机构或媒体从业者的声誉危机。

就此，我们可以将"媒体声誉危机事件"理解为：在以微博为代表的社交媒体平台上，针对媒体问题引发的成规模的网络舆论批评浪潮，对新闻机构或媒体从业者构成舆

---

① HERMANN C F, FSCHERKELER M P. Beyond the enemy image and spiral model: cognitive-strategic research after the cold war [J]. International organization summer, 1995, 49（3）: 421.
② LAURENCE B. Crisis management: preparing for and managing disasters [J]. Cornell hotel and restaurant administration, 1994: 35（2）.
③ KATHLEEN F B. Crisis communications: a casebook approach [J]. Lawrence erlbaum associates, 2002.

论冲击，并在一定程度上降低了新闻机构的社会声誉（公信力）。

（二）媒体声誉危机应急管理

应急管理与危机管理在内涵和外延方面有不少交集之处。厘清"媒体声誉危机应急管理"这个概念前，有必要对"危机管理"有个基本的认识。

"危机管理"（crisis management）侧重于加强信息的披露与公众的沟通，争取公众的谅解与支持，因此也被称作"危机沟通管理"（crisis communication management）。

MBA 智库百科将危机管理分为十种基本类型：公共危机管理、营销危机管理、人力资源危机管理、扩张危机管理、创新危机管理、信誉危机管理、公关危机管理、财务危机管理、品牌危机管理和产品质量危机管理。按照这个分法，除第一种类型外，其余九种都属于企业危机管理。

我国的新闻体制改革明确了新闻机构的公司化运作和管理模式，新闻生产的企业化特征日益明显。因此，上述和企业相关的危机管理，基本也适用于新闻机构的媒体危机管理。

本书使用"媒体声誉危机应急管理"而未选用"媒体危机管理"，侧重于危机爆发后的应急善后管理。危机的实然性质，将未然性质的危机预防区别开来。新闻机构作为信息企业，和普通企业管理既有共通的地方，也有自己的特点。商品生产和商业服务型企业的危机管理，危机与产品的关联度高，产品与企业或消费者的联系比较紧密。媒体声誉危机的事项是指新闻机构面临与公众有直接或间接关系的媒体问题——新闻产品的缺陷、媒体从业者的言行失当。新闻产品的质量问题虽然降低公众对新闻机构的评价，但这种产品并不直接影响新闻的传播。和商品（服务）不同，越是存在明显瑕疵的新闻产品，短时间内的传播力越强，公众（受众）不存在直接的损失，涉事媒体的发行量（收视/听率）可能不降反增。因此，媒体声誉危机事件和企业危机事件相比，不论是涉事主体还是受众的经济利益受损程度远不如企业的危机事件，这也是媒体危机应对受重视不够的原因所在。

由于新闻机构的事业属性，媒体问题引发的声誉危机事件具有"公共事件"的性质。根据 2006 年 1 月 8 日国务院发布的《国家突发公共事件总体应急预案》，我国要在全社会范围内建立应急预案框架体系。与这个体系相配套，每个社会成员都应具备一定的危机意识和应急管理知识。

媒体声誉危机应急管理是应对网络舆论对媒体问题的普遍批评而提出的，是指新闻机构在突发声誉危机事件的应对、处置过程中必要的应对机制和采取的相应措施。

综上，由媒体问题引发的声誉危机以及新闻机构的应急处置是本书的主要研究内容。

第一章 媒体声誉危机应急管理的发展脉络

与人类漫长的历史相比，新闻业的历史要相对短暂许多。从单个的报纸作坊到成建制的新闻机构再到现代社会的信息产业，媒体管理功不可没。这其中，新闻机构的应急管理活动也贯穿于新闻业的整个历史。在信息传播不够迅捷的时代，媒体自身问题对新闻机构声誉的损害相对较小。由于社交媒体的普及，媒体问题经常被曝光，新闻机构同样会成为舆论关注的焦点。梳理媒体声誉危机应急管理活动的发展脉络，有助于总结媒体声誉危机应急管理的经验，寻找应急管理的内在规律，为当代新闻机构处理危机事件提供借鉴。

本章回溯并梳理国内外新闻机构声誉应急管理的发展脉络。这里所说的"媒体"指的是人们常说的"新闻媒体"，也就是机构化、程序化的以信息传播为主业的新闻机构。对媒体声誉危机应急管理历史发展脉络的介绍，是依据现有文献可查的新闻机构的记载分类整理而来。

第一节 西方媒体声誉危机应急管理的发展脉络

传统媒体的话语权由无到有、由弱到强，再到网络时代的相对削弱，话语权存量的改变不仅影响着新闻机构的社会地位，也影响着媒体的安全。梳理西方媒体声誉危机应急管理的理念和特点，目的在于从历史演进中寻找可以借鉴的管理经验。

一、17世纪—19世纪西方媒体声誉危机应急管理

17世纪的报纸从初期的家庭作坊逐渐扩大规模，规模化的生产使管理成为必需。17世纪到19世纪末，西方媒体声誉危机事件史料比较零散，媒体声誉应急管理可从人事危机和业务竞争两个方面来解读。

（一）人事危机的应急处置

早期的媒体声誉危机应急管理史上，美国"曾格案"以人事危机的应急处置著称。总督威廉·科斯比爵士（Sir William Cosby）以"对政府进行无耻中伤和恶毒谩骂，试图煽动反政府情绪"为由指控曾格，命令首席法官德兰西对曾格提出起诉。1734年11月17日，曾格由于"煽动闹事"被捕，翌

年8月4日审判。由此,曾格领导的《纽约新闻周报》遭遇重大危机。其间,《纽约新闻周报》由曾格之妻安娜代为主持、詹姆斯·亚历山大(James Alexander)担任主编,继续出版。① 后来因为律师汉密尔顿的抗诉,曾格被无罪释放。

学术界主要从争取新闻出版权利的角度评价这个案件。一个具有历史意义的案件,影响往往体现在多个方面。站在媒体声誉危机应急管理的角度看,"曾格案"看似是媒体负责人的临时变更,与媒体声誉没有直接的关联。然而,媒体负责人无法行使日常管理职权,耽误报纸的正常出版,报纸订户未必知晓个中原因,他们因不熟悉内情而抱怨报纸失信于订户。因此,报纸管理权的临时变更与媒体声誉息息相关,这样的突发事件关乎媒体的社会声誉。从这个意义上说,在西方媒体声誉危机应急管理史上同样具有划时代的意义,给新闻机构处置类似人事危机树立了榜样:媒体负责人意外缺席,新闻机构如何维持正常运转。

在新闻实践中,存在竞争关系的媒体之间也可能发生一些纠纷。媒体同行如果彼此相轻,不排除出现肢体摩擦的可能。纽约日志作家菲利普·霍恩(Philip Hone)记录了1831年的一次意外事件:"今早我刮胡子时,看到窗外《晚邮报》的主编威廉·卡伦·布莱恩(William Cullen Bryant)和《商业广告人报》的主编斯通(Stone)在打架,布莱恩用牛皮鞭抽斯通的头,抽了几下后,斯通夺下了鞭子,结束了这场打斗。"②

报纸主编们在报纸上相互攻讦,让他们结下怨恨。矛盾爆发,以肉搏形式解决矛盾冲突是早期媒体声誉危机事件的特殊表现形式。肉搏无法化解媒体恩怨,以媒体利益为重才能减少媒体间的矛盾。维护媒体利益需要重视维护自身的社会声誉。报纸主编是媒体对外交往的形象大使,他们的大打出手,损害的不仅仅是个人的社会形象,也包括报纸的声誉。维护媒体利益,需要媒体从业者拘小节、守秩序,不让自己成为新闻报道的主角。

早期的新闻机构规模不大,当遇到涉及员工权益问题的危机事件时,媒体负责人会挺身而出,竭力维护员工的利益。1880年9月,纳尔逊在堪萨斯城创办《堪城星报》。他鼓励记者批评时政,维护记者合法权益。有记者因报道得罪政客被起诉,纳尔逊为其出庭辩护。一名记者患心脏病去世,纳尔逊主动给其家属支付2年的薪水。③

管理以善为基本前提。应急管理对善的要求更高,以免因应对一个麻烦而造成新的麻烦。新闻机构在处置突发事件时,坚持善的原则需要以人为本,这体现了媒体的企业精神,增加员工对所在媒体的信赖感,激发编辑记者的工作热情。同时,以人为本也具有口碑效应,如果事件在媒体同行中广为传播,不仅能给涉事媒体加分,还能使其树立良好的社会声誉。

---

① 迈克尔,埃德温,南希. 美国新闻史:大众传播媒介解释史[M]. 展江,译. 北京:中国人民大学出版社,2009:38.
② 迈克尔. 发掘新闻:美国报业的社会史[M]. 陈昌凤,常江,译. 北京:北京大学出版社,2009.
③ 詹文浒. 报业经营与管理[M]. 南京:正中书局,1946.

（二）媒体业务竞争的应急管理

新闻业竞争激烈，一家新闻机构的举措通常改变的不只是自身，也会影响到同行。竞争是动态，对于同行改革措施的反应也需要追求速度，及时采取相应的对策应对危机。

1883年普利策接手《纽约世界报》后，对报纸进行一系列改革。4个月的时间，报纸发行量增加1倍。1883年9月，《先驱报》把报价降至2美分，《太阳报》和《论坛报》也分别调整了价格。[1]

《纽约世界报》的"黄色新闻"为报纸打开了销路，其他报纸纷纷效仿。在赫斯特和普利策的竞争过程中，两人的应急能力各有千秋。赫斯特的《旧金山考察家报》租用《纽约世界报》的"世界大厦"作为驻纽约办事处。1896年1月，赫斯特出高价收买《纽约世界报》人员，挖走《纽约世界报》星期版的编辑、记者，普利策则把赫斯特的人员赶出"世界大厦"。[2]商业竞争需要坚持基本的职业伦理，通过过硬的新闻质量和良好的内部管理增加竞争资本。到竞争对手家门口安营扎寨或者为击垮对手而挖墙脚的做法，在赢得竞争的同时也丧失了竞争者的声誉，成为新闻史上的污点。

新闻业务方面的媒体危机应急以《纽约新闻报》和《纽约世界报》在美西战争期间的竞争最具代表性。

1896年12月，赫斯特任《纽约新闻报》总编，派理查德·哈丁·戴维斯和弗雷德里克·雷明顿去哈瓦那报道西班牙和古巴叛军的冲突。戴维斯负责撰稿，雷明顿负责配图。

> 1897年2月12日，《纽约新闻报》刊登西班牙警察搜查3名古巴女乘客的新闻，用了雷明顿想象的图画。由于报道不真实，绘图与事实相去甚远，普利策的《纽约世界报》纠正《纽约新闻报》的报道。戴维斯认为《纽约世界报》严重损害了他的声誉，去信为自己辩护。2月17日，《纽约世界报》刊出戴维斯的信，戴维斯认为应该由雷明顿而不是自己为故事的误传负全责。[3]

新闻的真实性关系到新闻机构和创作者的声誉。在黄色新闻泛滥时期，新闻机构并不介意新闻报道的细节失实。[4]这样的"故事化"叙事可以赢得一时的喝彩，但最终只能以牺牲媒体的声誉为代价。值得肯定的是，被批评者采用书信方式澄清事实，不失为个人紧急应对媒体问题的有效方式。

早期的媒体应急以感性经验为主，这种应急理念依赖的是管理者（含涉事者）对媒

---

[1] 韩亚辉.镀金时代的美国报业研究[D].上海：华东师范大学，2003：53.
[2] 韩亚辉.镀金时代的美国报业研究[D].上海：华东师范大学，2003，55-56.
[3] 迈克尔.发掘新闻：美国报业的社会史[M].陈昌凤，常江，译.北京：北京大学出版社，2009：52-54.
[4] 新闻学界有个传闻，赫斯特曾经对他的员工说："你完成图片，我完成战争。"当然，赫斯特本人并不承认他这么说过。

体危机的本能反应。这种反应类似于生物学的"条件反射",只要外部环境发生变化,在特定条件下新闻机构或涉事者会快速反应,这是 19 世纪前媒体危机应对的基本理念。

二、20 世纪西方媒体声誉危机应急管理

进入 20 世纪,媒体介质的形式趋于多样,新闻竞争更为激烈。外部环境的变化导致媒体危机事件的增加,媒体应急管理的经验得以积累。司法途径和制度建设是 20 世纪西方媒体声誉危机应急管理的主要特点。

(一)媒体应急方式的诉讼传统

环境不仅创造自然人,也创造法人(机构)。媒体的管理理念和制度受制于外部环境的变化。外部环境既包括人们的思维方式,也包括传统文化、习俗和法律。新闻机构遇到无法解决的问题时,借助司法程序维护媒体利益和自身声誉是西方媒体危机应对的常用方式。

1. 依法维权

应急的目的是摆脱迫在眉睫或者正在持续的威胁。运用法律在维护新闻机构权利的同时,也是在间接地维护自己的社会声誉。以诉讼的方式应对无法调和的冲突,看似复杂、耗时,但也最为根本。

1917 年 6 月 15 日,美国颁布《间谍法》(Espionage Act of 1917)。[①] 按照该法规定,传播虚假信息以干扰美军作战或协助敌军,最高可处 10,000 美元罚款和最高 20 年有期徒刑。[②] 1917 年 8 月,邮政总局局长阿尔伯特·波尔森将《群众杂志》列入禁止邮递名单,因该刊 8 月号刊载的文章和漫画涉嫌攻击政府的参战决定。《群众杂志》向法院请求发布禁令,得到法院支持。[③]

《群众杂志》应急诉讼的可贵之处在于:当新闻机构遇到外力干扰时,发行人相信法律,愿意通过司法程序裁决。法院支持的是《群众杂志》的邮递权利,判决本身也等于洗刷了该刊的"间谍"嫌疑。应急诉讼的思路在今天看来也符合法治理念,值得肯定。司法程序耗时长,不利于化解新闻机构的燃眉之急,但司法裁决具有强制性和公信力,可以通过法律维护新闻机构的合法权益。

2. 联合诉讼

行业往往构成了利益共同体,同行合力应对危机事件的效果明显增强。这种应急模式可称作"邻接性危机应对",同行的援助客观上规避了自身可能遭遇的同类事件。

中外新闻机构都曾有过邻接性危机应对的案例。在美国新闻史上,《星期六新闻》和《芝加哥论坛报》的联手应急颇有代表性。1927 年,《星期六新闻》(Saturday Press)因曝光官员与犹太团伙相互勾结的内幕,被法院下禁令取缔。创办人杰伊·尼尔

---

① 黄爱武.战后美国国家安全法律制度研究[D].上海:华东政法大学,2009:27.
② 黄爱武.战后美国国家安全法律制度研[D].上海:华东政法大学,2009:27.
③ 安东尼.批评官员的尺度——〈纽约时报〉诉警察局沙利文案[M].何帆,译.北京:北京大学出版社,2011:83.

（Jay Near）上诉至明尼苏达州最高法院。法庭维持了原判。《芝加哥论坛报》（Chicago Tribune）的发行人罗伯特·麦考密克（Robert Rutherford McCormick）不满由法官来决定谁是"好出版商"，他帮助尼尔把这个案子打到了美国联邦最高法院。① 最终，法庭以5∶4的投票结果裁决尼尔胜诉。②

尼尔的诉讼有着偶然的因素。假若不是麦考密克及时援助，尼尔可能不会濒死自救，前期的努力将付之东流。类似的邻接性危机应对案例不止这一起。在20世纪60年代的沙利文诉《纽约时报》（New York Times）③一案中，最高法院认为任何人只要觉得最高法院正在审理的案件关系到自身利益，经一方当事人允许都可以向法院提交"法庭之友"意见书，即使任何一方当事人都不同意，经最高法院批准也可以提交。《芝加哥论坛报》（Chicago Tribune）和《华盛顿邮报》（The Washington Post）曾就此事征求过双方当事人意见，《纽约时报》同意其提交意见书，沙利文的律师们果断拒绝。两家报纸征求最高法院意见时，沙利文一方提出反对意见，认为这类意见书完全是"造势工具"，但最高法院还是批准了报社的要求。④ 联合诉讼是新闻业命运共同体的体现。一家新闻机构的力量有限，媒体同行联合起来维权，维护的不仅仅是一家新闻机构的声誉，而是在捍卫整个新闻业的声誉。

邻接性危机应对的次主体主动卷入纠纷，在于其看到了此类事件危害的普遍性。从利益共同体的角度出发，其认为有义务帮同行讨回公道。树立利益共同体成员的集体意识，加强新闻界的团结有助于提高新闻机构抵抗风险的能力。

3. 个体维权

新闻报道体现着媒体的新闻理念。记者编辑的新闻理念与供职媒体不同，可能让媒体管理者不悦，造成内部冲突公开化，外部力量的干预同样需要新闻机构有所回应。

> 1937年，莫里斯·恩斯特（Morris Ernst）代表美国报业工会（American Newspaper Guild）在美联社（The Associated Press）诉"美国劳工关系委员会"（National Labor Relations Board）这起案件中以"法庭之友"的身份出席。委员会指责美联社因为旗下一名记者支持报业工会而将其解雇，但美联社则辩称解雇的原因是这名记者的报道明显带有亲劳工的偏向。⑤

本次诉讼最终以美联社败诉而告终。媒体不能因理念不同开除记者，美联社的应急策略遭到司法否决。诉讼维护的是权利，权利又与权利主体的声誉相关。弱势个体在与新闻机构发生冲突时，个体权利意识的觉醒是维护权利和声誉的有效方式。至于采取什

---

① 安东尼.言论的边界[M].徐爽，译.北京：法律出版社，2000：47.
② 贺文发.言论表达与新闻出版的宪政历程[M].北京：中央编译出版社，2015：268-269.
③ 关于这个案件中媒体的应急管理内容，稍后还会介绍。
④ 安东尼.批评官员的尺度——《纽约时报》诉警察局沙利文案[M].何帆，译.北京：北京大学出版社，2011：155.
⑤ 迈克尔.发掘新闻：美国报业的社会史[M].陈昌凤，常江，译.北京：北京大学出版社，2009：141-142.

么方式处理棘手问题受制于相应的应急理念。法治国家的新闻机构应对危机时优先选择司法途径，很少求助行政干预。在西方新闻史上，新闻机构借助诉讼化解危机逐渐成为传统。

意识不到诉讼特别是诽谤诉讼所冒的巨大风险，可能导致实力不强的新闻机构濒临倒闭。1967年，佐治亚大学体育部主任巴茨起诉《星期六晚邮报》对他的诽谤。美国联邦最高法院裁决该报赔偿46万美元。晚邮报因此关门歇业，母公司柯蒂斯出版公司两年后也因此破产。① 媒体声誉是新闻机构存在的基础，维护声誉的前提是新闻报道需要尊重报道对象的声誉。在缺乏事实依据的情况下诽谤报道对象，需要以新闻机构的声誉进行补偿。特别指出的是，新闻史上因诉讼导致新闻机构破产的例子比较罕见，不能因个别新闻机构因为诉讼导致破产而否定媒体声誉危机应急管理的司法解决模式。

（二）媒体业务应急管理的制度化

并非所有的纷争都适合诉诸法律。新闻机构稍微灵活一点，有些麻烦也能化解。变通并非是无原则的妥协，需要建立在制度原则之上。制度的优点在于有可以预期的未来。新闻机构健全规章制度的过程也是权衡利弊得失、维护媒体声誉的过程。在应对媒体声誉危机事件时，新闻机构平衡长期利益和短期利益的利弊，追求媒体自身的利益最大化。

1. 保护线人

向媒体提供新闻线索的人，属于新闻的"供给侧"。新闻线索的数量和质量关系到媒体的竞争力。因此，新闻机构会优先保障线人的利益。如果被媒体批评方希望公开线索提供者的信息，否则会将新闻机构起诉到法院，那么新闻机构或牺牲线人的利益，或甘愿受罚也要履行保护线人的承诺。1975年，《纽约时报》记者迈伦·法伯（Myron Farber）撰写了一系列有关新泽西州哈肯萨克市某医院发生的离奇死亡报道。报道称，该院的X医生——使用毒素谋杀了五位病人。X医生的律师要求调阅法伯的采访笔记，法伯拒绝法官的这一要求，最终被判藐视法庭罪，入狱6个月。②

应急管理的道德因素不可或缺。记者宁肯牺牲个人自由也要履行诺言，线人更加相信《纽约时报》及其记者。对《纽约时报》来说，信守承诺就是媒体至高的声誉原则，为守信付出暂时的代价能赢得更多长远的好处，符合其自身利益。因此，尽力保护信源逐渐成为新闻机构不成文的应急传统。

美国的新闻机构在保护信源提供者个人信息方面形成了平衡长远利益和眼前利益的传统。1999年，在李文和诉联邦政府案中，他指责政府有意向新闻机构泄露了他的个人隐私。律师要求传讯五名记者追查信息来源，遭到拒绝。这些记者被判藐视法庭和每天500美元的罚金直至他们应讯为止。美国广播公司、《洛杉矶时报》、《纽约时报》、《华盛顿邮报》和美联社受牵连，最终赔偿李文和75万美元，但新闻机构并没有对李文和

---

① 贺文发. 言论表达与新闻出版的宪政历程［M］. 北京：中央编译出版社，2015：295-296.
② 安东尼. 言论的边界［M］. 徐爽，译. 北京：法律出版社，2000：94.

做出任何道歉。在这个案例中，新闻机构必须在尊重判决与遵守信诺之间做出艰难选择，选择保护信源提供者，站在新闻机构的角度是"舍生取义"。这些新闻机构同意结案的目的在于使记者免遭进一步伤害，保护他们从"秘密来源"获悉资讯的能力。①

2. 更正差错

新闻差错也会引发舆论关注从而酿成声誉危机事件。差错是媒体的污点，差错无法被完全消除，洗刷差错污点的最好办法是闻过即改，更正差错更正的不只是差错，更正的可能是掉在地上的媒体声誉。媒体常规管理和应急管理同样需要重视差错问题，不同的是，后者将新闻差错上升到媒体安全的高度。

知名度高的新闻机构注重从管理制度层面堵塞媒体业务中的漏洞。《纽约时报》的差错管理注重对小差错的及时纠正，避免酿成大事件。这种"纠错"机制可以追溯到1913年的《纽约世界报》，该报当年就成立了"准确与公平竞争部"，负责提高和监督新闻报道的准确性。这也被认为是美国第一个正式的新闻自律机构。②

《纽约时报》这种纠错制度建设，随着时间的推移不断得到完善。1977年，罗森索（A.M.Rosenithal）担任其执行总编辑后，分散在各个版面的"更正"项目被集中到一起形成更正栏。罗森索在他的备忘录中阐述了创设这一新栏目的初衷：订正疏忽，于心有安。③ 这个"安"字蕴含着《纽约时报》对媒体声誉的珍视。

3. 实习管理

新闻业需要不断补充新鲜血液，保持媒体活力。刚到媒体实习的新闻院系学生，或者刚入职的记者，由于不熟悉新闻业务，需要新闻机构给他们设置一个实习（见习）期，以便他们能够适应新闻机构的工作环境。相比之下，新闻机构的实习生管理制度建设薄弱。在新闻实践中，往往是实习生出了差错造成不良的社会影响后，新闻机构才意识到问题的严重性。1989年的"《佛罗里达星报》④ 判例"表面上看是隐私权和新闻自由之间权衡的判例，实际上暴露出新闻机构实习制度的欠缺。《佛罗里达星报》禁止公开受害人姓名，实习记者却把 B.J.F. 事件逐字照搬并且把包含受害人姓名在内的隐私信息发表在1983年10月29日的报纸上。1984年9月26日，受害人以违反《新闻保障法》为名起诉媒体，星报认为佛罗里达《新闻保障法》的"任何在大众传媒类媒介上印刷、报道和广播性侵受害人姓名的行为为非法"这一规定违宪，最终联邦最高法院推翻了初级法庭的裁决。⑤ 媒体被誉为社会教师，肩负着社会教化的使命。教化不仅有外向的教化，也包括内向的教化，后者是指对媒体从业者和准媒体从业者的教化。新闻业的发展建立在媒体从业者的迭代基础上，在媒体实习的学生是在向媒体从业者学习业务知识。工作差错的行为主体是实习生，但新闻机构也应自觉反思实习管理制度问题。爱护实习

---

① 安东尼.言论的边界［M］.徐爽，译.北京：法律出版社，2000：91-92.
② 潘祥辉.《我们错了》：中国式媒介更正与致歉的政治社会学考察［J］.传播与社会学刊，2015（33）：54.
③ 李子坚.《纽约时报》的风格［M］.台北：联经出版事业公司，1998.
④ 美国司法判例的卷宗归档中如果出现当事人未成年的情况，则一般以字母代号来代表该判例的诉讼方，以此保护未成年人的隐私权利，如本案的 B.J.F. 即属于此范畴。
⑤ 贺文发.言论表达与新闻出版的宪政历程［M］.北京：中央编译出版社，2015：346.

生,对于实习生的过失,新闻机构主动承担管理不善的责任,在实习生中留下良好的口碑,也是在增加新闻机构的凝聚力。

4. 伦理组织

进入司法程序的媒体纠纷数量有限,更多的危机事件与媒体从业者的失误有关。新闻机构不能满足于处理眼前的麻烦,应着眼于长远利益,强化职业道德建设。因此,新闻机构在秉承诉讼传统的同时,也要重视对新闻伦理的制度建设。

20世纪的西方新闻机构以行业性的管理方式监督、规范媒体从业者的行为,有效降低了媒体声誉危机事件的发生率。

· 1946年7月,日本新闻协会成立。紧接着,比利时于1947年建立新闻纪律评议会,荷兰于1948年建立新闻荣誉法庭,南非于1950年10月特设新闻调查委员会。

· 1953年7月,英国新闻评议会成立。因其体制完备、收效甚大,为其他国家所仿效。

· 1956年,德国建立报业评议会;1959年,意大利成立报业荣誉法庭;1965年,印度、菲律宾成立报业评议会。①

道德约束靠的是个人自律,而自律往往是靠不住的。这样,由伦理组织实施的他律具有约束力和惩罚性,成为西方新闻业界的共识。

美国的新闻督察员制度于20世纪六七十年代出现。《路易斯维尔信使报》(Louisville Courier-Journal)是美国第一家设置新闻督察员的报社。②《华盛顿邮报》也是较早设立新闻监察员的报纸之一。《时代》《纽约客》(New Yorker)开辟专栏,发表检讨新闻事业及其活动的文章,以形成一个有利于解决新闻职业道德问题的社会舆论环境。③

伦理组织接受投诉处理冲突,避免将事态扩大。瑞典销量最大的报纸之一——《快报》(Expressen)在头版刊登了知名电视节目主持人马克·莱文古德(Mark Levengood)的照片,称其因病将辞去主播职务。马克向新闻督察员投诉。一周后,《快报》登出了半版大的道歉声明及马克的照片。马克对事件的迅速解决感到非常满意,他认为自己挽回了声誉,而《快报》的总编也庆幸马克没有将此事闹上法庭。④ 1995年4月29日,挪威的《卑尔根日报》头版刊发了一件非常具有煽动性的事件,并在第2版和第3版刊登了女疑犯的照片和姓名。除了商业电视台TV2,连挪威的小报都没有使用该女疑犯的照片和名字。《卑尔根日报》和TV2的做法遭到了强烈的质疑。3天后,《卑尔根日报》

---

① 裴正义,黄瑚. 欧美各国的新闻评议制度与新闻自律[J]. 新闻战线,1996(1):46.
② 立花隆. 我看美国:美国的新闻业、美国的性革命[M] 于涛,王原,译. 北京:世界知识出版社,2002:147.
③ 黄瑚. 新闻伦理学[M]. 北京:新华出版社,2001:49,60.
④ 刘艺娉. 瑞典新闻督察员制度研究[D]. 北京:中央民族大学,2008.

在头版刊登了非常醒目的个人致歉。①

遵守新闻职业道德，及时主动公开认错，维护的是新闻机构的公信力和媒体从业者的名声，恪守职业伦理不失为挽救新闻机构声誉的有效应急策略。

三、21世纪西方媒体声誉危机应急管理

21世纪，信息透明度的增加让新闻机构面临的声誉风险更多，这需要媒体声誉危机应急管理有所创新。

（一）行政干预与应急管理

西方国家不干预新闻机构的具体事务，但在危及国家安全时也会干预媒体报道。

美国五大广播电视网曾相继播放过本·拉登的录像，布什的国家安全事务顾问康多莉扎·赖斯警告媒体要严加注意并删除拉登的"煽动性讲话"，新闻机构也不想触及赖斯的雷区。②

恐怖组织被视作世界毒瘤，媒体传播恐怖组织的威胁性信息，等于间接地替恐怖组织做宣传，这不利于新闻机构履行社会责任。当年，半岛电视台以播放拉登录音名声大噪，这种影响力本身存在争议。对于严肃媒体而言，为了遵从政府不得播放"煽动性讲话"的指令，新闻机构须调整报道策略。如果这方面的应急不到位，新闻机构可能会受到行政处罚。2001年，"美国之音"因违规播放塔利班组织和本·拉登的录像，导致台长被撤职，经费被削减。③

新闻机构为配合作战需要，也会及时调整报道角度和内容。阿富汗战争（2001年—2014年）期间，"美国之音"增加了阿富汗普什图语的广播，延长了阿拉伯语的广播时间。美国各大电视台的负责人听从国家安全顾问赖斯的要求，不播出拉登及其发言人的讲话，因其中可能暗含攻击和指示的命令。④

政府对战争报道的干预也有"应急"策略。比如，有时候政府新闻发言人有意泄密，给记者以意外的惊喜。这类"泄密"属于政府新闻管理的应急策略。⑤ 新闻机构遵照指令报道就不至于带来麻烦。对于公众的抱怨，新闻机构只要及时解释清楚，公众通常会理解报道策略的调整，这也是媒体获得公众信赖的做法。

（二）严厉问责与应急管理

管理制度看似苛刻，这样的规定也是为了维护媒体的社会声誉。管理针对的是媒体自身的问题，对于各种问题需要新闻机构及时认错、惩罚责任人。有三个媒体惩罚报道失实的案例：

·2004年9月8日，哥伦比亚广播公司在《60分钟》节目公布了4份假冒的

---

① 唐茜. 伦理学视角下的挪威新闻业自律[D]. 北京：中央民族大学，2007.
② 安东尼. 言论的边界[M]. 徐爽，译. 北京：法律出版社，2000：141-142.
③ 郑保卫. 西方媒体无法摆脱政党和资本的控制[N]. 人民日报，2016-4-7（2）.
④ 刘娟娟. 美国传媒与政府互动关系研究[D]. 北京：中共中央党校，2009：9.
⑤ 顾耀铭. 我看美国媒体[M]. 北京：新华出版社，2000：8.

备忘录文件。"金牌主持人"丹·拉瑟在节目上道歉,结束了自己的新闻职业生涯,新闻制片人玛丽·梅普斯也被解雇。

· 2005年1月,罗马尼亚《自由报》记者扬·佳诺德为吸引读者,编造了"雅虎婴儿"的故事。事情败露后,《自由报》宣布,将扬·佳诺德解雇。

· 2005年3月29日,《洛杉矶时报》刊登了加利福尼亚州立大学一名学生溺水死亡的报道,因严重错误,报纸致歉,并将记者埃里克·斯莱特解雇。①

没有惩罚,就没有改进。媒体纠错制度越严格,惩罚力度越大,越有利于防范差错,同时也有利于媒体树立自己的信誉。

2003年4月,《圣安东尼奥快报》(San Antonio Express-News)总编辑抗议《纽约时报》记者杰森·布莱尔(Jayson Blair)抄袭该报文章。5月1日,布莱尔辞职。从5月11日到5月底,相关的报道多达22篇。5月29日,《纽约时报》报道了该报著名记者里克·布拉格(Rick Bragg)因读者投诉其剽窃,②经查实而被迫辞职的消息。6月5日,执行主编豪威尔·雷恩斯和总编辑杰拉尔德·博伊德宣布辞职。《纽约时报》以此为契机进行自我反省,对领导层的工作重新审视,做出要吸取经验教训、重建报纸公信力的承诺。③

《纽约时报》在严肃处理此事的同时,加大制度建设力度。成立"信用委员会"(Credibility Committee),监督检查记者的行为和自身新闻文化,同时成立的还有另外两个委员会,分别负责考察新闻媒体之间的交流、沟通问题和如何对自己员工的表现进行评价。④

《纽约时报》应急管理的高明之处在于,以透明的方式"直播"丑闻的处理过程,向公众表示诚意。一位读者评价称:"你们对于杰森·布莱尔事情的反应是我将继续信任时报的原因之一。这个了解发生错误原因的痛苦的过程能够产生新的预防措施的传播准则和程序。"⑤

《纽约时报》通过严格的管理将责任变成义务,提醒员工维护报纸的声誉。《纽约时报》苛刻的管理制度并非个案。不少知名媒体同样重视差错管理,遇到问题公开道歉。2013年10月27日,美国哥伦比亚广播公司《新闻60分》节目报道了班加西领事馆2012年的遇袭事件细节,消息源为安全承包商雇员摩根·琼斯。琼斯的叙述引发质疑。11月8日,哥伦比亚广播公司被迫承认,琼斯向蓝山保安公司和联邦调查局所作的事件陈述与接受采访时所作的陈述有出入,失去了可信度。⑥

亚洲新闻机构的惩罚制度同样严厉。有的媒体从业者因发表不当的公开言论,被迫

---

① 祝寿臣. 国外新闻打假:启示和借鉴[J]. 新闻战线,2011(4):43.
② 将一名自由撰稿人的作品署上自己的名字发表。
③ 资料来源:张国庆《从杰森·布莱尔丑闻看美国媒体的新闻自律》,中国社科院美国研究所,2004-7-1.
④ 陈阅.《纽约时报》更正与自律机制研究[D]. 广州:暨南大学,2006.
⑤ 李强. 从造假丑闻看美国新闻机构自律与他律的缺失[J]. 中国广播,2011(4):23-24.
⑥ 美国老牌新闻节目就报道不实新闻道歉[N]. 京华时报,2013-11-10(12).

辞职。2014年4月16日8时58分，一艘载有470人的"世越（SEWOL）号"客轮在韩国西南海域发生沉船事故。事故造成281人遇难，23人失踪。KBS（韩国广播公司）报道局局长金时坤在聚餐时说遇难人数其实不算多。这句话被公开后，遇难者家属5月9日在青瓦台附近静坐抗议，KBS社长向遇难者家属鞠躬道歉。①

媒体作为文化建筑物，依赖事实真实、态度严谨的报道立身。差错管理的疏漏造成新闻机构社会声誉下降。新闻机构只要认识到这样的问题与管理的关系，自然会重视日常制度管理。《芝加哥论坛报》有个"准确度规则"（Accuracy Guidelines）："报誉取决于正确性。任何一个制造内容的人，撰稿、编辑、制作图表的、做标题的、搜集资料的、调查实情的，都必须对自己工作中的准确性负责。"其总编辑霍华德·泰纳（Howard Tyner）告诫员工，"即使最小的失误，都足以让读者离弃我们。人们看到这些不应该出现的错误时，会感到愤怒，尤其当错误总得不到改正时"。为最大限度地消除错误，该报建立了差错系统，雇用专门的校阅公司逐字阅读找出错误。每个错误都会详细地说明是谁出错、为什么会发生错误等要素，并且附上纠正修改后的句子以供选择。②

（三）跨国事件与应急管理

国际化趋势有利于新闻机构在全球范围内扩大影响。新闻报道的国际化也增加了媒体的声誉风险。新闻报道造成的问题、媒体从业者触犯法律或做出有悖于职业伦理的行为，或者媒体管理制度有失公允，都可能变成全球性的媒体事件，损害新闻机构在全球的媒体声誉。知名新闻机构的声誉危机应急管理，需要在处理跨国事件方面积累经验。

近年来，跨国媒体事件有增无减，这考验着新闻机构的应急能力。2013年，英国《卫报》将从美国中情局前雇员斯诺登手中获得的机密文件与《纽约时报》分享。当年7月20日，《卫报》销毁了文件副本。7月22日，《卫报》表示所有与政府通信总部有关的材料都已经转交《纽约时报》和独立的调查性新闻集团"ProPublica"。8月中旬，英国政府要求《纽约时报》销毁文件。两周后，《纽约时报》执行总编辑艾布拉姆森拒绝理会并无响应，英方也无跟进。8月30日，《卫报》总编辑拉斯布里杰发表声明，指责本国政府文件"紧急"的说法与当局处理《纽约时报》的做法自相矛盾。

《卫报》不满政府的内外有别，希望和《纽约时报》享有同等权利，他们这样做维护的是自身的媒体尊严，通过捍卫尊严在本国受众中提高自己的媒体声誉。虽然声明无法改变英国政府的区别对待，但声明表达了《卫报》的立场，同时向全球传递了信号：其已删除涉密文件，尊重了政府；《卫报》的声明可视作弱者为减少损失而采取的明智之举。

新闻机构在发布报道/观点前会习惯性地评估内容的安全性，所发布的信息如果有风险，可能得不偿失。一般而言，批评性信息与新闻机构所在的地点越接近，对新闻机

---

① 韩媒体高管称"岁年号死亡人数不算多"现已辞职[N].京华时报，2014-5-10（17）.
② 罗伯特，埃夫.最佳方案：公平报道的美国经验[M].郭虹，李阳，译.汕头：汕头大学出版社，2003：14-15.

构越不安全；肯定性信息距离新闻机构所在的地点越接近，对发布新闻机构越有利。批评性的信息一旦跨出国门，对新闻机构的不利影响相对较小。这种一般性的经验未必具有普适性。在个别情况下，针对国外的批评性信息仍能构成对新闻机构声誉的影响，甚至带来灾难性的打击。2015年的法国《查理周刊》（*Charlie Hebdo*）遭恐怖袭击事件颇为典型。①《查理周刊》不改初衷，发行量因此反而创了新高。不因恐怖袭击改变媒体定位，体现了该刊对媒体定位的坚守。《查理周刊》的应急举措得到多数国家媒体的肯定，从一个侧面表明了应急管理的成效。

媒体定位是否宁肯冒犯宗教信仰也要捍卫表达自由，需要新闻机构充分权衡利弊。全球化成为不可逆转的趋势，报道的内容逐渐在平衡不同民族、地区和不同宗教信仰的差别。尊重受众，就是尊重媒体自己。把伦理因素纳入媒体定位的参照标准里，对于规避新闻机构潜在的外部冲突同样重要。在20世纪初，赫斯特报系（Hearst Corporation）就出台规定："删除会冒犯好人的内容。避免粗俗和俚语以及悲观的语言。""说话要像绅士，在所有方面都应该诚实可靠。同时做到吸引人及和蔼可亲。""如果记者进行了错误报道，或因为疏忽、粗心而采用了错误报道，或记者、审稿员放过了极不准确的报道，这个审稿员或记者应该马上辞职。"②

赫斯特报系的规定并非针对媒体声誉危机的应急管理，新闻机构注意细节问题可减少潜在的风险却是不争的事实。

四、西方媒体声誉危机应急管理发展历程的认知价值

通过对西方媒体声誉危机应急管理发展脉络的梳理不难发现，媒体声誉危机应急管理同样遵循社会发展的一般规律，经历了一个从无到有、由简单到复杂的漫长过程。

管理学是一门实践性较强的学科，管理理论脱胎于管理实践。管理实践的过程也是一个经验累积的过程，量的增长推动理论的萌芽和成长。纵观一部西方媒体声誉危机应急管理的历史，应急管理实践的积累成果较为明显，但理论研究的起步较晚，和实践相比显得相对落后。这表明，西方媒体声誉危机应急管理的实践走在了理论的前面。

就西方媒体声誉危机应急管理实践而言，早期的西方媒体声誉危机应急管理显得零星无章，新闻机构总是在被动的危机旋涡中出于自利的本能被迫采取相应的应急措施。不论是前面介绍的人事危机方面的应急处置，还是媒体恶性竞争引发的冲突，新闻机构对这些事件所采取的应急策略，凭借的是决策者的"应急直觉"。应该承认，这样的直觉通常是艺术化的应急手段，成功的应对往往闪烁着智慧的火花，这些"火花"既是媒体声誉危机应急管理历史的宝贵素材，也是通常理论研究的经验性的零星知识。整体来看，17世纪—19世纪的西方媒体声誉危机应急管理，更多是媒体声誉危机应急管理实践的经验积累，这些经验呈现出偶然性的特征。

---

① 中国新闻网．英政府要求纽约时报销毁斯诺登文件被拒绝理会［EB/OL］．（2013-09-01）［2021-09-01］．https://world.huanqiu.com/article/9CaKrnJC4VS．
② 利昂．报纸的良知［M］．萧严，译．北京：中国人民大学出版社，2005：389．

在媒体声誉危机应急管理从实践向理论转化的第二阶段，并没有形成专门的理论，而是构建媒体声誉危机应急管理的制度，在制度的基础上形成某种实操性的传统。这一点，从20世纪西方媒体的应急管理历史中可以得到印证。随着媒体应急实践经验的积累，新闻机构的管理层逐渐意识到，虽然发生在以往或者其他同行身上的应急措施未必可以照搬，这些措施却有一定的借鉴意义。当借鉴成为一种普遍的做法时，也就形成了媒体声誉危机应急管理的传统。受西方诉讼传统的影响，新闻机构遭遇突发事件后，依靠临时的补救措施虽然可以渡过难关，但这样摆脱的多是临时性的危机事件，无法从根本上杜绝类似事件的冲击。因此，媒体应急方式的诉讼传统和媒体业务应急管理的制度化，包括建立行业性的伦理组织，就成为20世纪西方媒体声誉危机应急管理的"双子星座"。"急病慢就医"的诉讼传统与媒体声誉危机应急管理的制度建设并存，使得西方媒体声誉危机应急管理实践逐渐趋于成熟。

每个时代都有属于自己的独特烙印，新闻业只是社会系统的一个子系统，媒体管理也受制于社会环境的影响。从这个意义上说，21世纪的西方媒体声誉危机应急管理具有了鲜明的时代特色。当全球化成为社会发展的潮流，新闻机构的合作与竞争也具有全球化的特征。跨国交流与合作带来的是跨国事件的增多，这样的事件已经超出新闻机构自身解决问题的能力，对于具有世界影响的恶性事件，处理需要严厉，这样才能消除不良影响。因此，媒体声誉危机事件的复杂性决定了新世纪媒体声誉危机应急管理实践的新探索，以便通过与政府合作、与国外同行合作应对突发性的事件。

数百年的西方媒体声誉危机应急管理历史表明，媒体声誉危机应急管理遵循从简单、被动到复杂、系统的演进过程。

第二节 我国媒体声誉危机应急管理的发展脉络

每个行业都有自己的行业属性，同行业内的不少问题却较少有国界的差别。西方媒体遇到的突发危机事件，在我国的新闻机构同样也可能遇到。

一、1840—1912时期的媒体声誉危机应急管理

从近代报纸问世到辛亥革命爆发，这个时期的新闻机构在经营方面发生了一些意外事件，每次媒体意外事件都是对新闻机构和媒体从业者的严峻考验。有些事件看似与媒体声誉无关，但仔细透视这些事件，你会发现若处理不当无不损害涉事机构的社会声誉。

（一）媒体所有权与应急管理

新闻机构所有权的意外变更，意味着所有者的财产受到侵犯，他们不会无动于衷。比如《时务报》的产权之争，其应急措施颇为经典。

1896年8月9日，维新派代表人物黄遵宪、汪康年、梁启超在上海创办《时务报》。

梁启超和汪康年的矛盾导致1898年该报发生变故。1898年5月5日，汪康年在上海创办《时务日报》。同年7月17日，康有为奏请光绪皇帝降谕旨，改《时务报》为《时务官报》①，汪康年表示反对。8月11日，汪康年在《国闻报》刊登"启事"，有"康年于丙申（1896年）秋创办《时务报》，延请新会梁卓如孝廉为主笔，至今二年"②等语。梁启超发表《创办〈时务报〉原委记》反驳汪康年的说法。8月17日，黄遵宪等又以五人名义刊登声明表示办报资金来源于强学会余款，纠正汪康年的一些说法。之后，汪康年将《时务报》改为《昌言报》。康有为向两江总督提出抗议，禁止发行《昌言报》。③在这场报纸所有权纠纷中，梁启超力图借助行政力量改变《时务报》的性质。因为汪康年的拒不遵命，《时务官报》并未真正出版。虽然《昌言报》仅存在了不到3个月的时间（1898年8月11日—1898年11月9日），但作为《时务报》的重要出资人，汪康年的应急措施取得了实效。媒体所有权的归属，在很大程度上决定着媒体的新闻理念，新闻理念境界的高低之别，关系到媒体和媒体从业者的声誉。从表面上看，梁启超和汪康年争的是报纸的所有权，所有权归属之争的背后也是这些著名报人的尊严之争。

（二）媒体理念与应急管理

新闻机构和其他企业不同的是，媒体的报道体现的是其独有的选择新闻、报道新闻的理念。在新闻机构内部，如果媒体理念不能统一，不仅会造成新闻报道的矛盾，严重的还会导致新闻机构管理层的争执，直至影响媒体的所有权。

《时务报》的所有权之争源于梁启超的一个奏折。这表明，行政权力插手媒体内部的事务，包括对媒体方针、内容、发行方面的干预具有普遍性。追求新闻独立的媒体机构并不愿意受制于行政权力的干涉。天津《大公报》因奉行"四不主义"办报方针，创刊不久就赢得了"敢言"的美名。袁世凯软硬兼施，先用强力"禁邮禁阅"无效，后利诱收买英敛之被拒。④

《大公报》通过追求独立办报免惹麻烦。这样的媒体理念与其所有者的办报经验有关。新闻学研究者多看到"四不主义"的独立精神，却忽视了办报理念对媒体规章制度的影响。正是"四不主义"理念在这家报社得以贯彻，为《大公报》赢得了良好的社会声誉。袁世凯的软硬兼施未能奏效，与《大公报》的有效应对有关。

在辛亥革命前夜，新闻机构在应急管理方面已有所建树。方汉奇主编的《中国新闻事业通史》总结了新闻界与清政府周旋的多种方法。这样的周旋也是对那个时期媒体声誉危机应急管理的概括性总结：

1. 托庇租界，聘用洋人，为报纸出版和发表言论争得机会。或以英国商人的名义在香港注册，或直接聘用日本人为名义社长。

---

① 方汉奇.中国新闻事业通史［M］.北京：中国人民大学出版社，1996：571.
② 戈公振.中国报学史［M］.北京：中国新闻出版社，1985：111.
③ 方汉奇.中国新闻事业通史［M］.北京：中国人民大学出版社，1996：572-573.
④ 方汉奇.中国新闻事业通史［M］.北京：中国人民大学出版社，1996：760.

2. 采用化名注册登记，这一点是考虑到当报社遭遇危机时，有助于逃避惩治。

3. 婉转其辞，以求生存。《民呼日报》《民吁日报》不直言排满革命，而宣布其宗旨是"为民请命""振发国民精神，痛陈民生疾苦，保存国粹，讲求实学"。

4. 版面开"天窗"，邮递用伪装。报纸采用"开天窗"的方式，使读者以为重要内容被抽去，读者人心惶惶，迫使警吏不得不停止检查。

> 一些在国外出版的报刊为了逃脱海关检查，采用了伪装封面等办法进行传递。例如《民报》就曾将封面改为《心理学讲义》或《伦理学》，蒙混过关，由传教士或神学人士带回国内。①

这个时期我国的报纸数量不多，新闻机构和媒体精英的风骨为中国新闻事业的发展创建了良好的行业声誉。随着社会发展，一个划时代的历史事件的发生，在改变中国历史的同时也为媒体发展提供了契机，考验着媒体声誉危机应急管理的能力和水平。

二、1912—1949时期的媒体声誉危机应急管理

在辛亥革命的前夜，历史大变革期间的新闻界也面临着许多承受变革洗礼的危机事件，这些事件有关乎媒体声誉的，也有间接影响媒体声誉的，均需要新闻机构随时做好应对时局变化的准备。

（一）媒体抗争与应急管理

新闻机构的新闻生产和经营受制于大的社会背景。在社会环境下，新闻机构也承受着多重风险，有时自身利益会受到威胁，需要及时采取应对措施。在这个时期，选择通过抗争维护新闻机构的社会声誉是媒体应急的方式之一。

外部环境的特殊性影响媒体业务。如果报社无力抗衡行政干预，必然在公众心目中丧失地位。要维护媒体声誉，有时可以选择"开天窗"的方式暗示某个敏感新闻被删除。1911年10月11日，《国风日报》关于武昌起义和各省宣布独立的消息被警方强制抽去。次日，该报头版只印了一行字："本报得到武昌方面消息甚多，因警察干涉，一律削去，阅者恕之。"②

当时社会动荡，一批报纸受到打压。1912年，报人被警告传讯、打砸搜查、封门停业的恶性事件时有发生。至1913年底，全国继续出版的报纸仅剩139家。大批报人受到迫害，新闻记者中至少24人被杀，60人被捕入狱。1913年正逢农历癸丑年，当时新闻出版人将这一年报纸遭受的浩劫称为中国近代新闻史上的"癸丑报灾"。报灾对于新闻机构而言是雪上加霜，经受住这种考验的新闻机构也在青史留名，因为磨难与荣誉相辅相成。

---

① 方汉奇.中国新闻事业通史[M].北京：中国人民大学出版社，1996：959-961.
② 甘惜分.新闻学大词典[M].郑州：河南人民出版社，1993：191-192.关于"开天窗"，我们在后面还会进一步讨论这个问题。

媒介生态的恶化让新闻业同行认识到协作的重要性。受到打压的新闻机构在尽量依法维权的同时，新闻界同行也会通过制造舆论进行声援。1913年6月12日，原浙江《自由报》总经理许畏三当上浙江省检察厅厅长后，因《汉民日报》在报道和评论"九花娘聚赌案""共和春殴斗案"等丑闻时涉及他，许畏三派法警拘捕该报主编邵飘萍。邵飘萍不仅不逃，而且从容面对审讯。当月15日《申报》刊登庭讯实况。26日，浙江杭县地方审判厅驳回许畏三以检察长名义提起的公诉。《申报》评论批评许畏三："《汉民日报》邵振青一案……是许畏三已居于被害人地位，以被害人资格，自己拿人，自己起诉，是以检察厅长之名义，办自己私人报复之实事，益坐实其滥用职权之罪。"①

媒体同行的声援在1926年4月邵飘萍被捕后仍有体现。《北京晚报》发表"京报馆被封"的消息后，新闻界立即组织营救。虽然营救失败，但为媒体声誉危机应急管理积累了经验。

某位记者遇危（难）后，媒体和新闻协会集体声援以影响舆论。江苏镇江《江声日报》副刊《铁犁》刊登的《边声》等四篇短篇小说中有"奴隶们争斗吧，一切旧的马上都被冲倒，时代已敲起丧钟，一切眼前就要葬送"等内容，1933年1月，该报编辑刘煜生被处决。②此时又发生了《时事新报》驻京记者王慰三被枪杀案。国内新闻界纷纷发电抗议，形成1933年2月的抗议电报风潮。

1933年2月17日，北平新闻界举行追悼刘煜生大会。天津、武汉、广州、青岛、济南、杭州、郑州、徐州、芜湖、南昌、蚌埠、长沙、香港、太原、汕头等地新闻界都纷纷举行集会，发表宣言，通电全中国，强烈要求政府严惩顾祝同，并采取切实措施保障新闻记者的人身安全，落实规定的媒体权利。

1934年南京《民生报》被停刊，也得到国内新闻界的声援支持。③

协同应急体现的是新闻业的美德。媒介生态的理想与否不取决于一家新闻机构的努力，而在于整个新闻业的协同努力。媒体间的经营需要竞争，新闻业的壮大则需要媒体共命运。从这个意义上讲，新闻业的协作精神为这个行业赢得了声誉，使之焕发出勃勃生机。

（二）股权之争与应急管理

新闻机构遇到股权转移时也可能产生内部矛盾。这类股权之争的扩大将经济冲突变成了危及新闻机构声誉的事件。

---

① 傅国涌. 民国报人邵飘萍的不归路 [J]. 历史与人物, 2010 (9): 35.
② 范忆. 民国新闻记者"刘煜生案"始末 [J]. 文史精华, 2006 (8): 48.
③ 陈昌凤. 从《民生报》停刊看国民党南京政府控制下的民营报业 [J]. 新闻与传播研究, 1993 (1): 188. 对于这个声势浩大的声援，有研究者认为并不符合事实："笔者（刘继忠）遍查从7月21日至9月5日期间的各地报刊原件，发现史实并非如前所述，新闻界并未掀起营救成舍我、呼吁新闻自由的舆论高潮，绝大多数报刊选择了集体性沉默。各报除了在7月24日、25日报道《民生报》暂停休刊和9月1日、2日报道成舍我恢复自由，及上海《申报》《时事新报》、天津《大公报》等刊发新闻团体声援成舍我的通电和零星的消息外，南京、上海、北京、天津的报界对《民生报》被查封、成舍我被拘留事几乎未做任何报道，更无评论、启事等。为何出现如此大的反差，目前尚未找到直接证据。"刘继忠. 南京《民生报》停刊事件再审视 [J]. 国际新闻界, 2010 (1): 90.

1927年后，当局加大对上海租界中国报纸的新闻检查。《新闻报》虽幸免于检查，风波仍不断。1929年1月，福开森瞒着其他股东转让股权，史量才委派董显光前去接收馆务，成为股权风波爆发的导火线。① 1月13日，《新闻报》打破常规，在第一版广告中登出《本馆同人紧要宣言》。宣言简短地向读者解释了该事件的来龙去脉，并表达了报馆同仁明确的观点，直指福开森秘密出售股份的事情，并且批评此种情形有操纵舆论的嫌疑，在事件未妥善解决之前，否认有人员干涉报务，借此宣言亮明观点。② 一场新闻机构股权的危机应对在《新闻报》其他股东和史量才之间展开：1月16日，《新闻报》接着发表《本报全体同人第二次宣言》，公开点了史量才的名。《新闻报》从上到下卷入收回股权运动并非偶然，主要是人事变动危及他们的利益。商业团体和报业同行纷纷声援《新闻报》收回股权，一次普通的报纸股权转让引出激烈的纷争，1929年2月2日，《新闻报》刊登出《本报全体同人启事》，宣告股权转让风波结束。③

　　如前所述，股权人之间的冲突所争的不仅仅是财产的份额，更在于稳固或扩大股权人的内部话语权。赢得了内部话语权，进而推行自己的新闻理念，而这恰恰是股权之争的核心价值。有话语权才有尊严，因为尊严需要用智慧和勇气维护自己的权利。应该说，《新闻报》股权事件是新闻史上典型的媒体声誉危机的应急案例。

　　当然，纵观这个时期的新闻业界，也并非全是维护珍惜媒体声誉，其中也不乏自损声誉的事例。对于舆论不满的媒体问题，比如"有的报人记者就利用采访的便利收受津贴、红包或贵重礼品，这在当时几乎是行业公开的秘密，报馆也睁一只眼闭一只眼，放任不管。所以有人谴责报馆与报馆记者这种短视的做法，要求报馆为长远发展给员工加薪，甚至有人建议报馆禁止员工兼职"④。

　　媒体员工的利益得不到保障，可能导致新闻机构的人才流失。名记者、名编辑的突然离职，对一家新闻机构的影响比较明显，这暴露出新闻机构内部管理的混乱，或者媒体所有人不能以人为本，尊重自己的员工。情况严重的话，可能导致一家新闻机构走向衰败甚至倒闭。

> 　　狄楚青在1904年创办的《时报》备受知识分子的青睐，是近代颇有影响的全国性大型日报。但狄氏却在1921年将《时报》出盘给黄伯惠，其中有种种原因，他的心腹骨干陈景韩跳槽"给他以太大的刺激"。⑤

　　忽视对员工利益的关照，业务骨干跳槽，等于新闻机构在给自己的声誉减分。可见，媒体人事管理缺乏危机意识同样危及媒体安全。

---

① 方汉奇.中国新闻事业通史［M］.北京：中国人民大学出版社，1996：460-461.
② 方汉奇.中国新闻事业通史［M］.北京：中国人民大学出版社，1996：462-463.
③ 方汉奇.中国新闻事业通史［M］.北京：中国人民大学出版社，1996：463-468.
④ 曾来海.民国时期报业管理学术思想研究［D］.南京：南京师范大学，2014：136-137.
⑤ 路鹏程.论民国时期报人跳槽的动因及影响［J］.新闻记者，2012（12）：40.

(三)媒体业务与应急管理

这个期间,战事不断,对新闻机构的影响相当明显。媒体的出版时间固定,不论什么样的困难,都不能拖延媒体的正常出版发行,否则损害了媒体的信誉。这个时期也非常考验媒体应对危机的能力。

1. 稿荒应急

在中国新闻史上,《新青年》杂志的双簧逸闻趣事令人津津乐道。站在编辑的角度看,编辑自导自演的"双簧"看似在引起舆论围观,实则也是隐形的危机应对。缺乏稿源,栏目开天窗关系到媒体声誉,自导自演唱双簧就不再是趣事而变成了危机应对。对于纸媒来说,副刊是不可或缺的调味品。副刊作品多来自作者供稿。当代媒体,很少遇到稿荒的情况。但在战事较多的年份,作者能静心从事文艺创作也有困难,编辑需要做好稿源匮乏的准备,以免因为无法正常出版让媒体蒙羞。

邹韬奋接办《生活》周刊后,由于人手不够,他只好用六七个笔名轮流撰写各式各样的文章。与此同时,还得向社外作者约稿,以应对稿件不足的局面。在《我走过的道路》中,茅盾回忆1941年5月5日邹韬奋来访,在被逼无奈的情况下,他仅用一个星期的时间就创作出一篇小说,这篇小说便是"抗战第一长篇"《腐蚀》。① 邹韬奋和茅盾为解决稿源不足而未雨绸缪,更多的是出于责任感,这种责任感可以解读成这些名家出于珍惜自己声誉(茅盾)、珍惜媒体声誉(邹韬奋)作出的被迫选择。

跟社外作者约稿,既要给作者以较宽裕的时间,也要给编辑留出处理稿件的时间,还要给印刷发行留够时间。编辑只有多储备时效性不强的稿件才能避免稿荒。

2. 应对审查

遇到紧急情况,媒体可能采取"开天窗"的方式坚持自己的立场,赢得公众的好评。当时的《西安晚报》仅在1939年的前两个月,开"天窗"就达4次之多。②

关于"开天窗",王君超梳理了我国新闻史上的"开天窗"事件:

> 以"开天窗"闻名报界的,莫过于第二次国共合作时期在国统区出版的中共机关报《新华日报》。1941年1月6日,该报因连送两篇社论被扣,便在当天社论位置"开天窗",并有"抗战第一!胜利第一"8个大字;1941年1月18日,该报揭露皖南事变真相的新闻和评论被国民党新闻检查所禁止发表,便在头版"开天窗",并刊有周恩来所题写的题词和诗句。3月7日,该报又刊出《中共参政员未出席本届参政会》标题,正文部分则"开天窗"。据王君超教授在台湾政治大学"民国38年前重要剪报资料库资料"的检索,此期有关中文报纸"开天窗"的记载,还有菲律宾《华侨商报》为抗议马尼拉一华侨教员被杀和非法搜查,而在1946年9月13日新闻版"开天窗";《大众日报》1948年12月1日在头条新闻"开天窗",并加

---

① 辗转香港的文化精英:邹韬奋的流亡[N].三联生活周刊,2014-3-6.
② 冶铁.陕西报业史上的"开天窗"现象[J].新闻知识,1995(6):39.

标题戏称："坚持长期戡乱，巩固长江防务，政府已作新部署。"①

当局对新闻机构的审查相当频繁。半年之内，以各种借口给《新华日报》"严重警告""扣押报纸"一类处罚十余次，至于删改、免登、扣押稿件等，则难以计数。②在当时，《新华日报》是为生计不得已而为之。现在，当我们回顾《新华日报》的这种应急措施，又何尝不是在维护报纸的声誉呢？

事前审查给新闻出版带来诸多压力。为应对新闻审查，有时新闻机构不得不制定几种预案。③抗战期间在重庆出版的《新华日报》，曾总结出一些应对审查的经验。

> ……编辑部的同志经常研究送审对策：某篇稿件选什么时机送审？哪些词句不易通过，换什么代用词能骗过审查官？被无理删改的字句何者必须保留？何者可以遵检？对被扣免登的怎么处理为宜？遵检、违检，还是"开天窗"暴检，每采取一种斗争形式，都要审时度势，权衡利弊……1939年9月16日，毛泽东在延安接受中央社、《扫荡报》、《新民报》三家记者采访，发表了重要讲话。这样一篇重要讲话，显然不能通过国民党的新闻检查。《新华日报》就于10月19日以大字标题违检登出……《新华日报》虽然为此被国民党当局罚处"停刊一日"……④

当时，在重庆发生了集体的危机应对事件，即新闻史上的"拒检运动"。1945年8月，民主派人士黄炎培访问延安写了《延安归来》一书，拒绝送检。重庆的各大报刊和书店都发表声明，《东方杂志》等16家杂志社不再送检，史称"拒检运动"。⑤是年9月，"拒检运动"扩展到成都、昆明等地，该运动还由出版界扩展到新闻界，迫使当局的新闻管理部门通过了废除新闻出版检查制度的决定和办法。新闻界合理采取的应急措施争得了免受新闻审查的权利，更为重要的是新闻机构通过这些努力避免了因媒体审查可能失去受众信赖的危险。

3. 战时应急

报纸的正常出版发行，在和平时期是规定动作，并无特殊意义。战争时期，物资供应紧张。新闻纸的采购、运输时有受阻。新闻机构在财力许可的情况下，应及早储备包括纸张、油墨在内的物资，以保证物资匮乏时，报刊的出版不受影响。出现报纸无法印刷的事情，报社无法及时向读者解释，会增加读者对报纸的误解，降低新闻机构的信用。在这方面，张友鸾的经验是："不但重庆，其他各处，因地制宜，有土纸可用的一律

---

① 王君超.报纸"开天窗"考辨[J].中国报业，2014（15）：89.
② 方汉奇.中国新闻事业通史[M].北京：中国人民大学出版社，1996：690.
③ 我们的调查在问及您所在的单位是否有明确的应急管理制度或预案时，40.38%的受访者回答"有"；18.27%的受访者回答"没有"；41.35%的受访者称"不太清楚"。
④ 方汉奇.中国新闻事业通史[M].北京：中国人民大学出版社，1996：691-692.
⑤ 田野.1945—1949年中华民国新闻传播制度研究[J].今传媒，2014（12）：35.

改用,战时帮助国家减少危险,战后也可帮助国家兴盛工业。"①

战争也增加了发行的难度。如何规避这方面的问题,媒体管理者需要寻求对策。"为了抗战的应急需要,成舍我专门提出用特殊方法创办一个足供五千万人阅读的全国报纸来推进'报纸下乡'宣传抗战。具体而言,就是在重要都市设立总社,以县团为单位设立分社,总社将所有报纸内容编排好,以短波无线电报传送给各分社,然后由各分社按照总社指示用吉士得速印机印刷,并在当地发行。"②

"全国报"不但缩短了报纸运输的时间,也避免了因战火纷飞造成的交通道路中断而影响报纸的正常发行。报纸多地同时印刷,报纸开办外地专版,这样的做法很快得到推广。这表明,物资匮乏也隐藏着声誉危机,而媒体声誉危机应急管理的经验可以转变成新的媒体管理模式。

(四)解放区媒体声誉危机应急管理

随着国内形势的变化,解放区的面积不断增加,解放区的新闻机构数量和种类同步增长。由于解放区的物质条件相对较差,加上战争的影响,新闻机构的任何纰漏都可能损害解放区的媒体声誉。由于这层关系,解放区的媒体声誉危机应急管理也很有特色。

1. 战时设备应急

现代媒体建立在强大的技术装备之上。装备是新闻机构和受众沟通的桥梁,如果这个"桥梁"无法发挥作用,新闻传播也就成了空谈。没有传播,新闻机构也就失去了社会声誉。在战争年代,战火纷飞给新闻机构带来的困难不少。印刷机和电台一旦被损害,就需要有备用设备可以替代。③

> 1946年底,党中央在延安东北百余公里的瓦窑堡建立了第一战备台,同时指示晋冀鲁豫中央局在太行山适当地点筹建第二战备台。我军1947年7月19日撤离延安,第一战备台立即接替工作。8月底,蒋军迫近瓦窑堡十几公里处,第一战备台开始转移,第二战备台接替工作。④

党中央高瞻远瞩的决策,在于保证党中央的声音不因电台硬件问题而消失,这是战争年代典型的危机意识,这样的意识也是党中央珍惜声誉的写照。

2. 合并与停办

解放区新闻机构数量的增加,记者、编辑的人数很难在短期得到改善。管理部门合并媒体,以保证新闻工作的顺利进行。1946年4月,中共中央提出了"全党办通讯社"的口号,5月底批准《新华社、解放日报暂行管理规则》,对新华社和解放日报进行了重大改组,实行报社合一、以通讯社为主的体制。根据《管理规则》,"新华通讯社"及

---

① 曾来海.民国时期报业管理学术思想研究[D].南京:南京师范大学,2014:44.
② 曾来海.民国时期报业管理学术思想研究[D].南京:南京师范大学,2014:44.
③ 贺文发.突发事件与对外报道[M].北京:中国传媒大学出版社,2008:18.
④ 李庄.我在人民日报四十年(连载5)[J].新闻战线,1988(3):31.

解放日报为中央机关通讯社与机关报。①

解放区的新闻机构虽然各自独立，在一些新开办的新闻机构急需专业人员时，管理部门通过平衡利益的方式，关停大城市某个新闻机构，帮助边远地区新办媒体解决人才危机。新生的新闻机构弱小，人才匮乏问题不能及时得到解决，就无法在解放区立住脚跟，树立良好的社会声誉。1949年在西南各省建立的新华通讯社分社就遭遇过人才危机，中央通过停办《北平解放报》，支持西南局建设。②

3. 出版延误

最新战况是解放区新闻机构不能忽视的内容。广播媒体和新华社的报道时效性强，报纸需要给编辑留出时间。对于重要的战况消息，有的报纸采取临时增出号外的形式来应急。但是并非所有的战况消息都比较确定。有时新闻机构收到了消息，上级要求暂缓报道，这与战事的复杂性有关。一旦把握不准，报道与事实存在偏差，会造成不良的社会影响。这样的慎重考虑是基于确保新闻真实性的考虑。为此，《人民日报》北平版的问世，还延期了1天。③延期出版一天，对于新闻机构而言也是事出有因；对于这份报纸的读者而言，无法在当天读到报纸，他们在内心里可能会对报纸的发行打上个问号。这样的问号多了，将关系到涉事新闻机构的声誉。同样的危机事件允许一次破例，但不会容忍反复出现。

三、1949—2003时期的媒体声誉危机应急管理

1949年新中国成立后，新闻事业也迎来新的发展机遇。这个时期处于媒体转型期，也出现过一些涉及新闻机构声誉的事情。这个阶段的媒体应急管理也可分为几个阶段。

（一）1949—1957年间的媒体声誉危机应急管理

开国大典可以追溯到具体的时间节点，新中国的新闻事业却很难具体到某个时间节点。新中国成立后的媒体声誉危机应急管理回溯，显然也包括1949年10月1日开国大典前的一些媒体声誉事件。

1. 接管媒体

解放军接管一座城市后，会接管国民党的新闻机构和人员。据人民日报社原总编辑李庄回忆：

> 北平解放的当天（1949年1月31日），军管会首先接管国民党两个新闻机关。一个是国民党在华北的头号党报《华北日报》，范长江同志负责接管，一个是国民党官方通讯社中央社北平分社，由我牵头，同去的有韦明、高飞、张连德等同志。④

---

① 方汉奇.中国新闻事业通史[M].北京：中国人民大学出版社，1996：1111.
② 燕凌.《人民日报》北平版和《北平解放报》[J].新闻战线，1999（3）：42.
③ 燕凌.《人民日报》北平版和《北平解放报》[J].新闻战线，1999（3）：41.
④ 李庄.我在人民日报四十年（连载14）[J].新闻战线，1990（5）：32.

完成接管后，进入对"旧媒体"进行改造的阶段。改造报纸需要原有报社重新进行注册登记，有的报纸在重新登记期间自行关闭。以上海为例，"军管会颁行报刊登记暂行办法后，一些小报自觉出版无望，直接放弃登记申请，其时还在刊行的小报仅有《罗宾汉》《飞报》《活报》三份"。[①] 这些消失的报纸有自己固定的读者群体，在新闻史上，很少有从受众角度研究报纸接管带来的次生问题，即习惯于阅读某份报纸的读者，在无法阅读这些报纸时他们的真实感受。同样，新生的报纸要赢得这些读者的喜爱，既需要熟悉受众的阅读习惯，也需要有创新之处，这是新生媒体信用建设的需要。如果被接管后的报纸或新生的报纸无法赢得受众的喜爱，新生报纸的声誉就需要报社管理层考虑应对之策，通过改善报纸质量赢得公众的信赖。

2. 出版危机

新闻媒体是连续出版物，这是现代媒体的制度化体现。对于公众而言，报纸正常出版不是新闻，延迟出版就是媒体的问题，至于何种原因造成延误出版并不是他们考虑的事情。出版经费，是这个阶段不少媒体可能遇到的问题。有些时候，新闻机构的经费紧张求助于外部力量支持未必能从根本上解决问题。1952年上半年，上海《亦报》每月亏损约三千万。针对亏损制订的增产节约计划最快得9月才见效，这期间《亦报》捉襟见肘，步履维艰。[②] 针对《亦报》的情况，陈虞孙建议，"现在我们已设法暂时维持，将来亦须适当地用贷款贷纸等方式，予以必要的援助"。[③] 大报合并后，并未显示出预期的整合效应，反而因增加一倍员工而陷入困境，最终将《亦报》划归解放日报馆承印，同意该报预借备用的纸张，保证正常出报。[④] 没有雄厚的资金支持，新闻机构面临停摆的危险。对于一家有着多年办报历史的媒体而言，经营不善本身就包含了声誉问题。通过媒体兼并摆脱经营危机，挽救的是涉事新闻机构的社会声誉。

3. 媒体检讨

媒体声誉管理，涉及媒体的声誉研究。从媒体与外部关系的角度看，媒体的声誉包含了三层声誉：上级主管部门的认可度、受众的认可度和新闻机构的自我认可度。通常，研究媒体的声誉侧重点在于受众对这类新闻机构的认可程度，忽视了主管部门的认可问题。主管部门对媒体的新闻管理属于宏观指导，新闻机构对宣传方针的理解有时比较片面，缺少全局观念，受到职能部门的批评，同样会损害媒体的声誉。

> 1951年4月26日，《人民日报》登了一版画刊，标题是《要发家，种棉花》，方寸美术大字，在当时是很少有的。……我们自以为做了一件好事，谁知受到领导机关严厉批评。编委会做了检讨。我另外写了检查，因为是我签发的。[⑤]

---

① 龙伟.上海解放初期中共对上海小报的改造与整编[J].中共党史研究，2015（3）：87-88.
② 龙伟.上海解放初期中共对上海小报的改造与整编[J].中共党史研究，2015（3）：90.
③ 资料来源：本部关于报纸工作、新闻界思想改造工作的计划、报告总结及谷牧、姚溱两同志在新闻界思想改造会议上的讲话稿，上海市档案馆藏，档案号A22-1-47.
④ 龙伟.上海解放初期中共对上海小报的改造与整编[J].中共党史研究，2015（3）：91-92.
⑤ 李庄.我在人民日报四十年（连载24）[J].新闻战线，1989（12）：38.

4. 差错问题

及时更正差错并致歉是新闻机构为树立媒体信誉采取的常规应急之策。在这个时期，亦有新闻机构勇于面对出现的差错，严肃处理责任人，并公布处理结果，赢得社会的好评。例如：

> （20世纪）50年代的新湖南报索引及部分合订本，先后发表了四次揭露假报道事件，都是严肃认真、有头有尾的：刊有读者的揭发信、记者的调查报告、作者的检讨和处理结果，并都配发了社论或短评，表明编辑部的鲜明立场。从处理看，也是很严肃的，体现了以教育为主，按情节轻重给以必要的处分。其中严重的两次，记者被撤销职务，行政降一级，通讯员被取消资格。①

（二）1958—1976年间的媒体声誉危机应急管理

真实是新闻的生命线，真实也是媒体信誉的根基。在大的社会环境弥漫浮夸风的年代，新闻机构也不同程度地受到这种风气的影响。1958—1960年的"大跃进"，不少行业存在不切实际的浮夸风，这样的风气在新闻报道中也有体现。

1. 版面"大跃进"

在"大跃进"时期，新闻机构紧跟政治形势，在新闻报道、版面版式等方面有意应景"创新"。《山西日报》曾在报社内搞"大跃进"，其中一个就是报纸版面的"大跃进"。

> 版面"大跃进"的要求是：现实主义与浪漫主义相结合。1958年8月16日，刊登一则山西河津县小麦丰收的消息，全文只有1,000字，却用了5,000字的半个版面，以一面大红旗做底，以《请看河津五麦王》做主题，五个生产公社和小麦产量依次排序，做副题。同版下半版配发社论《一亩地究竟能打多少粮》。另以《天外有天》特大标题报道其他省四条丰收消息。整个版面一派特大丰收气象。②

版面"大跃进"追求视觉的冲击力，在有限的版面空间内，通过运用大幅的插图渲染社会情绪，这样的版面从某种意义上可以视作报纸版面的另类探索。不过，报纸作为"新闻纸"，向受众提供有更多价值的信息是报纸履行社会责任的体现。相反，如果长时间压缩新闻字数，反而导致报纸的新闻信息量有限，受众无法从中汲取更多的影响。应该说，版面"大跃进"是当时社会大环境下的畸形媒体产物。随着社会的发展，这种版面设计逐渐回归传统。

---

① 曾浩.要公开揭露假报道[J].新闻战线，1982（8）：16.
② 方汉奇.中国新闻事业通史[M].北京：中国人民大学出版社，1996：226-227.

2. 挑战书与应战书

这个时期，新闻机构向同行发出挑战书，这种特殊的"新闻竞赛"也是部分新闻机构为"荣誉"而用非理性的方式应对同行挑战的结果。

1958年3月13日，《山西日报》编委会向全国省报发出了挑战书。挑战书写道："为了更好地互相学习、互相支援、互相鞭策，达到共同跃进的目的，我们愿意以我们的十项跃进目标作为条件，从四月份开始和全国兄弟省报展开社会主义的友谊竞赛。"①

人民日报社主办的理论刊物《新闻战线》刊文报道挑战书的后续情况：

> 自从《山西日报》向全国省报提出竞赛挑战以后，本刊编辑室最近又先后收到《浙江日报》《新华日报》《贵州日报》《福建日报》《河南日报》的来信，热烈表示向《山西日报》应战，并且都寄来了应战书。《贵州日报》的应战书中开头就提出：我们是边远山区，经济文化较为落后，报社内部设备和干部条件都较差，但是，"人穷志气高"，决心苦战三年使报社面貌根本改变，争取站在全国省报的先进行列，要求在今年"七一"以前，让报纸的版面焕然一新。②

历史是一面镜子。这个时期，新闻机构的竞争意识被激发出来，客观上对于促进我国新闻事业的发展有一定的积极意义。新闻业的竞争与其他行业的竞争一样，需要坚守基本的职业操守。坚守了职业操守的竞争，创造的是真正的社会声誉。相反，背离了职业操守的竞争，赢得的是形式上的声誉。这样的"声誉"被载入新闻史，则变成了被反思的对象。

"大跃进"结束后，很快进入1959年的"反右倾"和1966—1976年的"十年内乱"时期。在这个阶段，我国的新闻事业经历了前所未有的挫折。当时的新闻报道受到社会环境的影响，不仅新闻的真实性和客观性遭到扭曲，新闻机构内部的管理也存在诸多问题，媒体的声誉降至历史新低。限于篇幅原因，这里不再赘述。

（三）1978—2003年间的媒体声誉危机应急管理

1978年12月，党的十一届三中全会确立了改革开放路线。新闻事业在新时期得到蓬勃发展。媒体在快速发展过程中不可避免地会遇到新的问题，需要新闻机构及时应对。

1. 预案应急

改革开放以来，媒体的商业竞争激烈。新闻机构要占领市场，需要在受众心目中留下好的印象。换言之，媒体声誉就是媒体竞争的资本。媒体声誉是个逐渐形成的过程，这取决于媒体工作的周全与否。新闻工作经常会遇到意想不到的问题，一线的编辑记者需要做好预案以备不测，损害媒体的声誉。《今晚报》很注重采访预案的制定和临时变通。1986年7月1日，天津市中环线通车典礼，坐在直升机上拍摄的记者拍下最满意的

---

① 山西日报.山西日报向全国省报挑战书[J].新闻战线，1958（3）：9.
② 本刊编辑室.浙江日报等向山西日报应战[J].新闻战线，1958（5）：39.

镜头立即把胶卷从飞机上投下去。空投的胶卷写有字条,请拾到者通知报社。报社备有摩托车数辆待命出发。当天,一切如事先准备的那样,照片及时见报。①

2. 差错更正

1983年1月16日,《红旗》杂志总编辑熊复给武警江苏南京支队的樊天香(杂志社聘请的"第一读者")写了一封长达2,000多字的信,介绍了今后工作的一些设想,鼓励读者提出意见和建议。②对读者来信的认真回复,回复的只是少数读者的疑惑,赢取的则是无数读者的赞许。

有的新闻机构重视读者指出的失误,为核实真伪成立调查组到实地调查。查证属实的,除公开致歉外,还责令当事人检讨。

> 兰州报1983年2月23日刊登了《劝君莫作"蒋门神"》一文后,被指称为"蒋门神"的徐万元同志给报社提了意见。兰州报社编委会派调查组做了调查,证明报道是失实的,于4月23日刊登了徐万元写的《写稿应当尊重事实》的来信,加了编者说明,证明徐同志所反映的情况基本属实。采写这一失实报道的记者,在编辑部会上做了检讨。③

有的新闻机构对于新闻差错在报纸上更正时,公布酿成差错的记者名单。1984年3月4日《天津日报》的"更正":三月一日本报一版所载《市委负责同志在京参观塘沽版画展览》一稿中,将市委常委、市人大常委会副主任白桦同志错为"副市长",系记者温超藩工作疏忽所致,特此更正。④

媒体差错还与编辑轻信基层稿件的单位证明有关。"对于涉及历史事实的稿件,我们不能只满足于审稿单位盖了公章就完事,而要自己动脑子想一想,自己动手去查对一下历史材料,或者送请有关部门帮助校正。"⑤

有时,新闻机构大张旗鼓的纠错行为系被动展开。1995年8月,《人民日报》针对频繁发生的错误,发表了《一字千"金"》小言论。邢台市委书记王建忠也批示《邢台日报》,报纸可以经常开展"编校质量评比"活动以提升报纸的质量,于是,《邢台日报》确定1995年10月12日为悬奖捉错日,只要发现错误,一处错误奖励200元。⑥

能够主动更正、肯于公开认错的新闻机构毕竟为数不多,且能长期坚持的更少。绝大多数新闻机构对出现的差错采取了零应急的方式,除内部扣发奖金,没有进一步的处理。有人批评说:现在的问题是,对重大的政治性、政策性差错,不公开更正、检讨是

---

① 方蒙.《今晚报》的新闻采访使人奇[J].新闻战线,1986(11):25.
② 樊天香.《红旗》杂志总编辑给我写信[J].新闻战线,1983(11):29.
③ 应寿.不可护短[J].新闻战线,1983(7):14.
④ 周鸿飞.一则"更正"引起的感叹[J].新闻战线,1984(3):9.
⑤ 鲍人."更正"比原文还长[J].新闻战线,1986(3):36-37.
⑥ 杜兰会."引火烧身"敢亮丑"向我开炮"求质量——邢台日报悬奖捉错、从严办报之思考[J].新闻战线,1996(5):32.

过不了"关"的；但是，对其他差错，有些报纸的表现就未免"玩忽"了。一般的态度是：对读者反应不那么强烈的，或者自认为不那么严重的错误，就不肯公开更正。特别是有的报道失实，已经给当事者带来了灾难，而报道的责任者并不秉公办事，用"基本属实。其中某些提法、分寸容有不当"之类词句进行纠缠，硬是不肯更正。①

制度性更正媒体差错始于何时、何家媒体，暂无权威说法。有研究者认为，2003 年 6 月 30 日，《北京青年报》A 叠第二版《本报更正》栏目，是国内较早设立固定更正栏目的媒体。②

3. 丑闻应对

我国的媒体制度客观上对新闻机构的社会声誉起到了某种保护的作用。只有那些实在无法掩盖的问题才可能向社会披露。比如，1987 年的"双胞胎报纸"事件，就曾引发议论。

1987 年 6 月 11 日出现了同一报名、同一期号的真假《中国人才报》。为两三万元的收入，报社不惜葬送自家报誉，欺骗京郊的政府和企业。双胞胎因影响恶劣，有关上级主管部门调查处理，改组该报领导班子，撤销负有重要责任的副总编辑的职务，并对有关人员给予必要的处分。③

1987 年，还有一起全国好新闻标题奖被撤销与恢复的轰动事件。《新闻战线》1987 年第 9 期刊登全国好新闻评选办公室《关于取消〈武汉晚报〉一条好新闻标题的决定》的消息：这条消息的标题，晚报本身未曾评为好新闻标题，也未向省里推荐，省里也未向全国推荐，因而在推荐手续上也有问题。经研究，特决定撤销这条标题的 1986 年全国好新闻标题的资格，并通报全国。④

长江日报社纪检委的信函，按说可信度颇高。有趣的是，《新闻战线》1987 年第 12 期刊登《恢复〈武汉晚报〉一条全国好新闻标题奖》的消息：

> 本刊（新闻战线）第 9 期 7 页曾刊登全国好新闻评选办公室关于取消武汉晚报一条好新闻标题的决定。现接全国好新闻评选办公室来函称：根据长江日报编委会和有关方面调查证明，原长江日报机关党委纪律检查委员会所反映的问题与事实不符，已决定恢复这条好新闻标题奖。⑤

一则全国好新闻标题奖，评奖、撤销、恢复，虽然没有更多内幕流出，但《长江日报》纪检委举报《武汉晚报》弄虚作假，《长江日报》编委会承认该报纪检委的揭发存在问题。显然，应该是两家本地媒体为评奖而进行了有悖于新闻伦理的恶性竞争。这个

---

① 苏应奎. 别怕更正 [J]. 新闻战线，1983（7）：14.
② 潘祥辉.《我们错了》：中国式媒介更正与致歉的政治社会学考察 [J]. 传播与社会学刊，2015（33）：57.
③ 雷文贞. 三万元与假"人才报" [J]. 中国记者，1987（11）：88.
④ 全国好新闻评选办公室. 关于取消《武汉晚报》一条好新闻标题的决定 [J]. 新闻战线，1987（09）：7.
⑤ 恢复《武汉晚报》一条全国好新闻标题奖 [J]. 新闻战线，1987（12）：21.

事件的后续结果，至今仍是个悬案。

新闻机构自揭家丑让问题曝光进而深刻反思，这是媒体声誉危机应急管理的应有之义。这样的道德勇气，在20世纪后期和21世纪初，均有所体现。

> 1996年1月13日，工人日报新闻周末编辑室在一版的《告读者》中说，由于采编人员的责任，致使一篇文章出现了多处文字差错，谨向读者、作者及涉及的单位道歉。并指名道姓地对3名责任人做出了处分决定，罚款额达2,500元。
>
> 《工人日报》还以这次差错为戒，"对内部校对流程进行整顿和完善"。又说，自本期起，"对最先来信或来电指出见报文字差错的读者，寄发奖金50元"。并公布了联系人姓名和电话号码。①

比《工人日报》自揭家丑影响更大的是新华社公布处理本单位4名记者受贿的事情。2003年9月15日，新华通讯社披露，2002年6月22日繁峙矿难发生后，"11名新闻记者在采访事故过程中收受当地有关负责人及非法矿主贿送的现金、金元宝，存在严重的经济违纪行为"。有研究者称，该事件"更值得载入中国新闻史的缘由，则在于新华社因其4名记者在此事件中受贿而公开做出维护新闻真实性并自觉接受社会监督的承诺，还公布了举报电话、电子信箱、邮政编码和社址"②。客观地说，在外界早已传言颇多、时隔14个多月再披露记者的受贿问题，站在新闻伦理的角度评价确实值得肯定；站在媒体声誉危机应急管理的角度看，新华社主动公开记者在新闻实践中的违规问题并对当事人进行处理，很好地维护了这家新闻机构的职业声誉。

4. 安全应对

当代社会，全球化程度空前提高。新闻机构的问题，也是全球性问题。处理妥当，可以为自己加分；处理失当，声誉危机则跨出了国界。和平时期，新闻机构很少遇到武力袭击。一旦遭遇不测之事，最能考验现场记者和新闻机构的应急能力。1999年5月，我国驻南联盟使馆被炸，对中国驻外记者和国家级媒体，是一次重大的媒体声誉危机应急管理考验。

> 1999年5月8日北京时间凌晨5时45分，使馆顿时硝烟弥漫。吕岩松从一片黑暗中摸索着逃了出来。他出来第一件事，就是将消息通过手机传到了他的前任、人民日报国际部主任编辑、环球时报副总编胡锡进家里，这时离大使馆被袭才15分钟。胡锡进正在睡梦当中……胡锡进立即向人民日报国际部负责人报告，并受国际部委托给外交部欧亚司南斯拉夫处处长李满长打电话。同时，国际部负责人立即向主管国际宣传报道工作的人民日报副总编周瑞金报告，周瑞金即向邵华泽社长和

---

① 张景标. 工人日报有错即改，就是好！[J]. 新闻战线，1996（4）：43.
② 士辉. 媒体应该怎样面对自家的丑闻？——新华社公开自省繁峙矿难记者违纪案解析[J]. 新闻与写作，2003（11）：12-14.

中央有关部门领导汇报。……这时，吕岩松又把新华社记者邵云环牺牲、光明日报记者及使馆武官等3人失踪的消息报回来。人民日报领导立即将这些情况向中央领导报告。编委会当天上午召开专门会议传达并做了部署。国际部一些同志闻讯后立即赶到办公室，按编委会的部署赶写第一篇评论员文章。①

在这个事件中，人民日报社无论从时间上还是后续的应急程序方面，尽到了核查事实、紧急呈报信息的职责。人民日报社"鉴于吕岩松同志在这一重大事件中的突出表现和重要贡献，参照《国务院行政机关工作人员奖惩暂行规定》，决定给吕岩松同志记大功一次，晋升两个工资档次，颁发一次性奖金2万元。此外，编委会号召全社职工向吕岩松同志学习"②。

2004年以后，随着互联网的普及，网络舆论的影响日益增强。2009年3月新浪微博内部测试版的开通，开创了中国新闻机构接受网络舆论监督的新纪元，媒体声誉危机事件增多，新闻机构的应急管理掀开了新的篇章。

四、我国媒体声誉危机应急管理发展历程的认知价值

从新闻业的开端看，我国近代新闻业出现的时间较西方新闻业的问世晚了一百多年的时间。我国早期的近代报纸首先在沿海地区华侨聚集的地区出现，随后向内陆城市延伸后，在内陆城市的普及程度和西方国家的报纸相比也不一样。因而，我国媒体声誉危机应急管理的起源能够溯源的历史，同样晚于西方国家的媒体声誉危机应急管理，我们选择从19世纪开始介绍，更多是考虑到这个时期的报纸已经从沿海地区向内陆城市延伸，报纸的舆论影响力显著增加。

事物的发展总有其相似性。就中西方早期的媒体声誉危机应急管理实践看，相似点更多一些。其中，新闻机构所有权和经营权的争端，已有的文献均有这方面的记载。对于这类涉及创办方切身利益的重大原则问题，媒体所有者的个人权益驱使他们据理力争，为维护自身的利益和媒体声誉使出浑身解数应对突发性的危机事件。鉴于我国新闻业的发展借鉴了西方国家新闻业的经验，早期的中国报纸以股份制报纸为主，股权乃至报纸的所有权之争显得比较突出。所有权之争也是早期媒体所有者提升个人管理能力的机会，能够成功应对股权的纷争、控制报纸的所有权、获得更多内部话语权的新闻机构，其应急管理经验才有借鉴意义。

创办媒体需要较多的经费投入，这是早期报纸以多方入股的形式创办的原因。参股者对媒体的新闻业务有一定发言权，限于那个时期新闻理念的混沌状态，投资人之间未必全部志同道合。即便是在投资办报初期志同道合的投资人，随着新闻业务的扩大，他们之间的新闻理念也未必能始终保持一致，有的新闻理念甚至出现较大的分歧。这样，

---

① 陈特安，刘华新. 不屈的战地记者吕岩松［J］. 新闻战线，1999（6）：17.
② 人民日报编委会关于给吕岩松同志记功奖励的通令［J］. 新闻战线，1999（06）：16-17.

在新闻业发展的过程中，难免出现报人之间的理念之争，理念之争居于深层即声誉之争。这一点，在19世纪的我国媒体声誉危机应急管理史上，属于比较有中国特点的应急案例。

在新中国成立前的三十多年间，我国的媒体声誉危机应急管理实践就与西方国家的媒体声誉危机应急管理实践有了明显的不同。虽然从危机事件的类型看依然有相似的地方，比如媒体抗争、股权之争和媒体业务等方面的突发事件，细分之下，这个时期我国媒体声誉危机应急管理与西方国家的媒体声誉危机应急管理实践不同的地方逐渐增多。以媒体业务的应急为例，这个时期中国新闻机构的应急对象和相关的手段，带有显著的中国历史特色。这个时期战事频繁，媒体编辑遭遇稿荒困扰以及战争时期的内容审查，这都需要媒体从业者（尤其是管理者）运用智慧去协调、化解危机。

新中国的成立开创了中华民族发展的历史新篇章。在新中国成立到21世纪初这个时期，我国的新闻业发生了天翻地覆的变化，其间尽管有不少曲折，但发展历程对于新闻机构积累应急管理方面的经验同样不无帮助，越来越多的新闻机构开始重视公信力建设，重视媒体声誉的积累。在这个时期，我国新闻机构的声誉危机应急管理从接管国统区新闻机构开始做起，逐渐适应新中国的媒体环境和媒体管理制度，积累了适合自我需要的应急管理经验。

可见，我国的媒体声誉危机应急管理实践，同样遵循着事物发展的一般规律，经历了一个从简单与被动再到复杂和系统的演进过程。伴随着这样一个特殊和复杂的历练过程，进入21世纪，我国新闻机构在媒体声誉危机应急管理方面积累了颇有中国特色的应急管理经验。这样的实践经验，为我们开启媒体声誉危机应急管理理论研究奠定了基础。

第二章 媒体声誉危机应急管理的理论基础

人在思考的过程中意识到自身和外部环境的客观存在，进而产生了主体和客体的概念。为处理和外部的关系，作为主体的人需要适时调整自己的言行以便与客体相适应，这个调整的过程就是自我管理的过程。从这个意义上说，管理的历史和人类社会的历史同样悠久。管理作为一门学科，距今却仅有百余年的时间。

管理学科的实践性质决定了管理学研究需要立足于现实，对各种问题进行理性思考，并提出改进建议。不论问题的缓与急，都是管理工作的对象。突如其来的问题给管理者留下的认知时间很短，这类问题相对棘手。新闻业也不例外。当代社会，新闻机构从业者的疏忽、失误一旦在社交媒体上传播，可能酿成媒体声誉危机事件。认识造成媒体声誉危机事件的原因，分析其内在的逻辑，把握其发展的规律，需要从哲学层面讨论媒体声誉危机应急管理的基本理论问题。

第一节 媒体风险的必然与或然

本书讨论的应急管理的客体是媒体声誉危机事件。危机的本质是风险。风险包括已然的风险和未然的风险。媒体声誉危机应急管理的逻辑起点，始于人们对风险的认知。

一、风险与风险社会

风险是指处于未然状态的破坏性因素。风险的非现实性决定了其本质是感知。没有感知，就无所谓风险。意识不到风险的危害性，就不会对风险有所畏惧。如汉语成语"无知者无畏"。从某种意义上说，"风险可以被界定为系统地处理现代化自身引致的危险和不安全感的方式"[①]。

感知分为个体的感知和群体的感知。不同个体的感知方式有所不同，人们在认识事物时可选择适合于自己的方式。群体对外部事物的感知比较相近，当有人预感到风险的存在并及时发出预警，对风险的感知就已初步形成。

[①] 乌尔里希. 风险社会[M]. 陆月宏，译. 南京：译林出版社，2004：19.

有的风险超出了利益共同体而成为行业性风险。媒介融合对传统媒体提出挑战，其风险系数在不断加大。当前，媒介融合的方向尚不明朗，但新闻业界已经感受到巨大压力。新闻业界的风险意识在形成，如今的媒体从业者承受着比上一辈从业者更多的工作压力。新闻业的风险和对未来的忧思符合风险社会的典型特征："在风险社会中，不明的和无法预料的后果成为历史和社会的主宰力量。"①

风险并非一成不变。传统媒体时代单向度的传播模式客观上保护了新闻机构的社会声誉。从这个意义上说，新闻业的"现代性"始于互联网的诞生。在这之前，媒体问题（包括丑闻）时有发生，但对新闻机构的舆论冲击有限。已然的风险（媒体声誉危机事件）对新闻机构的危害通常并不大，未然状态的潜在媒体风险被感知的概率更低。没有代价就无所谓风险，不会形成风险意识。

传统媒体时代的媒体风险具有地域性的特征。互联网没有国界，"风险"也在同步"升级换代"。"首先，现代化风险出现在地理上特定的区域，同时它也是非特定的、普遍的；其次，它们形成有害影响的曲折途径是多么不稳定和不可预测"②。互联网让世界变成了村落，媒体风险不存在地域的问题。一个不起眼的媒体问题或社会危害度不大的媒体丑闻，经过网络舆论的发酵可能变成媒体声誉危机事件。

新闻机构肩负着舆论监督的使命。为了履行这个使命，其对媒体从业者提出相应的要求：业务能力、责任心和道德水准，一样都不能少，这在很大程度上关系到媒体失误或丑闻的发生概率。媒体职业的显性使其出现问题后受到社会关注的可能性也大。知名的新闻机构和非知名的新闻机构、名编辑/记者和普通编辑/记者的风险系数差距在缩小。

风险受重视并非出于偶然。风险的成本高，在短时间内给涉事的新闻机构带来相应的舆论压力，并蒙受相应的经济损失。比如，新闻报道的失误，涉事记者和编辑要被扣发奖金；媒体失误、丑闻还会波及广告收入以及某些合作项目。因此，"与风险社会发展相伴随的是那些因风险受折磨的人和那些得益于风险的人之间的敌对。在这种意义上，风险社会同时也是科学社会、媒体社会和信息社会"③。

二、媒体风险的必然性

讨论媒体风险的必然性，不妨先看看哲学层面有关"必然"的观点。

在我国典籍中，"恒""常"等词被多次使用。"恒常"包含必然的成分。古希腊的亚里士多德（Aristotle）将"必然"理解为"不可能不是"。④ 亚氏并未论及必然之本质。康德（Immanuel Kant）认定自然的东西对于人类来说具有某种必然性："所发生的每件事物必然由自然定律决定，此乃亘古不变之理。"⑤

---

① 乌尔里希.风险社会[M].陆月宏，译.南京：译林出版社，2004：20.
② 乌尔里希.风险社会[M].陆月宏，译.南京：译林出版社，2004：27.
③ 乌尔里希.风险社会[M].陆月宏，译.南京：译林出版社，2004：52.
④ 亚里士多德.亚里士多德选集·形而上学卷[M].苗力田，译.北京：中国人民大学出版社，2000：83.
⑤ 伊恩.驯服偶然[M].刘钢，译.北京：中央编译出版社，2000：19.

对于必然性的认识，黑格尔（Georg Wilhelm Friedrich Hegel）较前人前进了一大步，他认为必然性是个潜在的概念，它在尚未被理解时才是盲目的。黑格尔断言：必然性的观点就是决定人满足和不满足，决定人的命运的观点。他论述了必然性的三个环节：条件、实质、活动。条件是预先设定之物。它只与实质联系，但它是在先的，是独立自为的，是一种偶然的外在的情况。必然的事物都是通过一个他物而存在的，这个他物分裂成为起中介作用的根据——实质和活动，分裂成一个直接的现实性，或同时又是条件的偶然事件。①

有关必然性的论述千差万别，但必然性信条的内容并不复杂。"所有事件，纵令其微不足道，似乎并不遵循伟大的自然定律，也是自然定律的结果，就像太阳的旋转那么必然。"②

必然性与人的心理安全有关。既然命运笃定不变，不论是幸福还是磨难，一经知晓人就会产生某种安全感。所谓逆来顺受，就是这个道理。"我们周围的自然界是有序的和有理性的，恰如人类的思维一样。我们每天的活动便隐含着对自然规律普适性的完全信赖。"③

媒体风险看似无常，其实还有某些必然的成分。④一般来说，认知偏差、行为过失、责任心不足和制度漏洞，构成了对新闻机构的威胁。这些因素无法完全被排除，则媒体风险笃定存在。

（一）认知偏差的必然性

和一个世纪前相比，今天的媒体从业者在学历层次、专业知识和专业技能等方面已经提高了许多。新闻理念的熏陶和专业知识的传授以及专业技能的强化训练，提高了年轻媒体从业者的专业认知能力。相比早期的新闻业，接受过高等教育和专业教育的当代媒体从业者对新闻价值的判断和对新闻素材的筛选能力和写作水平整体上提高不少。从理论上说，这有助于提高新闻报道的质量。

具备相应的专业知识，对于媒体从业者避免新闻差错确有好处。各类风险之所以大量存在，除了人类无法抗拒的自然力因素（地震、海啸）外，更多地在于人的认知能力无法全面正确认识新闻报道过程中可能存在的问题。认知决定判断，认知的偏差会造成判断的偏颇。新闻机构恶意制造虚假新闻的可能性虽然存在但不会太多，否则新闻机构将失去存在的合法性。实践表明，故意提供虚假新闻的事例并不多见，大量的失实报道系媒体从业者认知能力的问题，导致他们事先没能正确认识被报道的对象。

认识论的可知是有限的可知。可知也只是认知的可能性，且这种可能性是指人类整体认知。每个人穷其毕生精力也不能学完前人积累的知识。现代大学的学科门类在增

---

① 黑格尔.小逻辑［M］.李智谋，编译.重庆：重庆出版社，2006：160-162.
② 伊恩.驯服偶然［M］.刘钢，译.北京：中央编译出版社，2000：19.
③ 普里高津.从混沌到有序［M］.曾庆宏，沈小峰，译.上海：上海译文出版社，1987：348.
④ 我们调查的135位媒体从业者中，31%的人认为，媒体声誉危机事件之所以具有必然性，与媒体从业者的行为存在过失有关。

多，专业知识的种类也在不断增加，但人的生命并未延长多少。相对于昨天，今天的"我"的认知总量增加了，但相对于整个人类的知识总量，个体的知识量反而在下降。虽然总体上人类的认知水平依然在上升，但就具体的行业而言，只有该行业的从业者有效分工才能应对日益增加的人类知识。否则，因个人知识储备欠缺造成认知方面偏差的状况就难以避免。媒体从业者的知识结构和认知水平若跟不上时代的节拍，认知偏差增加，新闻业所面临的风险只会有增无减。

（二）行为过失的必然性

无生命的静态物一经存在，若非外力作用基本处于恒定的自在状态。生命体则不同，运动是生命体，尤其是高级生命体最根本的特征。运动意味着改变，即便是机械的运动，这种运动也有打破常态的时候。人的活动是其最基本的日常形式，不论是言语还是肢体活动，主要依照其意志行事。人的理性判断力引导自己朝着理想化的目标努力。单个行为的完美不是问题，连续行为的完美则很难实现，或者说根本无法实现。这样，人的（连续性）行为存在过失就具有了必然性。

遵照媒体运作程序出现新闻差错的概率会大大降低，但媒体从业者每天的工作内容都是新的，只要受访对象不是背台词式地接受采访，每次采访报道都具有一定的挑战性。设计采访方案，制定采访提纲，以确保每次采访具有新意，这是媒体从业者的职责所在。再有经验的媒体从业者每次采访有所遗憾都是常态，否则就失去了改进的空间。无改进也就无所谓进步。因此，采访活动必然伴随着某些瑕疵。

除新闻采访外，不论是选题策划还是稿件写作、节目制作，媒体从业者的行为同样必然存在某些过失。不论纸媒的新闻报道还是电子媒体的新闻报道，不论是有修改时间的报道还是节目直播，从来没有完美无瑕的新闻报道，这源于媒体从业者的行为必然存在或多或少的过失。没有这种必然性，新闻报道就没有遗憾可言。只要遗憾是恒定的，新闻活动存在行为过失就具有必然性。

（三）责任欠缺的必然性

权利和义务对等。享有权利，意味着要承担相应的义务，义务和责任密切相关。不同的职业、机构（单位）会给不同岗位制定相应的职责。从管理学的角度看，职责只有被量化才利于考核。

还有不少无法量化考核的责任。这类责任的履行有赖于媒体从业者的责任心。责任是一个范畴而非固定的点。单位考核可以将责任分解为一系列具体的指标，通过测试个人的时间、能力和单位的利益，规定不同岗位的职责指标。责任量化是管理科学化的必要手段，只是同样的指标在不同责任心的从业者那里履行的程度无法一致。一个人用什么样的态度对待岗位职责，这决定着职责履行的质量。新闻机构可以规定记者月度的稿件数量，规定编辑做版的数量，可以对稿件、版面的优稿数量、好版面的数量规定最低要求，绝大多数记者也可以完成其岗位职责规定的任务。至于记者在采访写作过程中的敬业程度则很难被量化考核。责任心强的记者编辑比较敬业，工作起来一丝不苟，这样撰写的稿件、编排的版面因记者编辑付出的时间多、用心专注，稿件、版面的质量高于那些耗时不够多、用心不够专一者的稿件或版面。因此，可以被量化的岗位职责，只要无法保证每个媒体从业者都具有崇高的新闻理想，并把这种理想践行到日常工作中，就必然存在责任欠缺现象。

能够被量化的职责指标毕竟有限，更多的工作无法被量化考核。新闻机构的口碑在于媒体从业者整体的敬业程度。受社会大环境的影响，新闻业已不再是朝阳行业，媒体从业者的人均工资已不再占优势。这一点，从每年高考后微博上以"业界良心"自居的媒体从业者劝告有意报考新闻院系的考生别学新闻，可以看到他们对媒体工作的失望甚至厌倦。这些"业界良心"依然在媒体供职，他们的建言从一个侧面表明：他们在工作中可能不愿意付出更多的精力。谋生大于理想追求的从业者，他们的责任意识存在某些欠缺具有必然性。对于媒体来说，责任意识欠缺的从业者越多，媒体风险越大。

（四）制度疏漏的必然性

制度来自社会经验和群体的整体认知水平。制度可以被强制推行，并不意味着制度没有疏漏。群体的经验再丰富、教训再多，只要他们的认知水平不能完全满足对新事物认识的需求，制度准则的有效性就要受到限制。换句话说，制度必然存在疏漏，疏漏的存在是制度得以改进的前提。

制度化的媒体管理使新闻报道有章可循，让从事新闻业务的记者编辑程序化地生产新闻。媒体管理制度不会完美无缺。制度疏漏的客观存在，必然会影响到媒体工作，有些棘手的问题因管理不到位而被舆论关注并招致公众的批评。

人类社会的发展对制度的需求只会强化而不会减弱，已有制度的疏漏成为制度改良的前提。如果说制度是笃定的，疏漏则很难被把握。芬莱逊曾论述过生死与疾病的区别："生与死受一种已知的自然定律的支配，但是疾病却不是这样，所以对一种病的发病可以预见和确定，但对另一种却不一定如此。"[①]制度因类似生死而较为恒定，疏漏则类似疾病而较为无常。只要这种无常的可能性存在，那么，"病态化"的媒体风险就必然无法避免。

三、媒体风险的或然性

与必然性相对的是或然性（偶然性）[②]。

（一）或然性地位的转变

在哲学史上，关于必然性和或然性（偶然性）何者更重要的争论一直在持续。多数哲学家倾向于必然性比或然性重要，有的甚至否定或然性的存在。一切都是必然的，偶然性只是表示人们知识上的缺陷，实际上并不存在偶然性。[③]有少数哲学家持相反态度，

---

① 伊恩. 驯服偶然[M]. 刘钢，译. 北京：中央编译出版社，2000：82.
② 我们使用"或然性"这个词而没采用"偶然性"，主要基于这样的考虑：偶然性强调人们对事物的未知因素很难把握，它侧重于指观察、统计、描述以预测可能性发生的概率，因而是人们认知世界的方法。或然性是指有可能却不一定，侧重于指事物的确定性因素和不确定性因素综合形成的结果的可能性。
③ 黑格尔. 小逻辑[M]. 李智谋，编译. 重庆：重庆出版社，2006：159.

在肯定或然性的重要性时也否定了必然性。伊壁鸠鲁（Epicurus）就认为必然性带来了痛苦，希望限制必然性："通向自由的道路到处都开放着，这种道路很多，它们是短而易走的。因此谢天谢地，在生活中谁也不会被束缚住，而对必然性本身加以制约倒是许可的。"①

必然性和或然性是事物发展的两种方式。必然性构成事物的稳态，或然性带来事物的变化。那种认为或然性是现象而必然性是本质的观点，不仅弱化了或然性的作用，而且颠倒了或然性产生的根据。

社会发展由简单到复杂，事物的不确定性在增加，长期占统治地位的必然性开始遭到怀疑。自达尔文的进化论学说问世以来，理论界开始倾向于强调或然性。在这方面，恩格斯的论断比较有说服力。在他看来，"是偶然性推翻了人们至今所理解的必然性。必然性的原有观念失效了，把它保留下来，就等于把人类任意做出的自相矛盾并且和现实相矛盾的规定当作规律强加于自然界"②。

（二）或然性究竟是什么

虽然进化论影响巨大，要让哲学界给或然性正名并非易事。维特根斯坦就没有将或然性（偶然性）留在理性存在的空间，"世界的偶然特征当然不允许进入逻辑结构中""逻辑中没有偶然的东西"。③

科学领域的重大新发现是改变哲学观念的最好契机。量子力学理论的问世增加了或然性与必然性抗衡的砝码。1927年，德国物理学家维尔纳·海森堡（Werner Heisenberg）创造性地使用代数矩阵提出了著名的测不准原理（uncertainty principle，又译"不确定性原理"）。④

哈金对或然性的重要性推崇有加。在他看来，"20世纪物理学最具决定意义的观念变革，是发现世界不是决定论意义下的"⑤。哈金希望用统计学的方法发现或然性的规律，进而"驯服偶然"。"这些偶然性和概然性又是什么呢？它们是两种不同的东西，因为泊松和库尔诺用法文单词chance（偶然性）和probabilite（概然性）分别指这两个概念。概然性意味着可信度，或理性信念的程度：一个事件的概然性是我们所具有的认为该事件曾经或将要发生的理性。但是，偶然性所指的是一个事件的客观性质，即它具有能够发生的'可能性'（facility）。因而，一个事件从本质上说有一种大一些或小一些的偶然性，它们或是已知的，或是未知的。"⑥

这里的"概然性"更接近于我们所说的"或然性"。偶然性侧重于哲学认知的方法，而或然性（概然性）可以通过观察、感知甚至统计计算，预测其发生的概率。人类社会

---

① 马克思恩格斯全集：第40卷［M］.中共中央马恩列斯著作编译局，译.北京：人民出版社，1982：204.
② 马克思恩格斯选集：第3卷［M］.中共中央马恩列斯著作编译局，译.北京：人民出版社，1975：544.
③ 维特根斯坦.逻辑哲学论［M］.贺绍甲，译.北京：商务印书馆，2005：12，26.
④ 这个理论通常被表述为：你不可能既知道1个粒子的位置又知道它的速度，粒子位置的不确定性，必然大于或等于普朗克斯常数除于2兀。测不准原理是量子理论中最根本的部分，它将概率概念引入宇宙。
⑤ 伊恩.驯服偶然［M］.刘钢，译.北京：中央编译出版社，2000：1.
⑥ 伊恩.驯服偶然［M］.刘钢，译.北京：中央编译出版社，2000：173.

的现象和自然界的现象有某些相通之处,毕竟各有特点,不能简单地等同,因为"社会偶然性并不等同于自然世界的偶然性,前者是真正偶发的,而后者则是不变的或是有规律变化的"①。

(三)或然性与媒体风险②

在社会科学研究领域,或然性的地位一直在上升。"'偶然'一向被认为是垃圾,但是到了19世纪,'偶然'突然受到礼遇,成为'维多利亚时代的男仆',……物理学家抛弃决定论,社会科学家则看到了偶然的价值所在。"③

或然性因素对新闻业的影响也日益明显。特别是社交媒体的普及导致媒体事件呈上升趋势,这对新闻机构的社会声誉构成威胁。媒体声誉危机应急管理的任务就是加强对媒体工作或然性因素(媒体风险)尽可能的全面认识。

不同质的东西,数学计算得出结论的有效性要降低许多。管理学研究偏向用数据统计和理论模型去解决问题,对媒体声誉危机应急管理来说则未必适用。媒体风险的或然性具有以下三个方面的特征:

1. 风险发生的或然性

时间与必然性相联系,时间的可分割性和规律性并不意味着时间与或然性没有关联。1930年,荣格(C.G.Jung)在一次演讲中特别提到"偶合性"(syn-chronicity)即"机遇"(chance)的概念,认为"偶合性"打破了机械论(mechanism)因先后果的时间概念,提供时间一种"非因果"(acausal)的解释,此一概念对哲学、科学和心理学均有重大意义。④

确定的原因或结果符合因果律,不确定的原因或结果依然遵守因果律,后者的因果联系缺乏直接性。在汉语中,将符合善的原则的意外结果称为"缘分"或"机遇",不符合善的原则的意外结果称为"风险"或"危机"。媒体风险显然属于后一种情况。

或然性意味着媒体风险发生时间的不确定性,计算机科学再进步也无法计算出风险发生的准确时间节点。如果或然因素事先可以被精确地计算、预测,风险的危害将不复存在。如果风险没有成本,人类社会也就失去了前进的动力。

新闻机构的规模越大,内部结构就越复杂。制度有无法涵盖的地方,外部因素的作用也会给这架在社会舆论中显眼的"机器"带来许多不确定性因素。有时并非新闻机构自身的问题,而是因为外部因素的误识误判⑤。在后一种情形下,媒体风险在爆发时间方面更具不确定性。

---

① 吉尔德.社会科学——超越建构论和实在论[M].张茂元,译.吉林:吉林人民出版社,2005:28.
② 在我们的调查中,5%的人认为媒体声誉危机事件纯属偶然事件,新闻机构本身并无过失;62%的人认为有偶然的因素,但新闻机构自身也应反思自己。另外,还有1.48%的人觉得危机事件纯粹新闻机构或媒体从业者运气不佳,只能怪自己倒霉。
③ 伊恩.驯服偶然[M].刘钢,译.北京:中央编译出版社,2000:1.
④ 俞懿娴.中西时间哲学比较视野下的易哲学——方东美、程石泉论中西时间哲学[J].周易研究,2008(4):43-44.
⑤ 举个例子,一家媒体造成的失误,因为网络舆论的猜测有误,可能让没有过失的媒体临时受到指责。所谓"躺着中枪",就是这个意思。

2. 网络舆论因素的或然性

必然性产生规律，规律意味着简单。认识到事物的规律既不等于把握了事物的规律，更不等于解决了问题。社会问题的原因多样，找到一个原因不等于找到了所有原因。社会风险的暴露有着更为复杂的原因。任何一次社会危机事件看似或然，但或然的背后显然包含着相当复杂的原因。从这个意义上说，"简单性思想正在瓦解，你所能去的任何地方都存在着复杂性"[1]。

媒体问题更容易出现在网络舆论中。网络舆论与媒体风险的关系相对密切，媒体管理部门采取应对措施的时间再快，也比不上微博、微信等信息平台上传播新闻机构负面信息的速度。关于这一点，在2018年夏季的"#Metoo运动"中表现得相对明显，涉及知名媒体从业者的性侵丑闻，即使微博/微信的删帖速度再快也阻挡不了这类信息的传播。

形成网络舆论的因素很多，不起眼的小事也可能引发舆论关注。究竟何种问题会被舆论放大，具有太多的不确定性，这增加了媒体声誉危机应急管理工作的难度。

那些看似并不相干的因素在特定环境下可能发生"化学反应"，这样的"化学反应"即所谓的"绝对巧合"。媒体声誉危机事件所造成的冲击还可能造成"非常巧合"的意外受害者，这就是或然性（偶然性）的特殊杀伤力。对于意外受害者而言，他们"是偶然性的牺牲品。难道还能有别的说法适用于这种无法预见的事件吗？在这里，偶然性显然是本质的东西，是完全独立的两条事物因果链所固有的，而在它们的交叉点上造成了意外事故"[2]。

3. 媒体风险后果的或然性

关注必然性和或然性的目的在于降低风险的危害程度。对于信奉必然性的人而言，行为本身已经预示着结果。在柏拉图看来，"人们的行动就像被舞台后面看不见的手操纵着的木偶的动作，以至于人仿佛只是神的一个玩物"[3]。

或然性带来结果的不确定性（多样性）。媒体声誉危机事件的本质是言行不当引发的麻烦。新闻机构的问题在社交媒体平台上发酵，立场的不同决定了舆论声音的对立。两种立场在网络舆论场的地位"平行"，这些平行因素"交切于因果线上"[4]，我们很难事先预料媒体声誉危机事件最终造成的后果。

新闻机构对声誉危机事件危害程度的评估以及对后果的预测存在较大难度。"新闻工作者有时真的很像那些摸象的盲人，每个人的结论都不同……即使是最好的记者也会有他的'盲点'。……但凡要减少错误概率，挽救措施的基础都应该是对事实本身的价值和尊严的认定，以及对最微不足道的错误造成的危害的充分认识。"[5] 新闻机构对事实

---

[1] 布里格斯, 皮特. 湍鉴[M]. 刘华杰, 潘涛, 译. 北京: 商务印书馆, 1998: 271.
[2] 雅克. 偶然性和必然性: 略论现代生物学的自然哲学[M]. 上海外国自然哲学著作编译组, 译. 上海: 上海人民出版社, 1977: 85.
[3] 汉娜. 人的境况[M]. 王寅丽, 译. 上海: 上海世纪出版集团, 2009: 145.
[4] 伊恩. 驯服偶然[M]. 刘钢, 译. 北京: 中央编译出版社, 2000: 20.
[5] 利昂. 报纸的良知[M]. 萧严, 译. 北京: 中国人民大学出版社, 2005: 15.

本身的价值和尊严认识存在偏差，导致媒体风险后果的或然性的增加。美国福克斯主持人鲍勃·贝克尔在一次节目中宣称发表了污蔑华人的言论。事后他仅对侮辱华人的言论道歉，拒绝就涉及中国"威胁"的言论道歉。①

不同的对策产生的结果不同。跨国媒体声誉危机事件给新闻机构造成一种印象：国外受众未必注意我们的报道，他们也没办法干预我们的报道。或然的对策中包含着媒体理念的必然性，这种理念的必然性又影响着应急管理后果的或然性。新闻机构要趋利避害，就不能不从或然性的角度多方评判危机事件风险的多种可能性，选择有利于带来双赢的对策。

第二节 媒体理念的缺陷与完美

认知过程也是一个审美的过程。新闻理念是媒体从业者新闻审美的产物，它决定了媒体的偏好和新闻的选择。新闻生产的流程、媒体从业者的行为规范是媒体管理理念的产物。新闻机构的管理者希望这种管理理念完美无缺，这种理念完美的程度与媒体的发展状况正相关。从美学角度关注媒体声誉危机应急管理，可以缓解新闻机构和外部的紧张关系、维护媒体的社会声誉。

一、美的理念与应急管理

指导人们行动的是某种特定的理念，每种理念都包含着美学的成分。思维只有和实践相结合才有意义，因为"理念是概念和体现概念的实在二者的统一"②。审美的主观性决定了管理者在处理事务时各有特点，他们按照自己的美学理念来处理事务。不同的处理方式是管理艺术化的体现。管理艺术化是将美学理念运用于管理活动的结果。"管理到底是什么呢？它是装满技巧与智谋的锦囊，还是装有商学院讲授那些分析工具的宝袋？可以肯定的是，上述工具的重要性就如同温度计与解剖学对于内科医生那样重要。"③

制度化管理蕴含着美的理念和对美的追求。应急管理追求制度建设但更强调管理的艺术性，因为突发事件的未知因素和危机状况各有特点，危机走势不会完全按照制度安排的路径发展。媒体管理者要及时、妥当处理声誉危机事件，更需要具备相应的美学理念和美学追求。媒体声誉危机应急管理的美学理念，可以从理念的自然美、结构的对称美和利益的平衡美三个方面来理解。

（一）理念的自然美

以自然为美源于人类对大自然的原始崇拜。大自然的匠心独运给人类带来无限的美

---

① 赖至巧.美辱华主播道歉敷衍未辞职　南加侨界或游行抗议［EB/OL］.（2014-07-16）［2022-03-08］. http:#wenku.baidu.com/ view/ 47 e4f206b 5 2 acfc789ebc92f. htm.
② 黑格尔.美学［M］.朱光潜，译.北京：商务印书馆，1979：57.
③ 金春兰.管理美学的价值探讨［J］.企业研究，2015（7）：53.

的享受，人类的创作往往体现了对大自然的模仿。天体与音乐之间，存在某种模仿与被模仿的关系，美妙动听的乐曲就包含了作曲者对宇宙星系构图的某种模仿。①

古典的管理美学理念也推崇师从自然。大禹治水的传说比较典型。堵和疏，反映了两种截然不同的管理理念：堵，体现的是以管理者个人意志为主导的管理理念；疏，体现的是管理者顺从自然的管理理念。禹和鲧的治水结局是管理工作符合/违背自然美的写照。

自然美在媒体管理中也有所体现。科学规律的本质在于求真，符合真才符合美的要求。媒体管理的自然美在于规章制度顺应自然，按照新闻传播的规律进行管理。把握了新闻传播的规律，媒体管理的自然美就得到了体现。

大道至简。管理以简单、质朴为美，这种美体现着社会的文明和管理的善。管理的文明程度和善的成分与行业的社会声誉成正比。新闻机构的应急管理是否文明并符合善的原则，衡量着媒体管理的文明程度。"任何一个民族中，审美文化的高度和极大普遍性与政治的自由和公民的道德、美的习俗与善的道德、行为的光辉与行为的真理都是携手并肩而行的。"②

绝大多数的媒体声誉危机事件属于网络舆论对新闻机构过失的"自然惩罚"。媒体失当是因，舆论批评是果。对待网络舆论的态度衡量着应急管理的文明程度，而这与新闻机构应急管理的价值取向有关。追求良好的社会声誉需要善待受众、善待社会的批评。管理的理念抽象，这种理念与管理实践相结合才具有可感性，"因为只有作为现实的理念，美的理念才能存在，而理念的现实性，只在具体个别事物里才能得到"③。

符合自然美的媒体声誉危机应急管理，由于管理者直面过失，坦诚道歉并及时改进工作，公众会逐渐原谅新闻机构。哪怕是明显的重大过失，只要媒体声誉危机应急管理处置得当，随着时间的推移，公众也会理解甚至原谅这样的过失。相反，如果新闻机构对网络舆论批评不予理睬，这样的声誉危机事件虽也会逐渐淡出公众视线，但这种"零应急"的管理模式并不利于媒体社会声誉的修复，甚至让涉事的新闻机构受到更多"自然惩罚"，失去受众的支持。

（二）结构的对称美

中国哲学的阴阳理论突出体现了万物的对称性。对称意味着平衡，平衡产生和谐。毕达哥拉斯断言：和谐即美。人类社会也体现为某种形式的"对称结构"，正反两种因素同时客观存在。管理中的对称美可以理解为管理的"对比美"，通过对比可以开阔媒体管理者的视野，提高他们对职业行为是否得当的判断力。媒体声誉危机应急管理的对称美包括行为规范与失当的对称、舆论肯定与否定的对称和范本成功与失败的对称。

---

① 杰米.天体的音乐——音乐、科学和宇宙自然秩序［M］.李晓东，译.长春：吉林人民出版社，2003.该书作者以独特的视角，叙述人间的音乐，阐释天体的韵律。
② 陈清硕.管理美学的意义和作用［J］.上海管理科学，1994（1）：51.
③ 黑格尔.美学［M］.朱光潜，译.北京：商务印书馆，1979：185.

1. 行为规范与失当的对称

新闻活动既受制于所在新闻机构的管理制度，也受制于法律法规和道德伦理的约束，应避免因新闻活动的不规范给新闻机构造成负面影响。媒体从业者在管理制度和法律法规以及道德伦理的框架下从事新闻活动，个人的主观认知水平、处理事务的应变能力以及价值观必然会在职业行为中有所体现。职业行为不够规范、价值观存在偏颇的媒体从业者，行为失范的风险相对较高。不论何种原因造成的职业过失行为，必然对当事人和新闻机构造成某些不良的社会影响。

新闻活动的规范具有相对性，新闻机构的报道和从业者的行为失当在所难免。在传统媒体时代，信息的单向传播模式客观上限制了舆论对新闻报道和媒体挑错的机会，使新闻机构长期处于舆论的"避风港"，从而不利于媒体管理者和一线采编人员反省自身。这样的思维方式让媒体从业者以"社会导师"自居，以自己的行为为标准（美）。社交媒体时代，媒体行为的规范与失当才因网络舆论这面"镜子"而形成了"镜像"，这样的"镜像"对比有利于改进媒体工作，维护媒体的社会声誉和公信力。从这个角度说，行为规范与失当的对比，成为媒体声誉危机应急管理对称美的组成部分。

2. 舆论肯定与否定的对称

舆论的态度有三种表现形式：肯定、中立和否定。中立的态度隐含着肯定或否定，它不是没有态度而是隐藏了真实的态度。或者说，中立者由于种种原因不愿意公开表达自己真实的看法，折中处理了肯定与否定，是一种混合的、模棱两可的态度。网络舆论对一个事件的判断中，中立的态度虽然客观存在，但它是肯定与否定对称的杠杆。对于这个中间立场的"杠杆"态度，并非我们讨论的话题。这里只谈论肯定和否定两种截然对立的态度。

媒体声誉危机应急管理的对称美，在于新闻机构的危机事件经过网络舆论的发酵，引发公众的关注。公众对于深陷舆论旋涡的新闻机构和当事人不会一面倒，公众态度必然存在分歧。舆论声音的多元是舆论的正常状态，一面倒的舆论反倒不符合常理，因为当代的技术手段可以限制互联网用户发出含有某些关键词的声音，也可以自动过滤某些已经出现的声音。人为因素造成舆论呈现出的一面倒现象，因缺乏对立的声音反而让舆论缺乏了对称美的特征。媒体管理者需要兼听则明，这有利于媒体管理者从肯定与否定的声音中明辨是非。

3. 范本成功与失败的对称

成功的管理案例值得借鉴，失败的管理案例也有研究价值。失败和成功构成了对称关系。

媒体声誉危机应急管理没有现成的管理经验和管理理论，媒体声誉危机应急管理的客体——具体的媒体声誉危机事件——各具特点。即便某个媒体声誉危机事件与以往的某个事件类似，它们的外部环境并不相同，新闻机构的应急能力和对待事件的态度不会完全一样。更为重要的是，每次媒体声誉危机事件中的公众心态也不相同，因而也就不存在放之四海而皆准的媒体声誉危机应急管理理论。不论是成功的还是失败的媒体声誉危机应急管理案例（范本）都具有研究价值和借鉴意义。媒体管理者拥有的案例多了，可以从正反管理案例中积累经验或汲取教训。如果媒体管理者只研究同行之间成功的应急案例，或者只关注那些失败的管理案例，范本的片面性可能导致媒体管理应急措施的偏颇，影响应急管理的成效。注重对比成功与失败两个方面的案例（范本），媒体管理者在进行应急管理时可以预防媒体同行的失误，借鉴媒体同行的经验，应急管理工作因注重对比而彰显媒体声誉危机应急管理的对称美。

（三）利益的平衡美

新闻机构只有明确自身的利益才可以吸引优秀的编辑记者，生产更多优质的新闻产品，带来物质和精神的双重收益。

对利益的追求具有普遍性，这本身表明利益符合人的本性，也是价值观的重要内容。如果利益不具有美感，人类社会对利益的强调和追求就违背了客观规律。不符合美的理念，对社会发展的消极影响必然大于积极影响。对利益的强调是社会的客观需要，这种需求和利己主义有着质的区别，而具有历史的和社会的普遍性才符合美的要求。利益之美虽无形但可感。在黑格尔看来："美却起于个别形象的显现，不论在静止中也好，在运动中也好，却与满足需要的目的性无关，与自发运动的完全孤立的偶然性也无关。"①

对利益的追求具有盲目性。离开社会法则的约束，对利益的追逐建立在对他人利益的掠夺之上。适时调整社会关系，既维护了绝大多数个体和机构的利益也促进了社会秩序的良性发展。平衡自己和他人的利益是人的基本能力。关于这一点，马克思（Karl Heinrich Marx）曾指出："人的本质不是单个人所固有的抽象物，在其现实性上，它是一切社会关系的总和。"②

平衡属于美的范畴。利益的平衡符合美的原则。对平衡美的认识，以孔子的中庸理论最具代表性。中庸强调"尚中"和"执中"，利益的分配也需要寻找到利益的平衡点。管理工作"推行'尚中''执中'的管理方略，对'过'与'不及'之两端持动态统一，使各种力量与利益参与调剂、相互补充，在大小、刚柔、强弱、疏密、疾徐、高下、迟速、动静之间保持必要的弹性和张力，具有一种节奏感，体现出管理美学的和谐特征与指向"③。

利益的平衡美同样适用于媒体管理。新闻机构如何平衡从业者的利益、新闻机构间的利益以及新闻机构和受众的利益，让媒体利益的美学功能得以体现是媒体管理美学追求的具体体现。

遇到涉及新闻机构社会声誉和经济利益的突发性声誉危机事件时，利益的平衡美被暂时打破。如何区分危机阶段新闻机构利益的平衡美，不因危机事件损害新闻机构的利益，也不因为维护新闻机构自身利益而损害他人的利益，这是媒体声誉危机应急管理美

---

① 黑格尔. 美学 [M]. 朱光潜, 译. 北京: 商务印书馆, 1979: 161.
② 马克思恩格斯选集: 第1卷 [M]. 中共中央马恩列斯著作编译局, 译. 北京: 人民出版社, 1995: 56.
③ 张体勤. 基于和谐的管理美学初论 [J]. 自然辩证法研究, 2005 (10): 2.

学需要思考的现实问题。有研究者提出"利在美中求""美于利中显"①的观点，对我们思考媒体声誉危机应急管理中利益的平衡美不无参考价值。具体而言，媒体声誉危机应急管理的利益平衡美包括媒体利益的平衡和公众利益的平衡。

1. 媒体利益的平衡

随着媒体市场化程度的提高，除经营广告外，越来越多的新闻机构还拓展经营领域。多元性的新闻机构经营项目，有效降低了其经营风险，不至于一个方面的效益滑坡就造成媒体的财务窘迫。

媒体声誉危机事件可能给新闻机构造成直接的经济损失。比如，因印刷差错收回已印刷发行的报纸/杂志，重新印刷和发行；报道失当被法院判决支付受害人巨额的经济赔偿。有时虽然没有直接的经济损失但损害新闻机构的社会声誉，间接损害其经济利益。不论是经济利益受损还是社会声誉受损，新闻机构都应评估危机事件对自身利益构成的危害，通过平衡利益来制定化解危机的对策。

利益有远近之别。兼顾远近两个方面的利益，新闻机构应主动摈弃片面追求眼前利益以及为眼前利益而牺牲自身远期利益的行为。有的新闻机构为追求近期利益的最大化而牺牲自身的远期利益，要么是媒体管理者缺乏利益平衡美的常识，要么是只维护本届管理层的利益而忽略了新闻机构的长远利益。不论哪种情况，一旦新闻机构的远期/近期利益出现失衡就破坏了利益的平衡美，不利于维护新闻机构的利益。

2. 公众利益的平衡

所有的媒体声誉危机事件都是媒体利益和公众利益冲突的产物。报道差错或失实、媒体从业者的失当行为无疑间接损害了公众的利益。这样的事情一旦被网络舆论关注，利益的对立面随之形成。尽管这种利益对立面相对短暂，却不能低估这种利益的冲突对媒体的负面影响。

新闻机构平衡自身的远近利益之余不应忽视那些看不见的利益群体——网络舆论讨论的参与者。媒体自身的短期利益显而易见，远期利益也不难被认识，但媒体与公众之间的利益冲突却是根本性的。认识不到公众利益在媒体声誉危机事件中的重要性，忽视这个庞大群体的间接利益，将造成新闻机构自身利益和公众利益的失衡。有的新闻机构对网络舆论采取回避的策略，拒绝回应公众批评。从表面上看，新闻机构的沉默对自身没有多少损失，但舆论有记忆，公众可以随时激活其历史记忆。这种记忆的复活并不需要严格的条件，比如说，任何一家新闻机构遇到新的问题，只要有一个人将话题延伸到过去的某个媒体声誉危机事件，曾经漠视公众利益的新闻机构就需要再度为之付出代价。可见，失衡的利益所遭遇的网络舆论惩罚，有时超出新闻机构的预料。

公众利益是隐性的，也是集体性的。隐性的利益相对持久，集体利益具有较强的杀伤力。这也是为什么某些西方新闻机构在出现辱华事件后从开始的拒不道歉，到最后不得不解雇涉事员工（主持人），甚至关闭惹事的栏目，以平息众怒进而摆脱危机的根本

---

① 张体勤. 基于和谐的管理美学初论［J］. 自然辩证法研究，2005（10）：2-3.

原因。美的理念之所以重要，就在于它在实践中具有指导作用。在媒体声誉危机事件中，处于舆论劣势的新闻机构更应尊重公众的精神利益，妥善处理好公众与媒体之间的利益，进而维持自身利益的最大化。

二、美的追求与应急管理

人和世界的关系因为人的主观判断而各具特色。"人是万物的尺度""人的理性为自然界立法"。管理工作者有自己的审美标准、依照自己的美学追求处理具体事务。媒体制度造就媒体管理者的工作思维模式，我国新闻机构在处理与外部关系时普遍不肯轻易公开承认媒体客观存在的问题，这种思维模式和美学追求也在影响应急管理。

（一）追求的偏颇：完美

模仿是人的天性。模仿的前提是崇拜。崇拜包括自然崇拜和偶像崇拜。

自然景观因为符合人类的审美趣味给人以美的享受。对自然美的羡慕，以自然为师，通过自然美启迪人的心灵，在社会活动中模仿自然美，这些行为在给人带来感官享受的同时还可以造福整个人类。

偶像崇拜的情况比自然崇拜复杂许多。偶像崇拜的群体以年轻人为主。管理工作者同样会有崇拜情结，只是这种崇拜的程度轻微，多是不知名的新闻机构模仿知名新闻机构，他们从新闻理想和采编的流程以及规章制度等方面模仿知名新闻机构，以此缩小和知名新闻机构的差距。

适度的模仿具有积极作用，过度的模仿甚至以克隆的方式照搬别人的东西必然弊大于利。在现实生活中有一种特殊的崇拜：自恋。自恋的本质是以自己为最美。过于自恋的人是一种典型的自我完美主义者，他们致力于按照自己改造世界，"因为人有一种冲动，要在直接呈现于他面前的外在事物之中实现他自己，而且就在这实践过程中认识他自己"[1]。极度自恋者不肯承认自身的问题，极力维护自己的"完美"形象。这种完美主义思维模式，对管理工作来说危害较大。

从表面上看，完美主义是个人心理问题的产物，这种心理的形成可能与传统的宗教信仰有关。"完美主义暗示所有的问题都有一个'最终解决'，对于任何问题都有且只有一个正确的答案，只有一种正确的生活方式。"[2] "按照莱布尼茨（Gottfried Wilhelm Leibniz）的观点，上帝是一个绝对完美的存在者，他从无数的可能世界中选择了最好的世界，并将它实现出来。上帝的活动遵循的是完美原则，所谓完美原则指的是意志活动总是追求最善者。因此，我们的现实世界是所有可能世界中最好的世界。"[3]

管理的合法性在于现实世界的不完美，需要具有专业素养的人提升现实的完美程度。完美主义管理者将面临两条截然不同的路径选择：要么是"完美主义努力"，要么是"完美主义担忧"。

---

[1] 黑格尔. 美学［M］. 朱光潜, 译. 北京: 商务印书馆, 1979: 39.
[2] 安靖如. 敬、礼、完美与现代政治哲学［J］. 张爱华, 译. 求是学刊, 2007（2）: 16.
[3] 王志勇. 莱布尼茨的偶然性理论［J］. 暨南学报（哲学社会科学版）, 2012（5）: 134.

英国心理学研究者安德鲁·希尔（Andrew Hil）和托马斯·科伦（Thomas Curran）发现完美主义既有可能延缓职业倦怠，也有可能加剧职业倦怠。后一种效应更强烈。完美主义者总是担心犯错误、令他人失望，达不到自己的预期，巨大的压力产生倦怠。

媒体声誉危机事件造成媒体管理秩序的局部紊乱，媒体管理者油然而生"一种对纯洁的、完美无瑕的以及稳定的现状的渴望"①。正是这种渴望，刺激管理者寻找让新闻机构转危为安的捷径。我国新闻机构习惯于奉行"家丑不外扬"的原则，也是追求完美的体现。然而，这是一种特殊的完美主义心态，容易造成媒体声誉危机应急管理的"完美主义倦怠"。与之形成鲜明对比的是"完美主义努力"。"完美主义努力"带来的是媒体声誉危机应急管理的"天花板法则"，促使媒体管理者竭尽全力妥善处理声誉危机事件，直至产生坏事变成好事的最佳预期效果。"完美主义倦怠"属于典型的媒体管理者不作为状态或者有限作为的状态。参与危机处理的媒体管理者用消极的办法应对网络舆论的批评，甚至借助技术手段屏蔽批评的声音，推送按照自己意志炮制的赞美之词。这种表现正是属于典型的"完美主义倦怠"。这样的"完美主义思维"方式将自身的声誉神圣化，在遇到现实冲突时以扭曲的方式维护新闻机构的社会形象和声誉，却在无形中降低了新闻机构的公信力，削弱了媒体的竞争力。媒体管理者应避免完美主义的偏颇，把自己从完美主义的陷阱中解放出来，以对社会负责、对新闻机构负责的心态处理媒体声誉危机事件。

（二）媒体的常态：缺陷

内容和形式的完美总是相对的，审美主体对某个客体的满意程度随着时间的推移逐渐下降。不满意意味着发现了缺陷，这种审美体验与客观世界本身存在缺陷的事实相一致。

就事物的存在方式看，完美只能存在于想象的世界里。包括文学作品中各种理想的人物以及宗教世界的神和英雄，以这类方式而存在的完美之物一经创造出来就永远处于原始的状态而不会被改变。即便在某个阶段被以"故事新编"的方式改写其行为和形象，最初的形象依然具有不可撼动的地位。缺陷则以或然的形式暂时存在，现实世界的缺陷终究会被改进。从本质上说，缺陷是个别的、或然的存在形式，属于现象范畴的显现之物。

黑格尔认为艺术作品"形式的缺陷总是起于内容的缺陷"②。如果我们追问：内容的缺陷又是如何造成的呢？只能说，个体认知的有限性决定了缺陷的普遍存在。缺陷并不仅仅局限于文学艺术作品里。事实上，"社会制度、法律、思想、文学和艺术，自始至终必然要从一个民族的底层慢慢地发芽开花。一个民族的土壤里，没有任何东西是凭空创造出来的、各方面都完美的事物。只要社会尚未超越存在的自然阶段，这个判断就是正确无误的"③。

---

① 尼古拉斯.法西斯主义[M].袁柏顺，译.长春：吉林人民出版社，2007：122.
② 黑格尔.美学[M].朱光潜，译.北京：商务印书馆，1979：93.
③ 加布里埃尔.模仿律[M].何道宽，译.北京：中国人民大学出版社，2008：27.

"缺陷"的字面含义给人造成一种印象：缺陷是一种恶，而完美是一种善。从功能的角度看，实物的缺陷给使用者造成某些不便，因而含有"恶"的因素。完美只存在于人们的想象中，只有缺陷才是现实可感的。假设现实世界没有缺陷就不会有遗憾。没有遗憾，一切自然完美。完美让人失去前行的动力。客观评价缺陷的积极作用，关键在于从什么角度思考问题。"根据爱任纽（Irenaeus）的观点，天堂是完美的存在物的居所，我们人类的当下世界并不是天堂，而是一个锻炼灵魂的地方。"①

　　管理工作的意义在于发现并改进缺陷。就媒体管理来说，新闻工作具有时效性，媒体从业者要在有限的时间内完成对陌生事物的认知并形成作品，这个工作的挑战性不言而喻。新闻机构为防止差错实行三审制，有的差错在短时间内未必能被发现，媒体出版的周期不允许像图书出版那样反复地校对。这样，新闻报道的缺陷就不可避免。②

　　电影艺术被称作"遗憾的艺术"，制作再精美的影片也难免存在瑕疵。新闻报道的"急就章"决定了其遗憾的数量必然更多。为保证新闻质量，差错管理要求逐日公布版面上的各种差错，出错人员会受到处罚。惩罚有助于改进工作，但无法杜绝差错。有时，媒体从业者因熟悉新闻采编流程而产生一种错觉：经验告诉我们不会有什么问题的。结果，经验性的自信也是差错的原因。"陌生经验的困难可能会迅速获得解决，熟悉问题中的困难反而会长期困扰我们。"缺陷的认知价值在于：它们"不是朽木，而是原料，从这个原料中会涌现出有价值（虽然绝非完美）的知识"。媒体从业者应将出错当作学习的机会，"大可不必为自己可能犯错误而感到垂头丧气，因为在知识的生长中，正如在自然界一样，浪费的东西似乎是很少的"③。

（三）媒体声誉危机应急管理的美学追求

　　随着社交媒体的蓬勃发展，新闻机构不再是网络舆论的主导者，其言行同样被置于网络舆论的监督之下。新闻差错以及媒体从业者个人的失当言行可能成为舆论关注的热点。

　　新闻理念不同，媒体管理者对媒体社会声誉（无形财富）的看法也不同。开明的媒体管理者将公信力视作最高的社会荣誉，对于丑闻不护短，以此为契机改进媒体内部的管理制度。保守的媒体管理者也重视所在媒体的社会声誉，但未必特别在意新闻机构的公信力。遇到问题时，他们力图引导舆论，修复自己的外部形象。只有那些将声誉危机事件视作特殊财富的媒体管理者才会从审美意义上珍惜这样的不良事件。相反，则视丑闻和声誉危机为洪水猛兽。后一种情形的媒体管理者并非没有审美理念和审美能力，而是从完美的角度审视问题，为维护自身社会声誉的"完美"，否认不利于自身的任何事件。对于那些实在无法否认的丑闻则采取鸵鸟政策，不予置评。这种回避矛盾、拒绝公开承认自身问题的应急管理，属于典型的完美主义应急管理。

---

① 约翰.上帝与信仰的世界［M］.王志成，朱彩虹，译.北京：中国人民大学出版社，2006：50-51.
② 图书出版的周期长，编辑有较为充裕的时间校对书稿，但图书的内容差错仍无法避免。有的新版图书在刚上市发行时，书内夹带有活页的勘误表，这种纠错恰恰表明出版业的缺陷不单纯是时间的宽裕就能够完全避免。
③ 保罗.思想无羁［M］.何道宽，译.南京：南京大学出版社，2003：61，65，70.

媒体声誉危机事件让新闻机构的社会声誉快速跌入谷底。乐观的媒体管理者不会因暂时的困境而悲观绝望。这个时候，往往也是形象修复的最佳时机，不论是个人还是新闻机构，其历程都不会永远处于事业的巅峰阶段，必然有高低的交叠。在谷底的时候，有个"锅底法则"可供参考——最困难的时刻往往就是转机的拐点，转变思维方式就有可能柳暗花明。

媒体声誉危机应急管理的美学追求在于正视媒体工作的缺陷和媒体从业者的失当言行，从管理的角度降低出现问题的概率。媒体声誉危机应急管理不应仅仅是偶尔发挥作用，而应贯穿于日常的媒体管理中。社交媒体时代，常规的媒体问题对新闻机构依然构成潜在的威胁。真正具有美学追求的应急管理，应该将应急管理制度化、日常化。在这方面，西方国家知名媒体的经验值得我们借鉴。主流媒体主要通过自律维护公信力，赢取受众。其通常的做法包括：主动更正错误；聘请监察员搜集和调查受众反应，交由媒体管理者或者发表在报纸上；新闻机构内部考核监督员工的工作；以手册的形式将自律条文传达给员工，在会议上对编辑记者进行教育。①

在新闻实践中，媒体从业者的职业行为难免存在不完美之处。重视媒体声誉问题，通过完善管理制度降低职业声誉风险，把这种美学追求付诸新闻实践容易获得公众的肯定。早在20世纪初期，《芝加哥先驱报》发行人詹姆斯·基利（James Keeley）曾坦言："我不是想为报纸上出现的每一个错误找一块遮羞布，有些错误确实无可辩解。一条链子的结实程度取决于最弱的那一环的强度，而每条链子都有相对较弱的环节。如果一切都完美无缺，就不会有火车事故，历史也不需要不断修正，银行也不会破产，轮船也不会偏离航线、不会沉船、不会淹死人。如果完美地遵守秩序，这一切都不会发生。"②

并非所有的媒体管理者都认可詹姆斯·基利的观点。在新闻业界和学界，不乏认为新闻工作应该完美、可以完美的观点："媒体之要，在于完美；完美之要，在于无瑕。"受这种绝对完美思维方式的影响，新闻机构对于报道缺陷直接回应尚未形成制度。没有回应，缺陷并不会随着时间的流逝而匿迹。相反，这些缺陷却存留在社会记忆里。

新闻机构树立正确的美学追求，既是对自己也是对受众负责。媒体管理者全面认识缺陷和完美的关系，妥善处理工作缺陷和行为缺陷对新闻机构的不利影响，通过管理制度和应急措施消除缺陷的有害成分，使其趋于正常，完善新闻业务和对从业者行为的规范，让个别、或然的缺陷成为改进新闻工作的阶梯，对缺陷的改造本身就具有明显的美学价值。媒体（应急）管理的美学价值越多，媒体事务越有序，这是每个媒体从业者应该追求的目标。

美学理念不仅是抽象的概念，也是行为的指南。从事管理的人有什么样的美学理念，这种理念在他们的管理实践中就有所反映。新闻理念是媒体管理者在长期的新闻实

---

① 陈阅.《纽约时报》更正与自律机制研究［D］.广州：暨南大学，2006：3.
② 利昂.报纸的良知［M］.萧严，译.北京：中国人民大学出版社，2005：13.

践中对新闻活动审美的产物。在这种理念的影响下，媒体的报道是特定的"立法"。这种理念除了直接影响新闻活动，还延伸到非生产性的新闻活动中，规范媒体从业者的行为，指导新闻机构处理与外部的事务。

美学对管理事务的影响客观存在，学术界对管理美学问题的思考在逐渐增多。早在20世纪90年代，新闻研究生教育中就有了新闻美学课程，遗憾的是，迄今为止，从管理美学角度思考媒体问题的成果尚不多见。媒体管理忽视美学的价值，或者媒体管理者自身就缺乏必要的美学素养，已经难以适应社交媒体时代的媒体管理。

以社交媒体平台为主体的网络舆论场，冲突（批评、争论）是其典型特征。不同观念、不同立场、不同价值诉求的人，在社交媒体上就某个话题展开讨论。与此同时，媒体话题在社交媒体平台上的曝光率渐多，这需要媒体管理与时俱进。

有社交媒体并不等于具有互联网思维，不等于真正认识社交媒体对当代社会的深刻影响和改变。既然冲突是网络舆论的特征，新闻机构的管理者就应树立网络安全意识，从美学的和谐和冲突关系中寻找灵感，用艺术的方式处理新闻机构与外部环境的冲突。美学素养的缺乏，造成传统的媒体管理艺术化程度不高，在应对媒体声誉危机事件时越发显得力不从心。媒体声誉危机应急管理的水平不高，最终影响了媒体的综合竞争力。

美学素养有助于媒体管理者理性认识完美和缺陷，避免唯美主义情绪，摆脱对缺陷的恐惧心理。新闻工作对时效性的要求较高，使得媒体差错难以避免；新闻职业决定了媒体从业者的社会活动广度，在社会活动中他们的言行也可能有所失当。新闻活动没有给完美预留空间，缺陷（问题）是媒体的常态。具备美学素养的媒体管理不会片面追求完美，也不会通过掩盖问题追求形式的美。在美学理念的引导下，媒体管理者对待新闻机构问题引发的声誉危机事件应持阳光心态，用积极乐观的态度处置危机。

美学素养造就美学追求。新闻工作作为合法的社会活动，必然符合善和美的原则。新闻机构问题引发的（声誉）危机事件是善和美缺位或弱势的产物。媒体声誉危机应急管理的目标在于倡导善和美，通过人为干预恢复善和美的主导地位，使二者重新回归协调发展的状态。

第三节　媒体声誉应急的时间与利益

新闻机构在社交媒体上遭遇的媒体声誉危机事件具有事发突然、影响广泛和损害声誉等特点。网络舆论的态势多变，若不及时介入应对，新闻机构可能变得越发被动。摆脱声誉危机困扰对媒体声誉危机应急管理提出了时间要求。时间的有限性和利益的相关性需要媒体声誉危机应急管理在时间元素和利益诉求之间寻找到平衡点，及早平息事态。

一、媒体声誉应急管理的时间元素

新闻报道强调时效性，针对媒体声誉危机事件的应急管理同样注重时效问题。媒体声誉危机应急管理的时间元素包括新闻机构介入的时间节点、应急策略的速度调控等。舆论压力迫使新闻机构注重时间与速度的内在关联，在处置声誉危机事件时把握时机和应对的节奏以达到预期目标。

（一）媒体声誉应急管理的时间尺度

媒体声誉危机事件给新闻机构造成不同程度的内在紧迫感（危机感），让利益攸关者萌生化解危机的使命感。应急管理是媒体管理者集体使命感形成后的职业行为。

媒体声誉危机应急管理之所以重视时效，有必要审视与危机事件相关的时间因素。在声誉危机爆发前，新闻机构就已经存在问题，累积到一定数量后在某个时间节点导致危机的爆发。2016年6月28日，某报社记者诱奸女实习生事件被受害女生在天涯论坛曝光，随后在社交媒体发酵。涉事记者对女实习生的不轨之事早已存在，假设受害者不是在事后告诉女同学，对方不是力劝她报警并揭发丑闻，此事件就不会在这个时间节点爆发。可见，在媒体声誉危机事件中，"大多数罕见的事件都属于不连续（discrete）的类型，产生于几个同时发生的但低概率（low-probability）的条件的结合"①。

声誉危机事件有个时间的累积过程，及早发现问题并及时纠正问题，酿成危机事件的可能性会大大降低。新闻机构要经得起这类事件的考验，舆论抗压的能力才可以得到提升。假如问题发生就被扑灭，新闻机构反而错过了在重压下锻炼自身的机会。

媒体声誉危机应急管理没有所谓的完美时间节点。按照传统的应急管理理论，对声誉危机事件的介入越早越有利于危机的化解。及早干预危机事件的前提是新闻机构对危机的判断准确。否则，干预事件的时间虽早效果也未必理想。对声誉危机事件的认识需要时间方面的保障。介入过早，应急措施如不够到位，效果无法达到最佳。相反，应急迟缓同样不利于声誉危机的解决。媒体声誉危机的应急管理时间节点选择只能从全局角度进行预判。承认声誉危机应急管理时间节点的不完美性，有利于避免盲目追求应急管理的介入时间。关于时间的不完美性，诗人荷马（Homer）认为，只有超时间的神的存在才是完美的，时间对于人类而言是一种天然的缺憾。②

人的主观能动性可以在一定程度上弥补时间的这种不完美性造成的危害，通过重视时间管理，一方面，让有限的时间发挥更大的作用；另一方面，化时间的被动为主动。正如马克思所说："时间实际上是人的积极存在，它不仅是生命的尺度，而且是人的发展空间。"③时间的有限性和时间的不可逆性是遗憾的根源，时间的可塑性源自"人

---

① 杰罗姆.三种文化——21世纪的自然哲学、社会科学和人文学科［M］.王加丰，宋严萍，译.上海：格致出版社，2014：34.
② 姚顺良."自由时间是人的发展空间"——马克思"人生时间哲学发微"［J］.江西社会科学，2011（8）：63.
③ 马克思恩格斯全集：第47卷［M］.中共中央马恩列斯著作编译局，译.北京：人民出版社，1979：532.

的积极存在"。媒体声誉危机事件也许存在人为策划、操纵的可能,但更多事出有因。①新闻机构应根据与事件相关的若干个时间节点的情况,积极干预事件的处置,制定不同的应急措施。

媒体声誉危机应急管理"积极存在"的实质是处理好"时中"问题。中国传统哲学重视为人处世的时间性,强调做事的最佳时间节点。《易经·蒙》有言:"蒙,山下有险。险而止,蒙。蒙亨,以亨行时中也。"《礼记·中庸》记述:"仲尼曰:'君子中庸,小人反中庸,君子之中庸也,君子而时中;小人之中庸也,小人而无忌惮也。'"李约瑟(Joseph Terence Montgomery Needham)评价称,儒家的"时中"(timely mean)概念强调圣哲处世应于适当的时间采取适当的行动。②

同一件事在不同时间段的处理效果也不同。危机应对选择好时间节点可以带来转机,这归结于时间的变化。诚如方东美先生所说:"时之化行于渐而消于顷,其成也,毁也,故穷。穷而能革,则屈往以信来,刚健而不陷,其义不困穷,盖言天地之化不已也。"③

时中观念在新闻理论中同样有所体现。根据新闻的时宜性,有关危机事件的新闻发布时间是有讲究的。媒体声誉危机应急管理重视危机干预的时宜性——"时中"。在危机持续阶段,对新闻机构相当不利,这并不意味着新闻机构不能变被动为主动。危机也是潜在的转机,时间顺序的链条上必有干预危机的最佳时机,亦即应急管理的"时中"。

新闻机构在处理声誉危机事件时承受巨大的舆论压力,若处理不当造成的危害更大。掌握"时中"概念并不等于就能把握住时机,在恰当的时间介入危机事件,加大或减轻干预危机事件的力度。对"时中"把握更多依赖于媒体管理者的经验。越是时间紧迫的事情,直觉越是重要。直觉何以重要,柏格森(Henri Bergson)对"直觉"的定义给出了解释:"所谓直觉,就是一种理智的交融,这种交融使人们自己置身于对象之内,以便与其中独特的、从而是无法表达的东西相符合。"④

新闻机构要在声誉危机事件中找到有限的转机,靠的是管理者运用集体的智慧把握好时间尺度,化不利影响为相对有利的影响。

(二)应急管理的速度调控

抽象的时间并无价值,现实社会中的时间则具有某种价值。1748 年,富兰克林(Benjamin Franklin)在《给一个年轻商人的忠告》中强调:"切记,时间就是金钱。"⑤时间的经济价值提醒人们珍惜时间,浪费时间违背了经济规律。既然"人是时间性的存

---

① 有些人为策划、操作的事件,策划者和操纵者可以在起点上推波助澜,一旦这些事件被舆论关注,策划者和操纵者对事件后续走势的控制就显得力不从心。毕竟,舆论是众多因素合力作用的产物,而非某个人或某个机构可以操纵到底的。
② 俞懿娴.中西时间哲学比较视野下的易哲学——方东美、程石泉论中西时间哲学[J].周易研究,2008(4):43.
③ 方东美.生生之德·生命情调与美感[M].台北:黎明文化事业公司,1980:133.
④ 亨利.形而上学导言[M].刘放桐,译.北京:商务印书馆,1963:3-4.
⑤ 马克斯.新教伦理与资本主义精神[M].龙婧,译.北京:群言出版社,2007:32.

在",所有与人有关的事务必然与时间存在内在的关联,这促使人们懂得重视/珍惜时间的道理。

珍惜时间的实质是提高时间的效率。在时间不变的情况下提高工作效率,速度问题应运而生。

人类对"速度"的理解经历了四个阶段:(1)只考虑距离或时间一个量;(2)综合考虑距离和时间两个量;(3)保持距离或时间其中一个量恒定,通过另一个量进行判断;(4)任意条件下都能正确把握距离和时间比的关系。①

考察"速度"的变量不同,反映着人们对规律认识的程度。人的行为与自身利益直接相关,利益成了调节人际关系和社会关系的手段。对速度变量的调控旨在实现既定的目标,速度具有了某种预测功能。"测量运动的速度只不过是确定事物的同时发生,而把速度引入计算中去只不过是使用一种方便法子以预测事物的同时发生。"②

时效性越强的领域越重视速度问题。应急管理的效率(速度)关系到新闻机构的利益和社会声誉,这与新闻机构回应舆论的"速度"相关。声誉危机事件给新闻机构带来的时间压力要求加速应对危机,速度及其相关问题在媒体声誉危机应急管理中显得异常突出。

理顺与危机事件相关的所有涉事方是一个特别的"计算"过程。梳理导致危机的因素,归纳这些主体(涉事方)在危机事件中扮演的角色。确定不同主体的处理次序,是媒体声誉危机应急管理的重要任务。对速度的认识就是对规律的把握,"速度"的本质也是"关系"。

物理学的速度确定了相关变量即可测得相应的速度。只要外部条件不变,速度也不变。社会科学领域,不同时代、不同地区的人们对同一事物的速度感觉未必相同。19世纪的法国哲学家让-马利·居友(Jean-Marie Guyau)总结了几个影响心理时间和速度的因素:感觉和思想的强度、它们之间的交替、它们的数量、它们接踵出现的速度、所付诸的注意力程度、将之存储在记忆里所花的工夫以及它们所唤起的感情和联想。③居友的这个发现对媒体声誉危机应急管理不无借鉴意义。

● 感觉和思想的强度。在媒体声誉危机事件中,表面上网络舆论针对的是某个具体的新闻机构,实际上却是公众共同的不满达到一定强度的产物。关于这个问题,不妨借用荣格的"同时共感"(synchronizitat)概念。④在荣格看来,一个媒介物可以被人们同时所感知、联想,进而产生相似的感觉。这样的媒介物不胜枚举。在文学史上,不少诗人以"月"为主题抒发情怀,打动无数读者,奥秘就在于这种"同时共感"的心理反应。在社交媒体平台上,人们对同一事件的感觉和想法有不少相似之处。对此事的议论

---

① 赵世琪.关于"速度"的哲学思考[D].长春:吉林大学,2007:4.
② 亨利.时间与自由意志[M].吴士栋,译.北京:商务印书馆,1958:84.
③ 赵世琪.关于"速度"的哲学思考[D].长春:吉林大学,2007:12.
④ 荣格受《周易》时间观念启发而提出"同时共感"(Synchronizitat)概念。韩振华,赵娟.过程哲学视域下的《周易》时间观念[J].周易研究,2012(6):62.

越多，人们的感觉程度越是强烈。随着这种感觉强调的增加，信息（对新闻机构问题的看法）传播的速度也在加快。这种信息在数量和速度方面的强化，新闻机构会很快感觉得到，并对其应急管理产生影响。

- 它们之间的交替。不妨将居友所说的"思想"理解成态度和观点的表达。绝大多数网民知晓并参与媒体（问题）话题的讨论有很大的随机性。大多数人只是泛泛了解信息，未必表明自己的态度，特别有感触的才发表个人看法。在社交媒体上，"观棋不语者"不表态，或者用符号表态但不用文字评论（即只"点赞"不跟帖），这些"沉默的螺旋"仍有可能通过口语方式向其他人传播相关信息，吸引更多的人关注媒体问题。"意见领袖"们会持续关注媒体问题并补充他们对事件的认识。浅层次了解事件过程和深层次的观点表达之间有个持续交替的过程，这个过程的节奏快慢不一。快速交替预示着危机事件的严重程度，慢速交替预示着危机事件趋于缓和。密切关注两者交替的过程，将为应急管理的策略制定奠定基础。

- 它们的数量。在互联网诞生前，人为制造、操纵舆论的事例虽有，规模和成效相对有限。网络时代，利用技术手段操纵舆论变得相对容易，雇用许多并不相识的人在同一时间集中就某一事件发表类似的观点并非难事。舆论操纵足以对某个事件推波助澜。新闻机构应清楚网络舆论中持肯定和批评态度网民的数量。量的变化决定危机的规模，量大也可以加速信息传播的速度。认识到这个规律，有助于新闻机构综合掌握危机的相关情况，增加决策判断的准确性。

- 它们接踵出现的速度。传统社会的舆论事件如果没有成规模的广场聚集，这类事件所产生的社会影响相对有限。社交媒体为网络舆论提供了无限的活动空间，每个人都可以公开发表看法。传统的舆论事件主要通过人际关系聚集力量，网络舆论事件则通过态度和观点聚集力量。这些人彼此未必相识，主要通过对事件的态度站队，网络舆论的分野相当明显。媒体声誉危机事件给那些对新闻机构抱有成见、不满媒体从业者的人找到了批评的靶子；媒体声誉危机事件让那些喜欢新闻机构、理解并同情媒体从业者的人加深了对新闻业的认识，他们的同情心减弱了对媒体问题的抱怨。两种态度、两种观点在社交媒体平台的较量不会在短时间内分出胜负。两者接踵出现，在观点的交锋中此消彼长。次数频繁、发表观点速度较快者，就有望掌握网络舆论的主动权。新闻机构争取更多理解同情、原谅自己的网民，在化解媒体声誉危机事件时就掌握了有利时机。

- 所付诸的注意力程度。注意力与人的兴趣和利益相关。知名度高的个人或机构容易卷入成为舆论聚焦的重点。出格的言行也容易招致议论。不同性质的危机事件，网络舆论的注意力有着程度强烈与否的区别。新闻机构的知名度较高，媒体差错，特别是涉及政要名字、职务的信息出错，很容易变成舆论的靶子。如果媒体从业者的行为存在过失（如受贿、性侵）将引起网络更多的关注。新闻机构被视作社会的良心，媒体的显著问题会动摇公众对媒体的良好印象。因此，舆论对新闻机构问题的关注显然高于普通机构的同类问题。新闻机构在处置危机事件时只要不触及公众的心理底线，随着时间的推移，公众的注意力很快会发生转移。

●将之存储在记忆里所花的工夫以及它们所唤起的感情和联想。不少声誉危机事件的性质并不严重,问题在于,不起眼的事情怎么变成了舆论焦点。这是社会记忆积累到一定程度的产物,而声誉危机事件的当事方联想的速度不会那么快。对公众而言,只要有一个人联想到之前类似的媒体问题——甚至其他媒体的同类问题,即刻会激起他们的憎恶情绪。集体记忆一旦被唤醒,新闻机构的失当行为在某个时间节点就会被快速发酵,因为这与公众的预期错位,先前对该新闻机构持肯定态度的人在危机事件发生后转变态度。并且,这样的态度会被储存。在适当的条件下,可能再次被唤起。因此,新闻机构面对的麻烦不仅仅是当下的危机事件,也包括了以往的类似问题。公众的历史记忆无法消除,新闻机构需要抚慰网民的心灵,早日摆脱危机的困扰。

新闻机构无法干预客观的时间因素和外部的速度。时间和速度在本质上关系到各方的利益,特别是新闻机构的利益。媒体声誉应急管理的终极目标是最大限度地降低危机事件的危害,尽可能维护单位的利益。因此,时速问题涉及危机事件各方的利益。

二、媒体声誉危机应急管理的利益诉求

利益有内外之别,即伦理学所说的利己和利他。媒体声誉危机应急管理解决的是利己与利他之冲突。处理好二者之间的关系,才符合新闻业的伦理精神。

(一)利己:媒体声誉危机应急管理的原动力

《自私的基因》里有个观点:我们生来是自私的,并从遗传学角度通过大量事例予以论证。虽然道金斯研究的是自然界的动物,他的发现对人类社会也有参考价值。从某种意义上说,没有自私属性就没有真正的生命体,个体活动包含着某种利己目的。"所有人类的行为,一般地说,都有其利己主义的根源,于是当我们试图找出对任何已知行为的方向的解释时,我们必须总要首先求助于它。"[①]

利己是管理工作的原动力。媒体声誉危机事件因危及共同体成员的整体利益而有必要采取应急措施。应急管理面对的是内外矛盾明朗化的危机事件,其目标以维护共同体的基本利益为己任。因此,通过应急管理确保危机事件朝着尽可能利己的方向转变是应急管理工作的目标。

利己同样是媒体声誉危机应急管理的原动力。媒体声誉是媒体公信力的重要内容,对于声誉危机缺乏必要的应对措施,这涉及新闻机构维护媒体声誉的原动力问题。在我国新闻实践中,新闻机构曾一度受"大公无私"思潮影响,没有形成真正的声誉危机意识。这种状况在改革开放后逐步得到改善,因为新闻机构需要通过追求媒体效益和公信力在市场竞争中壮大自身。参与市场竞争,需要新闻机构考虑到媒体声誉的重要性,缺乏维护这种声誉的原动力,将损害新闻机构的竞争力。可以说,对于媒体声誉本能的捍卫使新闻机构这个利益共同体在竞争中不断完善自身,因为"利己的润滑油会使齿轮奇

---

① 叔本华.伦理学的两个基本问题[M].任立,孟庆时,译.北京:商务印书馆,1998:221.

迹般地正常运转"①。

原动力是最为根本、持久的驱动力。片面的利己会让人失去理性，走到社会的对立面。媒体声誉危机应急管理的利己应是理性的利己主义。所谓"理性利己主义"，"是利己的目的和理性手段之结合，利己主义者以理性的手段追求既定的利己主义的目的，由此产生了独特的利己主义形式"②。媒体声誉危机应急管理的对象是新闻机构的声誉危机，这不同于明星的声誉危机，后者可以用任性的方式回应舆论批评。演员文章因绯闻陷入舆论旋涡，在微博上与人对骂。这种非理性的应急纵然"解气"却损人不利己，使危机事件进一步升级。媒体声誉危机应急管理的回应是集体协商的理性产物，措辞比较严谨，态度相对温和，以实现利己之目标。

理性利己主义追求综合效果，并对公正提出了要求。应急管理以利己为根本，兼顾他人的利益。"公正"即"同等的利害相交换"，作为道德规范其源于人际利害冲突，通过"等利交换"最大限度地避免损害他人利益，这是"公正"所特有的起源和目的，亦即"公正"的特殊的起源和目的。③

"公正"一旦付诸实践，就不可避免地和利益有着千丝万缕的联系。媒体声誉危机应急管理解决的是新闻机构和公众之间的冲突。新闻机构是危机事件的受害者，持批评态度的网民则是"施害者"。应急管理不同于法庭裁决，新闻机构恪守公正原则不偏袒自身（含涉事的记者编辑），同时尊重批评者（含偏激的批评者），除非新闻机构和编辑记者进行必要的利益切割，否则"公正"就蒙上阴影。但不能就此得出结论，认定利己取向会让公正变得遥不可及。在应对危机事件过程中，良好的声誉并非只是称赞，也包括虚心接受批评。只有公正地对待舆论的批评，新闻机构才可以维护自身利益。相反，漠视网络舆论批评，新闻机构的经济利益在短时间内会蒙受损失（上市公司的股票可能贬值；纸媒的零售发行量下降；广播电视媒体的收听/视率下降；广告量也可能受牵连）。公正的实现依靠的不是利益共同体的良心发现，而是现实的外部环境压力。市场杠杆的作用之一在于，它迫使每个经济实体在市场竞争中遵守市场的道德法则。

公正的实现与利益共同体对利己层级的重视程度有关。利己的主体并不单一，利益分配需要权衡多方利益。按照需求的紧迫程度，利益共同体需要把利益主体分为若干个层级进行利益的分配。就媒体声誉危机应急管理而言。究竟是新闻机构的社会声誉重要，还是自己的"面子"重要，为面子就不得不庇护那些存在过失的从业者。选择前者需要惩罚相关责任人，通过牺牲其利益（名誉、津贴甚至是自由）换取公众理解；选择后者，庇护责任人将牺牲新闻机构的社会声誉。何去何从，关键在于如何评估责任人在媒体内部的实际地位。为了照顾业务骨干而包庇他们的缺点，或者只在内部处理涉事者，对外保持缄默，这样的利己公正与否？"公正"也有主客观之别，主观公正是自我判断，客观公正是第三方（专业的研究机构和中立的公众）的判断。

---

① 萨缪尔森.经济学:下册[M].高鸿业,译.北京:商务印书馆,1981:290.
② 慈继伟.正义的两面[M].上海:三联书店,2001:110.
③ 王海明.新伦理学（上册）[M].北京:商务印书馆,2008:415.

不论是理性的还是非理性的利己，只要利己者认为其行为坚守了公正原则，就会产生一种朴素的情感：快乐。这种精神层面的愉悦感可以增加人对快乐的追求。危机结束，危机公关得到公众的好评或者受到上级的肯定，管理者的付出得到了回报，给他们带来即时的甚至是延时的心理满足。虽然应急管理的出发点是利己，但利己的工作能伴随快乐，这是应急管理的最高境界。利己如果不能给利己者带来快乐，就变成了一种负担。真正的利己必然伴随着快乐，这同时也符合人们追求的目标。"利己主义作为快乐主义的一种形态，主张我们每一个人都应该把追求自己最大的幸福当作终极目的。"①

（二）利他：媒体声誉危机应急管理的向心力

利己和利他是人性的两个方面，但两者之间并无界限，有时候形式的利己包含了内容的利他，有些形式的利他也包含了利己的因素。人们常说的"与人方便就是与己方便"②，表明在某些条件下利己和利他之间可以相互转换。

有研究者从经济的角度将"利他"分作亲缘利他、互惠利他和纯粹利他三种形式。互惠利他类似某种期权式的投资，所以有人称之为"软核的利他"（soft-core altruism）③。互惠目的决定了利他的有条件性。我们不妨将这些因素理解成"力"。不同的"力"共同促成了利他行为的发生。

应急管理要取得成效，离开利他显然无法利己。

> 1999年初，有一家报纸刊登了一篇假报道，读者纷纷写信指责。报社派人去作调查，果然是作者虚构、编造的，无其人，也无其事。有的人主张把这篇假报道在报纸上公开"曝光"，向造假者敲敲警钟。可有人不同意这么做，理由有二：一曰家丑不可外扬；二曰还是慎重点好。后来只在报社内部说说而已。此篇假稿只有报社及作者单位少数人知道，广大读者却被蒙在鼓里。谁料，该报年底却接二连三地发生了数起造假事件，造假的程度及手法，与年初那一篇相比有过之而无不及。该报这才引起重视，但所造成的不良影响已无法挽回。④

在这个案例中，如果新闻机构能平衡己他关系，通过惩罚新闻造假行为教育编辑记者，既缓和了公众的不满情绪，也有利于及时纠正媒体从业者的造假行为。这是真正的己他两利。这家媒体没有认识到利他的多种向心力作用，过多强调了利己的重要性，很快让自己陷入更大的危机之中。

利己和利他不能协调兼顾，这种人性的缺陷终将损害自身利益。管理工作的核心是处理人与人之间的利益关系，科学管理显然应以人性为基础。"一切科学总是或多或少

---

① 乔治.伦理学原理［M］.长河，译.上海：上海人民出版社，2005：93.
② 类似的说法很多。如孔子的"己所不欲，勿施于人"；美国思想家爱默生的"人生最美丽的补偿之一，就是人们真诚地帮助别人之后，同时也帮助了自己"，谈的都是利己和利他之间的相互转化问题。
③ 叶航.利他行为的经济学解释［J］.经济学家，2005（3）：22-23.
④ 阎玉才."报道失实"莫遮掩［J］.新闻战线，2000（11）：30.

地和人性有些联系,任何科学不论似乎与人性离得多远,它们总是会通过这样或那样的途径回到人性。"①

新闻作品如果缺乏人性,就是不食人间烟火的信息汇总。媒体声誉危机应急管理也不能游离于人性之外。媒体(从业者)说错了话、做错了事,新闻机构的当务之急是抚慰公众。零应急的冷漠做法忽视了公众的存在。对责任人的处理也应破除一种资深编辑记者犯错应免予追责的传统观念,更不能损害新闻机构的名誉。这样的媒体声誉危机应急管理对内"人性过剩"、对外"人性不足",显然有失公允,因为缺乏真正的人性,既不利己也不利他。

在西方哲学史上,休谟和叔本华认为同情和怜悯是形成人类道德标准的基础,仁慈和怜悯是人类品格的基本价值。媒体声誉危机应急管理的人性成分,要求新闻机构注重与公众和睦相处,宽容对待激烈批评的言论,用主动、虔诚的认错赢得他们的普遍谅解。从心理学的角度看,理解了网络民意是做好应急管理的前提。如果不能理解这种民意,甚至对这些批评的言论抱有不同程度的敌意,这样的心态一旦不能消除,应急就变成了为"灭火"而"灭火"。

应急管理的仁慈和现实生活中倡导的"献爱心"不同。仁慈指向利他,利他需要克己。利他总是有原因有条件的。"利他主义不是人的天然动机,而是社会化的可预期结果。"②为了预期目标的实现,道德建设必不可少。道德是一种身不由己的选择:不遵守道德规则短时间内可能实现绝对的利己,后果是造成社会秩序的紊乱,道德是文明的标签。道金斯告诫世人:"你不要指望从人的天性中得到任何帮助,因为我们天生是自私的。""我们能做的只是尽最大可能来宣扬慷慨大度和克己利人的精神。"③同样道理,尽管新闻机构曾被赋予过很高的道德评价,在涉及自身利益时依然是个普通的利益共同体而非道德机关。在遭遇声音危机事件时,新闻机构本能地寻求趋利避害之策,包括通过适当的利他以达到最终的利己目的。

利他的实质是强制性的自觉让渡。这种"指向自我的暴力"之所以可行,在于通过利他能更好地维持媒体自身和外部的关系,改善社会秩序。促进社会秩序的个人或利益团体,可以获得良好的社会声誉。媒体声誉危机事件对社会秩序构成不同程度的破坏,需要新闻机构权衡利弊,抚慰公众。

没有秩序的社会是混乱的,没有秩序的舆论同样扰乱社会秩序。对于新闻机构而言,抽象的道德说教简单,公开处理自身的问题,特别是那些具有轰动效应的负面事件,就不简单了。"市场的道德规则使我们惠及他人,不是因为我们愿意这样做,而是因为它让我们按照正好可以造成这种结果的方式采取行动。……因而确实使我们的努力产生了利他主义的结果。"④

---

① 休谟. 人性论 [M]. 关文运, 译. 北京: 商务印书馆, 1980: 6.
② 慈继伟. 正义的两面 [M]. 上海: 三联书店, 2001: 96.
③ 道金斯. 自私的基因 [M]. 卢允中, 译. 长春: 吉林人民出版社, 1998: 4.
④ 哈耶克. 致命的自负 [M]. 冯克利, 胡晋华, 译. 北京: 中国社会科学出版社, 2000: 9.

对媒体声誉危机事件的应急措施之所以存在诸多不尽如人意之处，既有实践经验不足的原因，也与新闻机构缺乏对应急管理的理论思考有关。

媒体声誉危机应急管理的质量与新闻机构对声誉危机事件时间元素的认识程度有关。在声誉危机事件中，客观的时间使"局内人"（新闻机构的成员）和"局外人"（围观的网民）具有了强烈的主观色彩。媒体声誉危机事件的围观者通过关注此类事件寻求精神层面的快感，在没有新的舆论事件时，他们并不急于看到事件的结束。深陷舆论旋涡的新闻机构有种"度日如年"的感觉，其本能地希望危机早点结束。同样的时间尺度，不一样的心境，由此形成的时间背反现象，在媒体声誉危机事件中表现得较为突出。这样，媒体声誉危机应急管理首先是时间元素的管理。清楚时间尺度变化的规律，了解时中是应急管理追求的终极目标，选择好若干个时间节点，有步骤地介入危机应对，才能科学地管理时间。

时间管理是一门艺术，不同的主体在不同时间节点的利益诉求有所区别。时间管理是否到位体现的不仅仅是应急管理的艺术问题，也反映着新闻机构对不同利益主体诉求的满足情况。现阶段，我国媒体声誉危机应急管理成功的案例不多，与新闻机构对利益分配不到位有关。事业属性、企业化的管理模式造成了媒体管理者和新闻机构的利益脱节。媒体管理者对谁负责，既决定着新闻机构应急的时速，也反映着利益主体的相对模糊。这种模糊降低了利益管理的效率，不论是对己利还是他利的维护方面，显得被动和无奈。利益属性造成的问题，新闻机构首先要对其上级部门负责，个人的职位成了核心的利益。这种利益指向与公众没有关联，甚至与新闻机构的整体利益没有直接关系。利己偏离了轨道，造成了媒体声誉危机零应急现象的普遍存在。新闻机构要适合舆论格局的变化，应该清楚和公众利益的边界，厘定行政管理部门的利益诉求。这样，时间管理的问题将迎刃而解。

第三章　媒体声誉危机应急管理的场域与准则

传统的管理有其特定区域。超出新闻机构管理区域的人或事，要么这些人或事成为媒体管理的盲区，要么媒体管理合法性和效力成了问题。社交媒体的出现，客观上改变了传统媒体的空间布局。在社交媒体平台上，网络舆论全天候监督各行各业。按照传统的媒体管理模式，新闻机构和媒体从业者的问题通常在新闻机构内部解决，当代的媒体问题往往也会成为网络舆论聚焦的对象，跨越传统媒体管理区域的冲突需要通过媒体声誉危机应急管理的方式协调解决。这样，媒体声誉危机应急管理的场域问题就无法回避。媒体声誉危机应急管理场域的变化，需要有与之相适应的管理准则。

第一节　媒体声誉危机应急管理的场域

共同体是由多种利益诉求之"力"构成的"场域"，共同体本质上就是对若干个"力"的平衡。媒体声誉危机事件爆发期间是新闻机构的场域和力场最不稳定之时，媒体声誉危机应急管理更应重视场域和力场的这种突然变化，有步骤地开展应急管理工作。

一、媒体声誉危机应急管理的"场域"

人类社会作为一个系统性的有机体，本身就是一部超级的"百科全书"，每个领域都是这部"百科全书"的有机组成部分。布尔迪厄（Pierre Bourdieu）的"场域"理论也适合解释媒体声誉危机应急管理问题。

（一）"场域"理论

在布尔迪厄看来，社会学的"场域"概念"可以被定义为在各种位置之间存在的客观关系的一个网络，或一个构型。正是在这些位置的存在和它们强加于占据特定位置的行动者或机构之上的决定性因素之中，这些位置得到了客观的界定"[①]。

"场域"是一个关系化的特定网络区域，"各种场域都是关系的系统，而

[①] 皮埃尔，华康德.实践与反思——反思社会学导引[M].李猛，李康，译.北京：中央编译出版社，1998：133-134.

这些关系系统又独立于这些关系所确定的人群"①。这个网络区域即利益共同体活动的范围。他并不满足于引进"场域"概念，还将它广泛运用于现实社会，并构想出一个由"美学场域""法律场域""宗教场域""政治场域""文化场域"和"教育场域"组成的系列化场域群组。布尔迪厄没有简单地将"场域"标签化，而是以市场为纽带，将每个"场域"中象征性的"商品的生产者"和"消费者"联结起来。由此，其"场域"群组下的"子场域"就是市场社会里一个个具体的生产消费领域。"场域"理论由笼统到具体，源于"在高度分化的社会里，社会世界是由大量具有相对自主性的社会小世界构成的，这些社会小世界就是具有自身逻辑和必然性的客观关系的空间，而这些小世界自身特有的逻辑和必然性也不可化约成支配其他场域运作的那些逻辑和必然性"②。

（二）媒体声誉危机应急管理的"内场域"

"场域"理论具有很强的张力。有利益主体和利益诉求的领域，均可视作相对独立的"子场域"。新闻传播学者受"场域"概念的启发，提出了诸如"媒介场域"③"新闻场域"的概念。目前，我国管理学研究中有关"场域"理论的运用尚不多见，倒是政治学研究者提出了政党管理的"场域"概念④。媒体管理作为交叉学科，"场域"理论是否适用，也是个值得探讨的问题。

布尔迪厄的"场域"理论以经济学的市场为纽带，只要存在生产和消费，"场域"理论就有拓展的空间。改革开放以来，我国媒体的市场化程度显著提高，新闻生产和消费对受众的重视程度以及新闻市场的激烈竞争，表明"媒体场域"的客观存在。每个新闻机构都是"媒体场域"的"子场域"，媒体管理的职责在于协调各种利益关系，管理场域涵盖了新闻机构的内外部活动区域。

媒体管理的场域包括媒体常规管理场域和媒体声誉危机应急管理场域。

媒体常规管理场域分为"内场域"和"外场域"。"内场域"指的是新闻机构内部的区域；"外场域"指的是新闻机构外部辐射的区域。针对"内场域"的管理具有直接性和强制性的特点，针对"外场域"的管理包括新闻机构处理协调与受众及行政关系部门的关系。

研究"场域"关系应确定场域的界限。确定场域的边界，连布尔迪厄都有点为难："场域界限的问题是一个非常难以回答的问题，哪怕只是因为这个问题总是一个场域自身内部的关键问题，也不容许任何先验的回答。""场域的界限只能通过经验研究才能确定。"⑤

在互联网普及前，新闻机构内场域的管理也相对简单。事业编制身份使媒体职业比

---

① 皮埃尔，华康德.实践与反思——反思社会学导引[M].李猛，李康，译.北京：中央编译出版社，1998：145.
② 皮埃尔，华康德.实践与反思——反思社会学导引[M].李猛，李康，译.北京：中央编译出版社，1998：134.
③ 丁莉.媒介场域：社会中的一个特殊场域[J].青年记者，2009（16）：65-66.
④ 傅景亮.政党管理的范畴、场域和模式分析——以社会公共政治为视域[J].中共浙江省委党校学报，2014（6）：92-98.
⑤ 皮埃尔，华康德.实践与反思——反思社会学导引[M].李猛，李康，译.北京：中央编译出版社，1998：137-138.

较稳定，媒体从业者的流动程序烦琐，导致办理调动或辞职的手续较多，通常主动离职者数量有限。体面的待遇和社会地位，使媒体从业者很少离开新闻行业转到其他行业工作。应该说，内场域的媒体管理制度，客观上不利于调动编辑记者的工作积极性。

在这个时期，新闻机构的外场域管理也相对轻松。新闻行政部门和新闻机构是管理与被管理的关系，这种"管理"的实质是接受指导、服从安排。外场域的管理涉及受众。读者来信、来电以及上门投诉这类事务需要专职机构（如报社的群众工作部）受理。涉及法律纠纷的事务由法务部（或办公室）负责处理。① 新闻机构外场域的管理处于强势地位。行政级别高的新闻机构，外场域管理强势态度更为明显。

社交媒体改变了传统媒体获取信息的主渠道，新闻来源渠道强化了新闻机构对社交媒体的依赖度，新闻机构开始调整自身与公众的关系。这表明，媒体声誉危机应急管理的场域和常规管理的场域有所不同。

从表面上看，互联网时代媒体声誉危机应急管理的"内场域"范围未变，但员工和单位的关系有了明显变化。

首先，媒体从业者的身份多元化。事业编制人员的比例下降，员工对新闻机构的依赖程度下降，跳槽现象开始普遍。一旦一家新闻机构的核心团队集体辞职，将直接影响到该机构相关的内容生产安全。相比之下，媒体从业者因为个人原因而出现问题，可以选择以主动辞职的方式规避新闻机构的处罚。于是，媒体管理的"场域"界限变得模糊、复杂，内场域的问题被延伸到外场域，媒体声誉危机应急管理不得不协调同一问题在"内外场域"的连锁反应。

其次，媒体从业者的素质提升，视域开阔。媒体从业者的学历起点高了，有利于提高报道质量。他们也是微博、微信等社交媒体的用户，视野相对开阔。这些变化，需要新闻机构运用现代媒体企业的理念管理人才。"内场域"的媒体管理如果与时代脱节，即便没有遭遇网络舆论事件，新闻机构的市场竞争力也同样会减弱。

（三）媒体声誉危机应急管理的"外场域"

比媒体"内场域"关系变化更明显的是"外场域"关系的变化。

首先，媒体声誉危机应急管理"外场域"的地域性消失。传统媒体的疆域特征明显。纸媒发行范围相对稳定，广播电视的信号覆盖也有范围限制。新闻机构的影响力与信息有效传播的区域大小成正比。互联网时代，地方新闻也可以是"全球性新闻"。地方新闻机构的问题可能变成全球性媒体声誉危机事件。随着"外场域"疆域的消失，新闻机构如何和看不见的受众沟通变成了新的难题。从国外的案例来看，近年来，某些电视媒体主持人在节目中上演的辱华事件，就是因为忽视华人观众的心理感受，从最初的无视公众诉求演变成被迫妥协以化解危机。这类教训表明，全球化视野对媒体声誉危机

---

① 我们的调查在问及"您所在的媒体是否遭遇过新闻业务方面的意外情况"时，25.19%的受访者认为是由于工作人员言行不当引起的，64.44%的受访者认为是由于工作失误被发现引起的，50.37%的受访者认为是由于新闻或传播内容失实侵犯某些人或单位的权益引起的，23.08%的受访者认为是由于工作人员牟取不正当利益引起的，20.74%的受访者回答"不知情的情况下突然遭遇法律纠纷"，12.59%的受访者回答"没有"。

应急管理工作相当必要。

其次，媒体声誉危机应急管理"外场域"的主体构成复杂化。传统社会媒体的受众是"外场域"的主体。报刊订户通过邮局或其他渠道预订，新闻机构掌握订户的相关信息。零售的报刊，新闻机构虽无法具体掌握购买者的个人信息，但他们所在的区域可以被测定出来。订户或零售方式购买者之间很少直接联系，对于媒体问题，他们以个体方式进行表达。广播电视媒体的受众相对复杂，这类媒体借助收视（听）设备可以间接掌握每档节目受众的分布情况。对媒体问题的观点表达，除少量直播节目，听/观众和报刊用户的反映渠道并无太大区别。在社交媒体上，公众同样可以表达他们对媒体的态度。重视"外场域"的主体构成，新闻机构在处理媒体声誉危机事件时可以有针对性地制定不同的预案。

最后，媒体声誉危机应急管理"外场域"的冲突变得经常化。在互联网没有普及前，传统媒体声誉危机事件发生的次数少，发生此类事件的间隔较长，但不等于媒体问题的总量不多。新闻生产的特点决定了新闻行业的差错率高。没有社交媒体就不存在严格意义上的媒体声誉危机事件，媒体声誉危机应急管理职业化的步伐缓慢。现在，媒体问题受到网络舆论全天候的监督。只要媒体问题客观存在，网络舆论对媒体的监督就不会消失。如果新闻机构意识到"外场域"冲突的经常化，设立专门的应急管理部门，就能避免严重的媒体声誉危机事件。

媒体声誉危机应急管理的"内场域"的位置空间清晰，"外场域"的位置空间相对模糊。和其他场域问题不同的是，媒体声誉危机应急管理针对的是声誉危机事件。声誉是公众的口碑，公众的态度倾向则起着主导作用。布尔迪厄曾间接地论述过这个问题：不论是客观位置还是主观立场，都应该放在一起分析，然而，位置的空间仍然倾向于对立场的空间起到支配的作用。[1]

空间位置借助某种力量可以发生转移。"作为包含各种隐而未发的力量和正在活动的力量的空间，场域同时也是一个争夺的空间，这些争夺旨在维续或变更场域中这些力量的构型。进一步说，作为各种力量位置之间客观关系的结构，场域是这些位置的占据者（用集体或个人的方式）所寻求的各种策略的根本基础和引导力量。"[2] 不同场域的主体态度（立场）决定着媒体声誉危机应急管理场域位置的变化。社会学领域的场域不是宇宙真空，这个场域不会以静态的方式固定在其既定的位置上。场域空间里的观点交锋和利益博弈从未消停过，这是媒体声誉危机应急管理场域的基本特征。

二、媒体声誉危机应急管理的"力场"

在媒体声誉危机应急管理的场域内，公众对待媒体问题的立场也处于对立状态，这种对立左右着媒体声誉危机事件的舆论走向。从媒体声誉危机应急管理的"场域"延伸

---

[1] 皮埃尔，华康德.实践与反思——反思社会学导引[M].李猛，李康，译.北京：中央编译出版社，1998：143.
[2] 皮埃尔，华康德.实践与反思——反思社会学导引[M].李猛，李康，译.北京：中央编译出版社，1998：139.

出新的问题：思考危机事件舆论走向"力"的组成要素以及其内在规律。布尔迪厄也分析过场域问题："一个场域的动力学原则，就在于它的结构形式，同时还特别根源于场域中相互面对的各种特殊力量之间的距离、鸿沟和不对称关系。"①

（一）"力场"与"张力"的概念

物理学的"力场"是一种矢量场，与每一点相关的矢量均可用力来量度。力场是由某种逐点性对称的要求所产生的。②

和"场域"概念相仿，"力场"概念也颇有张力。美国物理学家加来道雄（Michio Kaku）曾高度评价"力场"的重要性："正如爱迪生的电灯泡革新了现代文明一样，力场可能会对我们生活的每个方面都产生深远的影响。"③"力场"概念在社会心理学和组织管理学领域已被创造性地应用。1951年，美国社会心理学家库尔特·卢因（Kurt Lewin）提出组织变革的"力场分析法"（Force Field Analysis）：任何事物都处在一对相反作用力之下，且处于平衡状态。其中推动事物发生变革的是驱动力，试图保持原状的是制约力。④

"力场"里存在着无数种具体的力，"张力"是其中的一种力。物理学的"张力"指物体受到拉力作用时，其内部垂直于两邻部分接触面上的相互牵引力。力场理论强调力量的彼此制约，张力是相互牵引的力量。这与中国传统哲学的"阴阳理论"以及唯物辩证法的对立统一理论一脉相通。

管理学家将"引力"概念运用到战略管理领域。⑤力场理论的核心思想是平衡。虽然在力场里充斥着多种力，它们之间既相互牵引又保持某种平衡。包括新闻机构在内的社会组织是一个正向和反向作用力彼此制衡的相对平衡体，呈现出组织稳态特征。整体稳态，稳中有动，通过组织的管理保持稳态的连续性。在特殊情况下，新闻机构受到来自内外部多种力的剧烈作用造成暂时的局部不稳定，需要通过应急管理干预，就是这种特殊状态下的产物。

（二）媒体声誉危机应急管理的"张力"与"复原力"

卢因将推动事物变革的力量称为"驱动力"，将保持事物原状的力量称为"制约力"。媒体声誉危机应急管理的"力场"可以借鉴卢因的方法，但不宜简单套用这两个概念，因为"变革"是个中性色彩的词，若"驱动力"褒义则这种力量所产生的变化只能是正向的结果。事物的变革向度有两个：正/反向度。推动事物正向发展的可用"驱动力"来界定，推动事物反向发展的可借"张力"来界定。

---

① 皮埃尔，华康德.实践与反思——反思社会学导引[M].李猛，李康，译.北京：中央编译出版社，1998：139.
② 加来道雄.不可思议的物理——对光炮、立场、隐形传递和时间旅行世界的科学探索[M].晓颖，译.上海：上海科学技术文献出版社，2009：4-5.
③ 加来道雄.不可思议的物理——对光炮、立场、隐形传递和时间旅行世界的科学探索[M].晓颖，译.上海：上海科学技术文献出版社，2009：3.
④ 卢因所说的"驱动力"，我们在讨论媒体声誉危机应急管理力场时用"张力"的概念；他所说的"制约力"，我们使用"复原力"的概念.叶浩生.西方心理学理论与流派[M].广州：广东高等教育出版社，2004：267.
⑤ 保罗，罗伯特.公共和第三部门组织的战略管理[M].陈振明，等译.北京：中国人民大学出版社，2001：106-107.

1. 应急管理的"张力"

物理学中的"张力"是一种牵引力。媒体声誉危机应急管理的"张力"是对规章制度和运转流程的反向牵引力，即扰乱媒体运转秩序、挑战媒体管理制度的力量。在这里，"张力"意味着矛盾与对抗。没有这样的"张力"，新闻机构的运转就不会遇到挑战，声誉危机事件的导火索便不复存在。

媒体声誉危机应急管理的"张力"，需要区分张力的主体和客体。

（1）张力的主体

张力的主体是人，包括"内场域"和"外场域"的人。通常，危及新闻机构正常秩序的张力主体是新闻采编一线的记者（包括广播电视节目的主持人）和编辑。他们的言行或偏离了管理制度，或有悖于职业伦理，甚至触犯法律。从力学角度看，这三类情形的行为主体反向作用于媒体的规章制度、职业道德规范或法律法规，他们的过失危及新闻机构的社会声誉。

很难先验地对这种破坏规则的"张力"抽象概括，只能经验地举例描述。比如，媒体从业者的着装有伤风化，或虽被批评却不以为然；记者（主持人）在新闻采访（节目对话）过程中言语失当；记者的稿件的文字差错（尤其是在表述国家名称或领导人名字时出现差错）；广播电视节目中主持人的情绪不稳定；媒体从业者索贿或私生活不检点……这些行为损害新闻机构的社会声誉。若不能及时化解矛盾，舆论一旦广泛关注，新闻机构须启动应急管理程序进行干预。

媒体声誉危机应急管理"张力"主体也可能是普通的网民。他们的媒介素养欠缺，将新闻机构或媒体从业者张冠李戴，不加核实直接议论。这些言论在网络平台上广泛传播，吸引更多的人批评某家新闻机构，只是该机构无辜受害。即便涉事机构迅速澄清事实，其历史问题可能被"联想"起来再度成为批评的靶子。

以上三种"张力"主体可能并非有意伤害新闻机构，只是意外地制造了问题。也不排除有人故意制造麻烦。具有破坏性质的张力对新闻机构均具有潜在的或现实的威胁。

（2）张力的客体

媒体声誉危机应急管理的张力有其相应的客体。张力客体可以是人，也可以是事或物。

作为张力客体的人，成分最为复杂。任何人都可以公开表达他们对新闻机构或新闻报道的不满，这种表达对新闻机构具有某种破坏性。媒体从业者同样可以是破坏性张力的主体或客体，他们对供职媒体的管理制度/人不满，有意在新闻报道中留下瑕疵，嫁祸于人。媒体从业者的私人恩怨个别时候也可能殃及供职媒体。[1]

媒体声誉危机应急管理"张力"的客体，是新闻报道（节目）中的当事人的可能性

---

[1] 2004年春，南方某报纸的副刊编辑夜班提交版面后回家。一个跟她有私人恩怨的女同事私自打开其电脑，撤回版面，在版面上添加了一个敏感的图案。如果不是印刷厂工人偶然发现改版的重大问题，可能造成更多的负面影响。然而，第一批印刷的报纸已经装车运输出去，该报社不得不在每个报摊更换重新印刷的报纸。

最大。他们可能是记者（主持人）在采访中伤害过的人①，也可能是被新闻机构报道问题危及声誉的人，这些受害者会有所报复。比如，有些媒体从业者利用工作便利牟取私利，甚至采取敲诈勒索达到目的，"受害者"②就可能变成新闻机构正常运转的破坏力量。

张力客体中的"人"有时也可能是法人。法人是利益共同体，作为法人的张力"客体"与媒体抗衡的力量显然强过个体的人。这些法人（机构）在社会关系、财力等方面未必逊色于新闻机构。法人（机构）跟媒体从业者或新闻机构发生对抗，在网络舆论中产生的影响往往更大。

除自然人和法人外，媒体平台是最为常见的张力客体。报纸版面、广播电视节目及其传播通道、网络媒体的页面，媒体刊播的商业广告以及即时性强的QQ聊天工具和微博、微信等信息交流平台都可以成为对新闻机构有破坏性的张力客体。媒体上的问题被广为传播，社交媒体上充斥对媒体问题的批评。这些客体与媒体声誉危机事件之间的关系可以用麦克卢汉（Marshall McLuhan）"媒介即讯息"论断来理解。任何媒介都不是纯粹的信息平台，这些信息平台本身就是无形的"讯息"。媒介本身（新闻机构的社会声誉和公信力）以及与其相关的人（新闻机构的主办机构、管理人员和新闻采编、经营人员），可以被公众作为解读的对象。注重对张力主客体进行监督，可以减少声誉危机事件的爆发。

（3）张力环境

媒体声誉危机应急管理张力的主客体是一种恒定的存在。非危机阶段张力的主客体之间的冲突不明显，主体具有潜在的破坏性；危机阶段张力主客体的冲突显著，对新闻机构的社会声誉就构成直接威胁。

在特定条件下，张力主体从潜在的破坏性变成现实的破坏性，这个条件我们姑且称为"张力环境"，即张力主体和客体的危害性所需要的各种条件。张力环境包括有因环境与无因环境两种类型。

● 有因环境③

按照因果律的观点，所有现象或事物都有其产生的原因。《大学》开篇强调只有通过探究"物有本末，事有终始，知所先后"，尔后"则近道矣"。佛教《因果经》云："欲知前世因，今生受者是；欲知后世界，今生所为是。"《大宝积经》云："假使经百劫，所作业不亡，因缘会遇时，果报还自受。"

---

① 有些真人秀节目，主持人对参与节目的嘉宾不够礼貌，导致他们的尊严受到损害，进而在节目中跟主持人争辩，或者事后在微博、微信中披露事情的经过，引发舆论的关注。

② 需要申明的是，有时候，所谓的"受害"纯粹是当事人个人的主观感受，并不意味着媒体从业者或者新闻报道真的伤害了他们。比如，媒体曝光一个人的不正当行为，这样的曝光履行的是媒体新闻监督的职责，但对被曝光对象而言，他们可能觉得是媒体从业者甚至某个新闻机构有意报复他们，因而怀恨在心，寻找机会散布报道者或者新闻机构的负面信息。

③ 在问及"媒体声誉危机主要与哪些因素相关"时，65.93%的受访者认为是因为新闻理念定位有问题，记者编辑没有考虑公众的感受所致；60%的受访者认为是因为新闻采编流程存在问题所致；75.56%的受访者认为是因为媒体从业者工作疏忽所致；44.44%的受访者认为是因为媒体从业者个人的行为对社会影响不好；14.07%的受访者认为纯属是网民瞎起哄，一味批评媒体所致。

在因果链上，媒体声誉危机应急管理属于"果"，新闻机构为应对突发性事件不得不有所行动。媒体声誉危机应急管理的"因"则是各种损害媒体社会声誉的网络舆论事件。这类事件的发生显然有特定的原因。危机事件的原因包括利益冲突和价值冲突。冲突需要相应的范围，这个范围即有因环境。

有因环境下的利益冲突。新闻机构在维护自身利益的过程中，必然与内部成员和外部机构、人员发生某些利益冲突。薪酬制度、作品的奖惩制度甚至财务制度，只要涉及共同体成员的利益，他们的抱怨累积起来就可能成为微博等社交媒体的议题。

有因环境下的质量冲突。媒体产品属于"文化建筑物"。文化产品的质量须过硬，否则缺乏传播力和生命力。媒体管理重视出版物的质量管理，包括对字词的使用、文字的读音和声调区分、句法和修辞，以及禁用词，每天对新闻报道进行质量方面的考核，出现差错不但在内部公开纠错，还有严格的奖惩标准。从信息消费的角度看，除广播节目免费外，报纸杂志、电视和网络媒体用户需要缴纳一定的费用。有偿接收信息，消费者有权利对新闻产品的质量提出要求。新闻产品有硬伤降低了新闻的品格和新闻文化的档次。一个瑕疵让媒体从业者同时面临管理制度的惩罚和信息消费者的指责，这种冲突皆因新闻产品的质量。新闻机构惩罚责任人，新闻消费者则通过网络表达不满。后一种冲突导致媒体声誉危机事件的可能性最大。

有因环境也可能是新闻理念和部分公众价值取向存在较大差异所致。有的新闻机构强调自身的经济利益，新闻产品以利润最大化为目标；有的新闻机构坚守媒体的社会责任，新闻生产兼顾经济效益和社会效益的双赢。在政治价值方面，意识形态影响着新闻的角度和立场。不同的经济/政治价值取向都有一批忠实的受众。在网络舆论中，不同价值取向的受众之间可能冲突。有些不满新闻机构价值取向的人也可能利用某个事件掀起舆论争论，甚至采取过激手段诋毁新闻机构的形象。①

● 无因环境

有因环境所导致的媒体声誉危机事件具有某种必然性。必然性是人类社会的主宰力量，有些或然性事件也遵守因果律，但不能就此得出结论：所有的或然性事件受制于因果律。有些或然性事件的发生确属意外情况，并不存在因果关系。

无因环境给媒体带来的意外冲击比较难以把握。2015年8月3日《中国青年报》第11版的《端着"铁饭碗"，内心仍不安——人大本科毕业"回炉"读高职，图啥》颇为典型。"乔东事件"的受害方中国人民大学新闻学院，和乔东本人以及《中国青年报》的报道之间并不构成因果关系。该学院被卷入其中源于事件主角的虚荣心。虽然虚荣心

---

① 比如，《环球时报》和《南方周末》的受众群体在价值观方面就有明显的差异。曾有一些人购买一批《南方周末》，到南方日报集团的门口焚烧他们购买的《南方周末》，并录像在网络媒体上传播，以表达他们对这份报纸新闻理念的不满。关于媒体从业者对供职新闻机构新闻理念的满意程度，我们调查了135位媒体从业者，40%的人觉得供职媒体的新闻理念比较完美，符合多数员工的意愿；34%的人觉得有不少缺陷，为个人生存才留下工作的。

也是导致该事件的原因，但他把自己包装成某学校毕业生有较大的随意性。①

社交媒体的活跃度越高，无因型声誉危机的可能性越大。网友的随机联想可能无故牵涉到媒体。除非新闻机构先知先觉，否则就不能忽视无因环境的潜在风险。

2. 复原力

张力是对抗力，应急管理是与之抗衡的特殊力量——"复原力"。

卢因将变革力量称为"驱动力"，与之对应的是"制约力"。类似的说法并不少见。1954年，保罗·R. 劳伦斯（Paul R. Lawrence）提出"变革阻力"，认为它是"阻止组织脱离现状的力量"。②

变革意味着改进旧的规章制度，每一次改变必然触及某些人的利益。"变革阻力"适应于处于变革期的共同体内部。在共同体生死存亡之际，变革阻力因违背集体利益迟早会被变革动力超越。媒体声誉危机应急管理可以促成正常秩序的恢复，媒体声誉危机应急管理所产生的力量可称作"复原力"。所谓复原力，是指新闻机构在经历危机事件后通过自身的紧急修复仍然能恢复到先前社会声誉状态的能力。

复原力是有机体所具备的特殊能力。在这种能力的作用下，能使受到不同程度损害的个体（包括自然人和法人）从挫折中很快得以恢复和调整。复原力体现新闻机构的生命力。市场化竞争程度低的新闻机构长期受外力保护，使其丧失危机感，自我修复能力相对不足。

自我修复能力（免疫力）与遗传（基因）直接相关。市场化新闻机构有助于其危机感的形成，危机感成了传统，管理层重视新闻质量、个人言行管理，由此形成经常性的压力氛围。这样的压力氛围有助于改造人性中的惰性成分，给危机感预留足够的生存空间。

修复力源于新闻机构的压力氛围。这种氛围的形成需要从实践中获得感性认识。一家新闻机构不可能遭遇所有类型的危机，却可以从同行那里汲取教训，产生压力氛围。新闻机构的修复力应该遵守法律和道德习俗，不能为修复声誉危机而干预自然进程。所谓自然进程，是指公众对新闻机构的态度和评价的自然状态。非自然状态的态度和评价是指新闻机构通过不正当手段删除不利于自身的负面评价信息，或者通过雇用水军以病毒传播的方式散布肯定、赞美自己的评价信息，以此"提升"媒体声誉。这样的"修复力"是对修复力的异化，一旦真相被公开，这类"修复力"就变成了具有破坏性的张力，对新闻机构的社会声誉损害更大。

"力场"内各种力量的相对平衡。没有破坏性的张力，新闻机构也不会有压力感，其修复力会呈下降趋势。"力场"内各种力量的对抗与制衡是新闻机构健康发展的前提。在这个问题上，完美主义的管理美学不但不能减少新闻机构的潜在风险，反而破坏媒体声誉危机应急管理场域内对抗性力量的平衡状态。新闻机构作为一个有机体，多种力量

---

① 刘旭. 查无此人？ 高职毕业生乔东"人大学历证明"成谜［N/OL］.2015-08-06［2021-02-16］.http://education.news.cn/2015-08/06/c_128097889.htm.
② LAWRENCE P R, NOHRIA N. Driven: how human nature shapes our choices［N］. NewYork: Jossey-Bass, 2002.

的平衡是常态，这种常态的平衡必然有被破坏的时候。这样，媒体声誉危机应急管理场域内力量的调整，需要遵守一定的准则才可以尽快恢复到平衡状态。

对于事物的探究需要透过现象看到本质，认识新闻机构的声誉危机事件也应遵循这个路径。所有的危机事件究其本质都是一切社会矛盾的总和。媒体声誉危机应急管理是对新闻机构声誉危机事件的诊断和治疗，诊断需要真正认识危机的内在本质。

认识媒体声誉危机应急管理的场域只是化解危机的前提，全面认识媒体声誉危机应急管理的力场，了解"张力"对新闻机构的危害，区分张力的主客体，并熟悉不同的张力环境对媒体声誉危机事件的影响，找到摆脱危机的复原力，矛盾冲突才能趋于缓和。

复原力发挥作用没有捷径，有赖于新闻机构从根本上调和各种矛盾关系。这需要新闻机构面对问题，适度妥协。盲目追求复原力，通过不当手段修复新闻机构与外部的冲突，媒体声誉危机应急管理得到的"复原"只能是一种虚假的复原，内在的矛盾并没有真正得到解决。媒体声誉危机应急管理贵在以科学的方式平衡各种对抗者的力量，而不是凭借某种技术手段或行政力量压制诸多的力量。

第二节 媒体声誉危机应急管理的准则

场域的变化，对媒体管理提出了新要求。社交媒体这个外场域的客观存在起着越来越重要的作用，也影响着媒体管理的基本准则。媒体声誉危机应急管理是一种特殊形式的管理方式，尚无成熟的理论和现成的模式。这种临时色彩的管理方式同样需要遵守相应的基本准则。

一、媒体管理的制度建设与规范

媒体声誉危机应急管理的特征是什么？回答这个问题前，有必要先来了解危机的特征。

应急管理和危机管理这两个概念的侧重点有所不同。应急管理侧重的是危机处置时间方面的特点，危机管理侧重的是管理对象的性质。分析应急管理的本质需要从认识危机开始。

利益共同体会遇到非常态的行为或事实，这些非常态的行为/事实对利益共同体的"健康"构成威胁，即所谓的危机事件。可以把"危机"理解成利益共同体的某种变异状况，若不采取一定措施将危及利益共同体的长远利益。

再来看看管理的含义及管理制度的特征：

制度的作用在于给人提供一个可以预期的目标。管理制度规定利益共同体的职责和任务，规定成员的权利和义务，以规范他们的言行。为节约成本，利益共同体必须靠一套完整的管理制度维持其运转。

危机的特征是变异，制度的特征是保守。所谓保守，是指坚守制度所建立的秩序。利益共同体的管理制度塑造的是共同体的惯例和传统。在这里，"传统"是个中性词，没有褒贬的含义。坚守传统，是对规则制度的最好维护。换句话说，严格依照规章制度行事就是对这个传统最好的坚守。

管理制度强调的是对传统的坚守，危机的标志是对管理制度的破坏（变异）。坚守与变异的程度若没有明显的震荡，构不成具有破坏性的危机事件。变异的力量来势凶猛，如果不采取措施削弱危机性质的变异对共同体整体利益的破坏，最终会破坏某些传统的规则制度。比如，广播电视节目主持人在社交媒体的不当言论所引发的媒体声誉危机事件，也许其所供职的新闻机构并未禁止其从业者在社交媒体开设账号，或者说规章制度对开设个人社交媒体账号没有要求，但这些要求之外的内容仍然引发了意外的冲突，进而将当事人所供职的机构牵涉其中。变异未必针对共同体现有的规章制度，但规章制度的某些疏漏却可以造成意外的事件。应急管理的任务是削弱变异行为对利益共同体的破坏程度，并通过与变异力量的博弈达到逐渐规范已有规则制度之目的。

在传播技术发展迅速的今天，媒体管理制度建设面临着新挑战。这些挑战主要表现在：传统的新闻采集加工传播的管理制度需要改进，以适应新媒体环境的变化；随着社交媒体的兴起，新闻机构传统的信息发布平台垄断地位被打破，新闻机构拓展新的信息发布平台需要新制度建设同步进行，同时还要规范新闻机构内部的媒体内容在社交媒体发布的时机和方式，以避免造成机构内部的恶性竞争。

每次媒体声誉危机事件的诱因可能类似，但危机事件的时间和舆论环境不同，网民参与讨论时的心态和以往未必一样，使得媒体声誉危机事件的走势各具特点。新闻机构无法通过制定一套完整的规则制度来应对或然性的危机事件。媒体声誉危机应急管理的措施呈现出一次性的特点。或者说，所有的应急管理措施都具有针对性，媒体声誉危机事件化解后这样的措施基本就失去了效力。我们很难从制度化管理的角度为媒体声誉危机应急管理制定一套专门的规章制度。既然制度建设在这个特殊的管理领域并不适用，我们只能从宏观的层面规范媒体声誉危机应急管理。这样的规范，建立在相应媒体声誉危机应急管理的业务准则之上。

二、媒体声誉危机应急管理的基本准则[①]

虽然媒体声誉危机应急管理制度建设存在一定难度，但是新闻机构可以根据经验粗线条地为应急管理活动拟定一个工作框架，这样在遇到媒体危机时有可供参考的依据。根据近年来我国社交媒体上媒体声誉危机事件的特点，新闻机构摆脱声誉危机事件应坚

---

① 在我们的调查中，在问及"新闻机构处理突发的声誉危机事件"时，关于其应坚持的原则，70.37%的受访者选择速度第一，及时回应；82.22%的受访者选择沟通第一，以诚相待；67.41%的受访者选择处理到位，解决问题；60.74%的受访者选择前瞻意识，预防为主。在被问及当媒体遭遇声誉危机时应该怎样做时，6.67%的受访者倾向于保持沉默，与其多说多错，不如等待舆论平息；76.3%的受访者倾向于事件发生时简明表达观点和立场即可；3.7%的受访者倾向于内部解决问题即可，不用向公众解释；1.5%的受访者倾向于通过其他途径删除社交媒体上不利于单位的信息。

守速度、沟通、处置和愿景四个准则。

（一）速度准则：及时回应[1]

在网络舆论场里没有"声誉豁免权"之说。新闻机构在社交媒体上扮演着双重角色：既是社会的监督者也是被监督的对象。这种双重角色要求新闻机构及其从业者严格律己，以免授人以柄。

新闻活动伴随着遗憾或过失。新闻报道的差错、媒体从业者言行的出格是"媒体问题"的统称。这些问题经过网络舆论可以放大成媒体声誉危机事件。新闻机构应及时启动应急预案，避免危机升级。

是否采取应急预案以及应急预案启动的速度在于新闻机构对危机事件的风险评估。时间和效率是衡量应急管理质量的重要因素。效率对速度要求较高，忽视速度的应急管理名不副实。速度的快慢成为应急管理和常规管理的分水岭。应急管理的特殊性使得速度成为其最基本的准则。速度准则强调正视对声誉危机的风险评判，主张新闻机构回应及时以赢得公众的谅解，认为公众的良好印象决定着网络舆论批评的走势，并有利于舆论态势的扭转。

媒体声誉危机应急管理的速度法则与新闻的时效性法则在逻辑上相通。强调新闻的时效性在于时效性与媒体的社会声誉相关。时效性法则被写进媒体管理制度，对于延误重大新闻事件报道速度的记者编辑将予以处罚。新闻机构在涉及时间和效率问题时可能采取双重标准，对网络批评未必及时回应。这属于媒体声誉危机应急管理的"速度漠视症"。漠视速度是基于某种"理性"行为，依然与速度相关。

在新闻实践中，和时间赛跑存在着某些隐患，新闻机构为追求报道的时效性付出过代价。早在1894年，查尔斯·A. 达纳（Charles A. Dana）在康奈尔大学演讲时告诫听众："永远不要匆忙行事……三思而言，没有说出口的话不会造成任何伤害。所有的正确都不能弥补一个错误。"20 世纪 20 年代，学者对媒体片面强调时效发出警告："一个将时效性作为座右铭的新闻体系似乎也为自己埋下了祸根。"[2] 所谓祸根，即媒体声誉危机事件的导火索。为避免因强调时效性而引火烧身，媒体管理制度对新闻时效附加了保证新闻真实这个条件，而非片面强调报道的时效性。之所以和时效性有所妥协，正如《坦帕时报》（*Tampa Times*）的规约所言："《坦帕时报》的好名声必须远离指责。"[3]

速度准则强调回应舆论批评的重要性，主张应急的及时性。"及时"的时间性特征相对模糊，没有苛求新闻机构在获悉不利于网络舆论后即刻采取相应的应对措施，而是倾向于主动回应问题，让公众了解相关情况。至于这些内情何时透露，透露的方式以及透露多少，新闻机构可依照事态的发展有所选择。只要发布及时并把握好火候，对扭转

---

[1] 在我们的调查中，被调查者所在的媒体遭遇意外声誉危机事件时，29.6% 的人赞同第一时间主动发布公告，告知公众事情真相；42.2% 的人赞同及时澄清事实，并诚恳道歉；23% 的人赞同等上级部门施加压力时，再出来应对；5% 的人赞同在多年后，媒体从业者的回忆录里记载就行。
[2] 利昂. 报纸的良知［M］. 萧严，译. 北京：中国人民大学出版社，2005：22，394.
[3] 利昂. 报纸的良知［M］. 萧严，译. 北京：中国人民大学出版社，2005：392.

危机就很有帮助。

速度准则之所以被强调，在于我国新闻机构的"缄默习惯"。这与新闻机构的"事业单位"属性有关。行政背景让一些媒体沾染了官僚习气，导致个别媒体从业者对待被采访对象的态度有所怠慢，对舆论批评不予理会。在这种情况下，媒体声誉危机应急管理处于零应急状态，更无"及时"可言。

倡导及时回应的速度准则，在于声誉危机处于快速发酵状态。舆论的非理性决定了网友不会给新闻机构长时间静思的机会。对媒体声誉危机事件来龙去脉未必清楚的网友们，"偶然的事实，创造性的想象，情不自禁地信以为真，这三种因素便会产生一种虚假的现实，导致人们做出激烈的本能反应"[①]。置身于网络舆论这个"大社会"（the great society）的人们貌似知道很多，实际情况往往相反。新闻机构回应不及时，公众就会通过想象来虚构危机事件中那些未知的因素。除非特别碰巧，否则这样的虚构将让媒体陷入更加尴尬的境地。及时应对关系到新闻机构的切身利益，不能不重视应急管理的速度问题。2015年5月20日上午，某地商住楼倒塌后经过紧急救援，到当天16:30左右依然有17人失联。此时，某中央级驻地记者到现场采访，在亮明记者身份后仍被阻挡拍摄，并被维持秩序的工作人员抢夺相机。涉事新闻机构很快发表声明，清华大学尹鸿教授肯定了媒体的这个做法。当然，也有新闻机构的应急管理在速度方面受到舆论的批评。[②]

新闻机构注重应急管理的速度，在摸清情况后及时跟公众进行沟通是赢得外界理解的前提。只要新闻机构不摆架子，以积极的姿态主动解决问题，就是对速度准则的贯彻。

（二）沟通准则：以诚相待

媒体声誉危机事件的特点是公众的质疑或批评，新闻机构做好和公众的沟通工作[③]，这是媒体声誉危机应急管理的核心准则。

良好的沟通氛围和双方的彼此尊重决定着危机沟通的质量。危机应对的沟通困难在于：沟通前网友的态度已经明朗，这种态度经过舆论的发酵在公众的情绪中表现得最为明显。与此同时，网络舆论针对媒体的不满继续蔓延。新闻机构本能地认为舆论的批评对自己并不公正，而网友断定是新闻机构管理不严导致了问题。对立情绪增加了沟通的难度。新闻机构的被动局面决定了沟通双方地位的暂时不对等，不利于营造融洽的沟通环境，影响了共识的达成。在媒体管理实践中，新闻机构对网络舆论的批评要么保持缄默，要么以简要的声明方式代替沟通。这并非媒体声誉危机应急管理的目标。

---

① 沃尔特.公众舆论［M］.闫克文，江红，译.上海：上海世纪出版集团，2006：11.
② 2013年11月9日上午，北京青年报社称：2013年10月31日该报A8版《支持转基因副部长被指受聘美国公司》一文，报道农业部副部长李家洋曾受聘杜邦公司国际生物技术咨询委员会成员一事，报道中援引的部分网上信息未经农业部及李家洋副部长本人确认，给农业部及李家洋副部长本人造成不良影响，编辑部深表歉意。参见《北青报澄清农业部副部长李家洋相关报道》，人民网，2013-11-11。
③ 我们的调查在问及"您所在的媒体是否建立与受众的沟通渠道"时，17.78%的受访者称有专门的群众工作部，55.56%的受访者称通过微博、微信公众号与公众互动沟通，17.04%的受访者称读者单方面的来电或来信，9.63%的受访者称没有。

处理声誉危机事件的态度和质量关系到公众对一家新闻机构的评价。要正视舆论的评价，新闻机构就必须尊重公众，以坦诚的态度对待自己遭遇的危机事件。这样，对公众以诚相待就成为媒体声誉危机应急管理应遵循的沟通准则。

沟通的前提是沟通双方相互尊重且坦诚。谈到尊重，媒体管理强调媒体从业者对被采访对象的尊重。新闻采访通常被理解为"代表背后的公众，为获取信息或交换信息而设计的对话"①。记者代表公众进行提问，前提是他们的报道能够被公众所认可。这种认可建立在新闻机构的媒体公信力之上。媒体公信力的高低与公众对媒体的忠诚度有关。媒体声誉危机事件意味着公众对新闻机构的失误感到失望。"唯一能够每天判断读者是否忠诚的就是读者自己。没有任何办法能够用来对付他的背信弃义。"②公众的不满源于他们对新闻机构特殊的"关爱"。也许，媒体声誉危机过程中的批评者未必承认他们对新闻机构怀有忠诚，检验忠诚与否不在于承认还是不承认而在于他们对新闻机构的关注程度。关注的频率高，表明忠诚度就高。反之，没有受众的新闻机构，也就没有媒体声誉危机事件。

声誉危机事件发生后，新闻机构如何不辜负公众的忠诚，考验着其对公众的尊重程度。尊重是相互的，公众对新闻机构的尊重源于媒体源源不断地向他们提供着各类有益的信息。新闻生产只是新闻机构生存的必要方式，如果新闻产品和实物商品所产生的社会影响相似，新闻机构的社会地位会随之下降许多。由此可以得出结论：深刻理解公众，是媒体声誉危机应急管理的基本功。要做到这一点，就要懂得对公众的忠诚给予大体相当的回报。在自身的失误造成多数公众的不理解和批评时，新闻机构应以坦诚的态度主动跟公众沟通。

媒体声誉危机应急管理与公众的"沟通"，和人际交往中的面对面沟通有着显著区别。面对面的沟通，参与沟通的人员数量有限，沟通双方有着较为清晰的预期目标。媒体声誉危机应急管理的沟通在本质上也是人与人的沟通，但这样的沟通是在网络平台上间接的信息互换过程。这个信息互换没有事先约定的具体时间，没有事先确定参与沟通的成员名单。由于媒体声誉危机应急管理要处理的是新闻机构和众多不确定对象的在线意见互换，能表达的信息只能是经过字斟句酌的"声明"和针对网友意见的回应。这种特殊形式的沟通要取得预期效果，新闻机构须主动承认自身的不足，以赢得公众的普遍谅解。在这方面，20世纪20年代在美国出版的《底特律新闻》(*The Detroit News*)就有类似的规定："如果你犯了错，就有义务做两件事：向被冒犯的人认错和向读者认错。"在新闻机构看来，出现问题的只是某个记者编辑，以机构的名义向公众道歉显然不大合适。《底特律新闻》的管理层并不这么认为："如果一个记者喝醉了，人们不会说'这就是某人某人'，叫他的名字，而会说'这就是《底特律新闻》的记者'。这对全体报社员工都有影响，它剥夺了报纸的部分声誉，损害了报纸的声誉。"③同样，我国的新闻机

---

① 梅茨勒. 创造性的采访 [M]. 李丽颖, 译. 北京：中国人民大学出版社, 2010：9.
② 沃尔特. 公众舆论 [M]. 阎克文, 江红, 译. 上海：上海世纪出版集团, 2006：236-237.
③ 利昂. 报纸的良知 [M]. 萧严, 译. 北京：中国人民大学出版社, 2005：386-387.

构也普遍制定了类似的准则，约束媒体从业者的个人行为。

沟通准则要求新闻机构以虔诚的态度向公众道歉，并解释媒体问题的形成原因和处理的具体结果。这种"沟通"的形式是语言文字，实质是对新闻机构应急管理过程的公开、透明。社交媒体时代，信息的透明程度大大提高。新闻机构的活动也应该置于阳光之下，而不能只向公众展示新闻机构光彩照人的一面，屏蔽有污点的不光彩的一面。缺乏坦诚的沟通也许在短时间内可以收到某种效果，随着时间的推移，会让公众认识到新闻机构的虚伪。那样，先前沟通取得的成效很快会化为乌有，让新闻机构面临更为严重的声誉考验。

媒体声誉危机事件是公众的信任危机，如果危机应对无法令人信服，预期目标就很难达到。在媒体管理中，个别新闻机构在危机事件发生后不是主动跟公众沟通，而是采取删帖等方式减少网络上不利于自身的声音。这种特殊的应急措施不仅短视，也有悖于新闻伦理。1922年通过的《俄勒冈新闻伦理规约》（*Oregon News Ethics Protocol*）写道："诚挚和真实。合乎伦理的新闻事业，其基础是诚实。……新闻界不允许有装假者、歪曲者、撒谎者、压制者或有不诚实的想法的人。"[①]1922年南达科他新闻协会通过的《南达科他规约》（*The Statute of South Dakota*）则更进一步指出："汝想人如何待汝，汝即应如何待人。"[②]在我国同时期和当代的媒体管理实践中，同样重视受众对待新闻机构的态度，通过协调与受众关系维持新闻机构良好的社会声誉。

沟通准则建立在文明的基础之上。新闻机构作为社会的良心和导师，理应在道德层面给公众做出榜样。如果认定是网络舆论给新闻机构制造了麻烦而不得已采取紧急应对，难免缺乏沟通的诚意。个别新闻机构甚至指责舆论，以不合作的对抗态度回应外界的质疑批评。新闻机构应该明白："与其说是别人让你痛苦，不如说自己的修养不够。"2014年2月14日，东京大雪。翌日，日本各大报纸刊登类似通知：由于受大雪影响，可能送报时间晚了，请原谅。[③]寥寥数语，在公众没来得及抱怨前，新闻机构已经表达歉意。我国的新闻机构在反省新闻报道出现的问题时，也通常采取检讨的方式，希望赢得公众的理解。2019年7月27日，四川某电视台播出记者暗访按摩店的节目，因为节目中出现不雅镜头，遭到网络舆论的批评。7月29日，涉事媒体发表致歉声明：

> 广大网友、各位观众：
> 7月27日，四川某电视台新闻频道晚间节目播出暗访调查报道，对按摩店存在色情服务的问题进行了曝光，在制作编辑节目及审片过程中，由于编审人员责任心不强、疏忽大意、审核不严，导致当时并未发现节目中的不当画面。出现这样的严重错误，我们难辞其咎，深感自责。
> 尽管我们的初衷是对社会不良现象进行舆论监督，但由于麻痹大意、把关不

---

① 利昂.报纸的良知[M].萧严，译.北京：中国人民大学出版社，2005：370-371.
② 利昂.报纸的良知[M].萧严，译.北京：中国人民大学出版社，2005：388.
③ 刘海明，陈茗.探析媒体应急管理的准则与内涵[J].新闻爱好者，2020（3）：35-40.

严、责任心缺失，导致了不当画面的播出。对于由此造成的严重的不良社会影响，我们诚挚地向社会、向广大网友及观众真诚致歉！同时，鉴于该视频内容存在严重问题，事实上成了不良信息，所以恳请、拜托各位网友不要再次传播，避免不良影响继续扩散。①

四川某电视台新闻频道

2019年7月29日

新闻机构须坦诚面对公众，避免因态度问题和缺乏诚信酿成更为严重的信任危机，否则就是在透支自己的公信力。这种透支现象，也可能是媒体从业者的个人坦诚与新闻机构的坦诚错位所致。2007年1月，《每日邮报》（Daily Mail）驻华盛顿记者托比·哈顿（Toby Hatton）在萨达姆·侯赛因（Saddam Hussein）被实施死刑6小时前，已将萨达姆如何被吊死的过程进行了绘声绘色的描述。事后，托比·哈顿在其博客上坦白了这一切，但这篇博文很快被删除。《每日邮报》的员工收到这样的警告："在博客里提任何行业内的'新闻诀窍'时，要三思而后行。"② 2021年5月6日，爱奇艺就先前发布的"倒奶视频"发表致歉声明："我们已经并正在继续做深刻反省：作为一档综艺节目，首先必须要保证价值观导向正确，这样才能对得起大家的热爱。在节目制作和播出过程中，我们忽视了价值观导向和社会责任，忽视了节目应有的合理规则，忽视了节目缺陷可能产生的严重负面影响，我们为此负全部的责任。"③

沟通准则之所以是媒体声誉危机应急管理的核心准则，在于新闻机构要获得更好的发展离不开公众的信赖。遇到麻烦是正常现象，关键在于以什么样的心态和行为解决眼前棘手的问题。没有坦诚就没有真正意义上的沟通，也就无所谓真正意义上的媒体声誉危机应急管理。

（三）处置准则：华佗疗法

解决现实问题需要诊断问题之所在。网络舆论关注的是那些即时的、吸引眼球的事情，深层问题很少以直接的形式呈现出来，因而较少在社交媒体平台上产生即时的共鸣。新闻机构在处置声誉危机事件时需要确诊问题的症结所在才可以对症下药。媒体声誉危机应急管理也应以此为准则。

在我国医学史上，华佗被尊称为外科手术的鼻祖。这样的称谓未必完全符合史实④，但华佗的符号意义却是不争的事实。外科手术的优点在于目的单一、定位精准、收效明显。媒体声誉危机应急管理的处置准则也具有类似的特点。我们将这种处置准则称作应

---

① 环球网."暗访"按摩店节目出现不当画面　四川电视台发道歉信[EB/OL].（2019-07-03）[2021-07-03］. https://baijiahao.baidu.com/s?id=1640393496654088151&wfr=spider&for=pc.
② 尼克.媒体潜规则——英国名记揭秘新闻业黑幕[M].崔莹，译.广州：南方日报出版社，2010：1.
③ 新民晚报.爱奇艺深夜道歉[EB/OL].（2021-05-07）[2021-06-07］.https://baijiahao.baidu.com/s?id=1699066903792184041&wfr=spider&for=pc.
④ 于赓哲.被怀疑的华佗——中国古代外科手术的历史轨迹[J].清华大学学报（哲学社会科学版），2009（1）：82-95.

急管理的"华佗疗法"。

"华佗疗法"需要新闻机构对问题进行认定,与责任主体进行必要的切割。这种切割并不是否认新闻机构的管理责任,而是区分个人和机构的责任。不论是在跟公众沟通还是内部通报时,明晰部门、个人的直接责任和间接责任,体现的是媒体声誉危机应急管理实事求是的态度,而非权宜之计。

应急管理的责任认定须坚持公正原则。直接责任容易界定,职能部门和管理者的间接责任相对难以认定。通常,管理者在认定直接责任时比较认真,在认定管理责任时容易避重就轻,有的甚至否认重大失误跟自己有关。新闻机构在处置危机事件时扮演着"仲裁"的角色。仲裁的基础是公正,对于所有与造成声誉危机事件相关的行为主体进行责任认定,并给予他们合理的问责处罚。就像医生在手术时不能厚此薄彼,修复、切割问题部位时有所偏颇。那样的话,手术必然留下某些后遗症,外科手术的医生和患者的病症部位之间不存在私人的恩怨关系,但参与应急管理的管理者和被调查、处分的对象之间很可能存在某些利害关系,在处置责任人时就存在因私废公的可能性。处置不公,媒体声誉危机应急管理的公正性就会受到质疑,甚至给新闻机构带来更多的潜在威胁。

公正是媒体声誉危机应急管理处置准则"华佗疗法"的基础,至于如何理解"华佗疗法"的"公正"问题,存在一定的难度。对此,可以从媒体声誉危机应急管理处置的范围和处置的层级两个方面来理解。

范围是个空间概念,公正是个伦理概念。范围的概念被引入管理领域,范围的维度不再单一。新闻机构在处置具体问题时涉及的范围过小或者过大会造成某些不公。范围过小,可能遗漏了相关的人/事;范围过大,可能会殃及无辜。不论哪种情形都会影响应急管理的精准程度,降低"华佗疗法"的效果。

媒体声誉危机应急管理的处置范围有内外之别。外部范围主要指新闻机构以外发生的意外事件。外部事务通常包括自然人(媒体从业者)和法人(新闻机构)因外力因素所造成的安全事项(个人安全、器材安全)和名誉事项。安全问题所造成的媒体声誉危机事件,新闻机构通常会通过行政途径协调。对于性质严重的,通过法律程序解决这类冲突。这样的解决方式与"华佗疗法"相吻合。

在新闻实践中,安全问题引发的媒体声誉危机事件所占的比例不大,较常见的是媒体从业者和新闻机构的声誉受到不同程度的损害。这类事件的应急处置,有时当事人的临场处置效果可能更佳。2015年5月10日,加拿大City News电视台记者亨特(Shauna Hunt)在报道足球赛事时遭路人调戏,她中断采访,对起哄的球迷进行批评。很快,公开"性骚扰"记者的两名男子的个人资料被曝光,一名当事人被机构以违反公司雇员行为守则为由将其开除。[1] 类似的事例在我国的媒体从业者群体中也经常可以看到。例如:

---

[1] 资料来源:封琳琳《看加拿大女记者如何回击"语言"性骚扰》,微信公众账号"女拳",2015-05-21。

#昆明发生一起劫持人质案件#【危难之际，这位女记者勇敢站出来了！】1月22日，一名男子在昆明市五华区华山街道辖区东风西路云南师范大学附属实验中学门口持刀致伤7人后，劫持1名人质。警察现场处置，特警果断开枪击毙犯罪嫌疑人，安全解救人质。据云南广播电视台都市频道报道，当时距离嫌疑人三米的蓝衣女子是该单位《都市条形码》节目的女记者，劫匪要求见记者，而且必须是女记者，只给十分钟时间。今天刚领到记者证的女记者就上去了……给这位勇敢的女记者点赞！谢谢你，勇敢的小姐姐！#抢劫人质中勇敢的女记者#①

　　"华佗疗法"的精髓在于切除毒瘤。媒体从业者在事发时的果断措施，不仅有助于维护个人的人格尊严和供职机构的形象，还可以震慑那些干扰新闻活动的人。这种处置办法属于典型的"华佗疗法"。类似的事例，我国的新闻机构也有过成功的案例。2015年3月，财新传媒回应境外媒体的质疑："财新传媒特予以强烈谴责，并已聘请律师，依法追究造谣、传谣者的法律责任。"②

　　内部事务通常包括新闻业务问题（如新闻差错）和个人行为问题（如敲诈勒索）等。新闻机构在这个环节的"华佗疗法"遇到的阻力较多。涉及机构内部的事务，简单的事情处理起来也未必容易，因为涉及的利害关系相对复杂。如果处置得有失公允，不仅不利于问题的根本解决，还会起到变相纵容媒体从业者犯错的作用。国内新闻机构对有偿新闻多以红头文件的形式禁止："视情节轻重给予纪律处分直至开除公职，涉嫌犯罪的移送司法机关依法处理。"

　　媒体声誉危机应急管理处置的层级是指新闻机构处分责任行为人的轻重程度。

　　西方新闻机构遇到纠纷优先通过司法程序解决争端。司法程序耗时长、成本不菲，但法院裁决的公信力高，执行裁决具有强制性。我们将法律判决视为处置的最高层级。

　　并非所有的媒体声誉危机事件都适合法律程序来解决。新闻差错导致的网络舆论批评，以及媒体从业者的个人轻微失当的言行，这些言行本身并不触及法律的底线。新闻机构在处置这类问题时通过内部的管理制度来问责。突发事件的应急管理，只要能在媒体管理制度中找到对应规定，依规处理非常必要。这类处置的层级显然低于依照法律条文的处理。特别是在新闻机构的管理存在明显人治色彩时，较低层级处置的结果往往是严重问题从轻处理。处置准则要真正做到公正，让华佗疗法真正具有刮骨疗法的效果，需要新闻机构依照法律精神制定管理制度。一般来说，媒体声誉危机应急管理应坚持司法途径优先、内部处罚次之的原则。

　　处置准则的"华佗疗法"强调处置的力度恰到好处，不因处罚过轻失去教育、警示媒体从业者的机会。处置力度的把握既来自经验，也需要引入法治理念规范新闻机构的

---

① 新浪网.危难之际，这位女记者勇敢站出来了！［EB/OL］.（2021-01-22）［2021-03-22］.http://k.sina.com.cn/article_5093590656_12f9a068004001h5b3.html?sudaref=www.baidu.com&display=0&retcode=0.
② 张学光.神秘力量总能化解难题［N/OL］.华夏时报，2015-04-01［2022-03-08］.http://finance.sina.com.cn/chanjing/sdbd/20150401/221521867282.shtml.

内部事务。在这方面，我国新闻机构还有较大的提升空间。

（四）愿景准则：扁鹊疗法

随着媒体声誉危机事件的化解，在媒体决策层看来，应急管理已完成其使命，保留应急管理这样的临时性部门显得多余，因为无法预测下一次声誉危机事件出现的时间。不可预测并不意味着风险没有规律可循，更不等于没有风险管理的必要。量子物理学的不确定性原理对应急管理有借鉴意义。从上帝决定论到上帝也无法精准判断宇宙间的事件，表明突发事件"突变究其本身而言，是一种微观事件，因而测不准原理对之说是适用的。具有这种性质的事件本质上是不可预测的"①。媒体声誉危机的不确定性符合自然原则，因为微观世界的物质以"概率"而非"确定"方式存在。新闻失误在所难免，从概率论的角度看舆论关注的不确定性决定了有爆发声誉危机事件的可能性，至于这种可能性出现的时间节点很难事先准确预测。即便是人为策划操纵的舆论事件，网络舆论的走势能否按照策划者的设计发展同样值得怀疑。媒体声誉危机事件的或然性使得这类事件无法被复制。"当偶然性事件——因为它总是独一无二的，所以本质上是无法预测的。""从纯粹偶然性的范围中被延伸出来以后，偶然性事件也就进入了必然性的范围，进入了相互排斥、不可调和的确定性的范围了。"②

现代社会的"风险"源自人的过失。"过失型风险"需要风险事件的主体在事后能及时反思自我。新闻机构也不例外，各种过失往往是媒体声誉危机事件的诱因。事后检讨过失，这样的批判有助于避免类似事件的发生。"在这种意义上，风险社会也是一个自我批判的社会。批判的参照点和前提以风险和威胁的形式产生出来。风险批判不是一种规范的价值批判。正是在传统进而是价值衰落的地方，风险出现了。批判的基础不是过去的传统而是未来的威胁。"③

反思、批判为的是更好地改进自身。公众媒介素养在提高，他们对信息服务的质量要求更高了。只有新闻机构的服务专业化，公众才可能依赖媒体。从这个意义上说，新闻机构和公众之间共命运。新闻机构应充分估计声誉危机事件的不确定性，防患于未然。这种前瞻意识构成了媒体声誉危机应急管理的愿景准则。这个准则为新闻机构提供了危机状态与和谐状态两种可能的状态。新闻机构从自身的利益出发，自然优先选择和谐状态。

愿景准则与传统中医的"扁鹊疗法"相似。这里所说的"扁鹊疗法"并非推崇扁鹊治病的经验，而是肯定他所推崇的医治之道。《鹖冠子·世贤第十六》记载，魏文侯曾问扁鹊他们三兄弟中谁的医术最高，扁鹊推崇他长兄，因为"长兄于病视神，未有形而除之，故名不出于家。中兄治病，其在毫毛，故名不出于闾。若扁鹊者，镵血脉，投毒

---

① 雅克.偶然性和必然性：略论现代生物学的自然哲学［M］.上海外国自然哲学著作编译组，译.上海：上海人民出版社，1977：86.

② 雅克.偶然性和必然性：略论现代生物学的自然哲学［M］.上海外国自然哲学著作编译组，译.上海：上海人民出版社，1977：88.

③ 乌尔里希.风险社会［M］.陆月宏，译.南京：译林出版社2004：218.

药，副肌肤，闲而名出闻于诸侯"①。

扁鹊长兄在病症"未有形"时已经采取措施，避免疾病祸害肌体，这样的医治之术具有真正的长远眼光。对于媒体声誉危机应急管理而言，"扁鹊疗法"（即"未有形而除之"）是通往愿景准则的必由之路。这样的应急管理理念从正常中发现不正常的征兆，针对征兆及时预防处理。至于征兆的发现，在于新闻机构的管理者"采用什么尺度"，"时间眼光需要拉长的时候情况会是一个样子，需要缩短的时候情况则是另外的样子"②。

在媒体管理实践中，国内外新闻机构在不同程度上采取过类似的"扁鹊疗法"。20世纪20年代美国的新闻伦理教科书就肯定了定期做读者调查，"这个做法的目的不是等着听抱怨，而是主动创造和维持读者的印象"③。《南国早报》"这些年来十分重视差错问题，一是制定了相关条例，处罚记者原稿差错或者是见报差错；二是开设专门的栏目，刊登纠错内容，并且付给纠错的读者稿费；三是每天编前会评报时，把纠差错作为一个内容，算得上是天天纠差错，天天讲防止差错"④。

在传播全球化的今天，新闻机构要在未来避免严重的声誉危机事件，除新闻理念、新闻报道的内容和角度选择外，还应重视尊重全球文化的多样性。全球化对新闻的客观性提出了更高的要求。在这方面，对不同宗教信仰的报道内容尤其应慎重行事，稍有差池可能给新闻机构带来灾难性的后果。哈定曾对《马里恩明星报》（*Marion Star*）提出忠告："对所有宗教事务都保持尊敬。不要等别人提出要求，而要主动去做。最重要的是，要保持语言干净，永远不要让肮脏的语言或暗示性的报道变成铅字。"⑤ 无视这个忠告，新闻机构将付出惨重代价。2015年1月7日，法国《查理周刊》巴黎总部遭袭，造成12人死亡。如该杂志社预先评估亵渎宗教信仰类漫画危害的严重性和长期性，悲剧事件有可能被避免。有的新闻机构并未汲取教训，险些酿成重大悲剧事情。2015年，澳大利亚"战地真人秀"节目《难民从哪来的回哪去》（*Go Back to Where You Came From*）的参与者遭遇"伊斯兰国"武装人员炮火。电视台发表声明称，陪同他们的安保人员早已准备好应急方案，退伍军人贾斯廷·鲍登（Justin Bowden）认为节目制作方让选手只穿着防弹衣而没戴头盔，"实在不应该"⑥。尽管我国的新闻机构出现类似重大失误事件的可能性较小，对于类似事件的防范却不能没有。

愿景准则需要新闻机构将危机意识贯彻到新闻生产传播实践中。声誉危机不仅仅是告诫媒体从业者意识到遭遇这类事件的可能性，更要树立信用意识，恪守新闻职业道德，这是新闻机构应急管理的"扁鹊疗法"。新闻机构的信用程度越高，其从业者的事业心越强，新闻机构就越安全。把守信意识贯彻到日常的新闻实践中，是避免媒体声誉危机事件发生的"疫苗"。1922年，美国《纽约时报》记者麦高森（McGowan）访华期

---

① 黄怀信.鹖冠子汇校集注［M］.北京：中华书局，2004：336-337.
② 沃尔特.公众舆论［M］.阎克文，江红，译.上海：上海世纪出版集团，2006：106.
③ 利昂.报纸的良知［M］.萧严，译.北京：中国人民大学出版社，2005：286.
④ 蒋钦挥.我们错了［M］.北京：商务印书馆，2011：3-4.
⑤ 利昂.报纸的良知［M］.萧严，译.北京：中国人民大学出版社，2005：393.
⑥ 澳"战地真人秀"节目挨批　参与者遭遇"伊斯兰国"武装人员炮火［N］.北京晨报，2015-7-30（A21）.

间，在新闻记者联欢会的演讲中强调新闻记者的职业化思想。他认为，新闻记者须虚怀若谷，贵有恒心；新闻记者须保全信用，重视新闻记者事业。①

在媒体声誉危机应急管理的准则中，速度、沟通和处置属于业务准则，愿景准则属于伦理准则。

在业务准则中，速度准则体现的是新闻机构对网络舆论的重视程度。重视程度越高，应急管理的速度准则体现得越是理想。一般来说，新闻机构的商业化程度越高，对市场的依赖程度越高，其在遭遇媒体声誉危机事件时越追求应急的速度。相反，行政色彩浓厚的新闻机构遭遇媒体声誉危机事件后，更喜欢求助通过行政力量的干预，用物理方式消除危机造成的不良影响。这种私下求助的速度也许同样迅捷，但公开应对声誉危机事件的速度相对迟缓。

沟通准则体现的是新闻机构对待公众的态度。新闻机构对公众的态度，决定了新闻机构跟公众沟通程度的深浅和态度是真诚还是敷衍。新闻机构的行政级别高低、地域性的强弱也影响着媒体声誉危机应急管理是沟通程度。一般而言，全国性媒体的受众地域性相对模糊，遇到声誉危机事件时较少主动跟公众积极沟通。地方性新闻机构（含行业性媒体）受众的地域性（行业性）相对清晰，新闻机构在沟通过程中的诚恳程度应高于全国性的媒体。

最具技术含量的是处置准则，这有赖于新闻机构的管理水平以及其处置重大突发事件的经验。新闻机构的高层管理人员因为有机会接触到一些棘手问题，他们应该是处置媒体声誉危机事件的骨干力量。处置危机事件除了经验的要求外，参与应急管理的人员还要具备足够的网络舆论及其心理学知识。在这方面，我国新闻机构高层管理人员的年龄结构和学历结构并不占优势，他们接触、使用社交媒体的频率也未必达到行业的平均水平。这样，处置准则的贯彻，临时参与人员或媒体声誉危机应急管理部门的人员需要综合补充其知识、经验方面的不足。

愿景准则属于伦理准则，新闻机构的应急管理容易忽视这个准则。尤其在浮躁成为社会普遍现象的今天，法治观念还处在普及阶段，更高层次的伦理道德教育以及职业伦理精神的培育显得相对超前，这并不利于愿景准则的推行。愿景准则要求新闻机构的声誉危机意识具有前瞻性，如果媒体危机意识的淡薄，遇到危机事件希望借助于行政力量扭转局面而不是通过坦诚的沟通方式来解决问题，这种急功近利的心理实质上是对媒体问题的保留甚至是纵容。越是这样，愿景准则对媒体声誉危机应急管理就越显得重要。改变认识需要改变既有的媒介生态。只有媒介生态改善了，"扁鹊疗法"的愿景准则才可以逐渐被新闻机构所接纳。

---

① 谢介子.世界报界名人来华者之言论丛辑及予之感想［M］// 蔡元培.最近之五十年.上海：申报馆，1923：45-56.

第四章　新闻业务声誉危机的应急管理

新闻生产和传播过程承受着时间方面的压力，增加了新闻产品缺陷的风险。报刊媒体的文字和图片差错，广播电视媒体新闻播报的失误、主持人姿态的欠妥，以及媒体的技术故障都可能在社交媒体平台这个外场域上得到传播。外场域所形成的网络舆论是多种力量的混合体，外场域的张力是导致媒体声誉危机事件的主要诱因，需要新闻机构采取相应的应急措施。

第一节　必然性与媒体差错

新闻报道是历史素材的重要来源，新闻和历史的这个关系对新闻质量提出了硬性要求；新闻媒体是大众文化的重要组成部分，有些大众文化很快退出社会舞台，新闻媒体则是构筑一个国家"文化建筑物"的重要材料。媒体的历史功能和文化功能要求其质量必须过硬，媒体的差错率衡量着媒体质量的优劣。媒体差错带有某些必然的成分，只是这种"必然"并非决定论意义上的必然性，而是新闻生产过程中无法彻底克服的矛盾。莫诺就曾提醒人们注意区分某些虚假的必然性："人们一般都倾向于认为，在世上真实存在的万事万物的背后，必然性是深深扎根于事物的开端之中的。我们必须时刻提防这种好似什么都是注定了的想法。"[①]

媒体差错的必然存在并不受必然性法则的支配，给媒体声誉危机应急管理带来了不确定因素。认识造成媒体差错的不确定因素，既需要归纳问题也需要掌握差错本身的规律，为媒体声誉危机应急管理积累经验。

一、印刷媒体的差错[②]

为保证新闻产品质量，报刊社通过质量管理制度和专职人员严把图文差错。从管理程序上讲，制度设计并未给媒体差错提供可能。但在新闻实践

[①] 雅克.偶然性和必然性：略论现代生物学的自然哲学［M］.上海外国自然哲学著作编译组，译.上海：上海人民出版社，1977：107.

[②] 我们的调查在问及"您所在的单位是否有专门针对新闻差错管理的制度"时，68.15%的受访者回答"有，并且详细规定了有关差错的惩处办法"，25.93%的受访者回答"只有部门内部约定俗成的习惯"，5.93%的受访者回答"没有"。

中，媒体差错率并未因制度完善和监控严格而明显下降。在社交媒体上，印刷媒体的文字、图片差错可能给新闻机构带来舆论压力。

印刷媒体的差错分为显性差错和隐性差错。

（一）显性差错

印刷媒体具有直观性特点，读者可以依据个人兴趣选择阅读。直观性也会影响阅读兴趣，版面上的差错让读者在这里停留的时间更长。印刷媒体的差错一经出版就被固定下来，新闻产品的这类缺陷都将长期存在。对于研究者而言，印刷媒体的差错具有收藏和研究价值。对于新闻机构而言，差错的收藏和研究价值无疑是一种延时的烦恼。

印刷媒体图文差错的显性问题体现在以下三个方面[①]：

1. 文字差错

印刷媒体质量的优劣体现在文字报道上。报道首先要文从字顺，其次看语用和修辞的水平。记者稿件可能存在文法错误或修辞不当等问题，新闻出版的三审制可以消除常见的文字差错。如果责任心不到位，再醒目的版面位置都可能出现差错。按照传统媒体管理的模式，文字差错的处理仅限于报社内部通报批评并扣除一定金额的奖金。在社交媒体时代，报纸的文字差错已经不仅仅是报社内部的事务，而且延伸到媒体管理之外的场域，对这类差错进行讨论的网友态度也不尽相同，每一种态度都可视作一种特定的"力"，这样的"力"指向涉事的新闻机构。2014年10月20日，党的十八届四中全会开幕当天，某都市报头版头条报道的新闻标题写成《十八届四中全今日开幕》，漏掉一个"会"字。2014年10月24日，沿海地区某都市报A2和A3版上方把"十八届四中全会特别报道"写作"十八届三中全特别报道"。[②] 重大差错的责任人事后受到不同程度的处分[③]，留下的问题值得深思。

溢字现象在新闻报道中也偶有发生。2014年6月20日，新浪微博上流传当日《新安晚报》B07版关于"皖江之星特斯拉媒体品鉴会"的新闻，标题末尾标有"新闻通稿"字样。

从必然性的角度看，印刷媒体溢漏字词现象的存在，有着多重的必然因素。

文字差错的第一个必然性在于个体对经验的盲从。经验源自感官在与客观世界的接触中获得的认识，这种认识经过反复验证形成"知识"。经验来自实践并经过了自己的多次检验，逐渐变成"免检的惯例"。这种惯例因过于自信而导致行为主体的排外，极端的经验主义是变相的怀疑论者，这种怀疑仅限于对外部经验和知识的怀疑，对自身经验则盲目崇拜。受这种定势思维支配的媒体从业者可能疏于对差错的反复核对，造成了文字差错的必然性。比如，版面编辑在编辑稿件时可能文字并无漏字或溢字，在随后的

[①] 我们的调查在问及"您觉得报刊媒体差错的显性问题有哪些"时，90.37%的受访者选择了"文字差错"，66.67%的受访者选择了"图片差错"，66.67%的受访者选择了"称谓差错"，48.15%的受访者选择了"印刷错误"。
[②] 参见传媒教育网传媒危机案例集锦第497#案例。
[③] 2015年7月30日，该报记者告诉笔者这个事情的处理结果：当事编辑写了检查，留岗查看一年，取消当年优秀员工参选资格。

电脑编辑过程中不小心误删或误添了字词，如果编辑未能意识到键盘操作的失误，将造成文字方面的差错。

文字差错的第二个必然性在于惰性变成工作习惯。惰性作为人的本性之一，表现为行为主体的某种厌倦情绪——缺乏执行既定目标的主动性。惰性作为客观存在，每个人都有这种特性。生活层面的惰性和工作层面的惰性不同，前者缺乏强制性的规避机制，后者有悖于管理制度须付出代价。制度性的约束可以限制惰性但无法消除惰性。显性的惰性通过自律可以抑制，隐性的惰性因行为主体难以意识到而难以克服。这样，惰性造成工作方面的失误也就具有了某种必然性。惰性让人滋生侥幸心理，特别是这种侥幸心理在实践中并未造成明显的问题，久而久之这种惰性与侥幸也会被纳入个人经验的范畴。惰性意味着少量的付出，侥幸意味着投机，这使麻烦的产生具有了某种必然性。白纸黑字的印刷媒体上，编辑的审美疲劳（惰性之一）成了文字差错的助产士。

文字差错的第三个必然性在于把关人的侥幸心理。记者编辑对经验的倚重和惰性造成的瑕疵如果在校对审读和值班总编审核的双重把关中被发现，差错可以在出版前得以纠正。如果把关人习惯于局部把关，诸如重大政治新闻的标题漏字和版面主题的关键字词照搬以前的内容不做改动，这与值班总编、校对人员过分信任版面编辑有关。这种"信任"的实质是侥幸心理。把关有个预设，即差错的客观存在，包括版头、出版日期、新闻标题等醒目位置，应作为重点核查区域进行检查。信任有限度，不以个人印象良好而免检某位编辑的版面。无限度的任性信任哪怕是一次性的，出现差错的必然性都很大。

2. 图片差错

新闻专业化的优点在于可以提高新闻生产各个环节的质量。比如，专职摄影记者的出现，他们凭借专业摄影技能和专门的摄影器材，在新闻采访中以艺术的眼光进行审美，选择最佳的场景然后用最佳的角度和曝光方式摄取那些具有艺术效果的新闻现场。这样拍摄出来的新闻照片包含的信息量大，同时给读者带来美的享受。至于绘图作品，专职美编主要依据版面编辑的意图为特定的报道内容配图。这类绘图的针对性强，不少绘图的艺术效果也很突出。

因摄影记者和版面编辑的分工，有时编辑并不熟悉照片拍摄的过程，可能将照片的人物名字标注错误。更多的时候，记者稿件并未提供必要的或者合适的照片，编辑为内容需要主动去新闻机构的图片库甚至去网上搜索相关的图片进行配图。在配图过程中，出现差错的概率明显增加，这类差错主要是分不清照片的人物，造成张冠李戴。2005年6月18日，某晚报将任长霞的照片配图成某受贿女局长，造成恶劣的社会影响。这类问题的社会影响甚至超出照片的差错。2011年5月30日，南方某都市报第9版以《老人女性及儿童防范招数》为题的漫画，被指有公然扭曲特定区域形象之嫌，一些读者强烈要求该报追究作者与编辑责任。为此，该报向读者公开致歉。

当代受众对视觉类的图片情有独钟，图片方面出现了瑕疵，首先引起关注的不是新闻机构，不是媒体从业者，而是在网络场域的网友。他们对图片差错的敏感程度高，批评的力度大，这样的冲击力也是媒体声誉危机事件的导火索。

当然，图片差错的出现也有必然性。

图片差错的第一个必然性在于图片需求与图片供给的矛盾。信息社会，印刷媒体要满足社会的需要，报刊版面（页码）呈现增长趋势，对图片的需求量同步增加。为满足这方面的需要，要么增加摄影记者的数量，要么增加摄影记者的工作量。新闻机构从人力成本的角度考虑未必愿意增加摄影记者。如果摄影记者无法每天提供足够数量的照片，编辑面临两个选择：要么通过增加字数弥补图片不足，要么通过图片库或网络资源予以弥补。图片的供需矛盾是动态的，这种矛盾有时还比较突出。以替补方式解决图片供给不足可能造成图片误用，严重的可能导致媒体声誉危机事件。

图片差错的第二个必然性在于图片摄制与编辑加工的脱节。摄影记者的照片主要通过电子邮件发送到编辑部。编辑在选用照片时需与摄影记者及时沟通以避免出现差错。通讯员或者业余摄影爱好者提供的照片，在拍摄过程中可能存在人为设计因素，甚至利用 PS 技术合成照片，若编辑直接编发这类照片一旦被发现，将危及媒体声誉。只要编辑与摄影作者的沟通机制不能常态化，图片摄制和编辑脱节的矛盾就存在造成图片差错的某种必然性。

图片差错的第三个必然性在于编辑认知与传播效果的错位。编辑无法事先征求受众意见，只能凭借经验假设这样的新闻、报道角度或图片可能为受众所喜爱。编辑的知识阅历有限，对那些隐性问题认识不够可能造成负面的传播效果。新闻机构公益漫画以艺术的方式宣传安全意识的重要性，实际的传播效果出乎新闻机构预料。从认识论的角度看，个人认知无法完全认识整个世界，这种认知的不全面性是绝对的，只要一个人的认知水平无法达到所谓的"全知全能"境界，人就无法预知一切。媒体从业者的预先判断就存在与实际传播效果大相径庭的可能性。编辑认知与传播效果的错位，图片使用就存在差错的必然性。

3. 名称差错

新闻中的人名（或职业／职务信息）和地名（含归属地以及行政划分）差错虽归属于文字差错，其负面影响并不逊色于一则虚假新闻的严重程度。从理论上说，新闻媒体的报道涵盖了全世界，有的人名和地名比较相似，稍不注意可能造成报道的张冠李戴。比人名和地名更容易搞错的是报道对象的身份信息，有的受访者虚构供职单位或具体职位，记者编辑未能事先予以甄别，新闻报道中的称谓差错具有某种必然性。

领导人的名字或职务不准确也在所难免，这方面的例子在国内外（含港澳台地区）报刊上并不罕见。2010 年 4 月 13 日，香港某报头版报道领导人访问美国时将中文译错。为弥补这个错误，报社首次收回印刷错误的报纸，并于 14 日在头版刊登道歉声明。[①]

地名差错在新闻报道中出错的概率更高。北京时间 2013 年 9 月 8 日凌晨，东京获得 2020 年夏季奥运会承办权，国内有媒体提前宣布"东京被淘汰"，也有媒体提前发快

[①] 2011 年 5 月，该报在报道本·拉登死亡事件中，也曾误植"Obama bin Laden"。

讯"伊斯坦布尔胜出"。受率先报道媒体新闻稿的影响，不少转载这类新闻的媒体跟着出现地名差错。其中，某地市级媒体已经发行的几十万份报纸被紧急追回，最终改版重印。

受访者身份差错也时有发生。例如，报道中将报道对象的身份写错或虚构受访者身份。2008年7月10日，《财经时报》刊发《农行常德分行46亿巨额不良资产剥离真相》长篇报道稿，称："记者致电农行常德分行询问这份巨额不良资产的明细时，该分行的相关负责人以涉及经营机密为由拒绝答复""《财经时报》联系到一位因涉嫌违规剥离12亿元不良资产，2007年被农总行开除的原农行常德分行副行长，他向记者透露了其中的内幕……"，中国农业银行当年7月15日声明："经核实，常德分行负责人从未接到《财经时报》记者询问电话，常德分行2007年也没有开除过副行长……"①

名称差错的第一个必然性在于名称相似性增加了辨别的难度。造成名称差错的客观原因不少，比如语音流变导致的发音问题，有时受访者语速快，连续发音时省略某个音节，造成记者理解的错误。同音字也可能导致记录者按照自己理解的读音来记录文字，特别是中文的人名和地名，在这方面比较容易出现记录的差错。不同语言间的名称翻译，在音译时可能因记者不熟悉某种语言而出现闪失。此外，罗马数字和英文字母有时相似，不注意识别可能会把拉丁数字Ⅱ当作阿拉伯数字11。语言方面的这些问题客观存在，稍不留心就会造成名称方面的差错。

名称差错的第二个必然性在于新闻事实核实工作还不够细致。新闻必须真实无误才可传播，这要求新闻机构对刊播的内容有事先核实的义务。媒体从业者有责任核实核心事实的真伪。细节真实同样需要认真核实，受访者个人的信息，如姓名和供职机构、社会兼职以及职位等信息的核实，记者的经验反而让他们疏于核实这类信息。采访现场，如果条件允许，最好由受访者自己书写个人信息。不熟悉的受访者可能遗漏某些关键信息。比如副职官员不愿意提供职位的全称信息，有些离休领导不愿告诉记者已不在领导岗位。媒体从业者应多方核实，确保信息真实无误。核实工作做得不扎实，造成名称差错的风险自然增加。

名称差错的第三个必然性体现在为追求时效性牺牲了新闻准确性。新闻事业是一项有特定时间要求的事业，新闻生产和新闻传播的周期越短，对新闻机构越有利。发布新闻的速度慢了，同样的新闻其社会效果将明显降低。新闻业界有一条不成文的行规：重大新闻先报出来再说。在媒介生态不甚理想时，社会监督类稿件"先报出来再说"有其合理的一面。对于新闻机构来说，舆论监督类报道不能有核心事实差错，否则新闻机构会成为舆论批评的靶子。前面提及少数媒体为抢时效而误报2020年夏季奥运会主办城市，为时效性牺牲了新闻准确性。只要新闻竞争客观存在，这方面的差错就有其必然性因素。

---

① TechWeb办公室新闻处. 中国农业银行就财经时报虚假新闻的声明［EB/OL］.（2008-09-27）［2021-09-27］. http://www.techweb.com.cn/news/2008-09-27/368030.shtml.

（二）隐性差错

印刷媒体的问题并不全部具有直观性的特点，语言符号的抽象决定了阅读理解的间接性。互联网的诞生，在一定程度上为知识的普及提供了可能。公众通过常年浏览帖子，提高自己的知识总量以及鉴别能力。鉴赏力的提升，可以让公众发现新闻报道中那些隐性的问题。当代社会，新闻媒体的信息全部成为公众在社交媒体平台上鉴赏的对象。如果隐性差错被发现，这类问题因具有隐蔽性，引发的议论会更多，给涉事的新闻机构造成的冲击也不能忽视。新闻机构的管理者在关注印刷媒体显性问题的同时，也不能忽视隐性问题。发现这些隐性问题，需要管理人员具备综合素养，比如政治、语言和民族宗教等素养。专业素养越全面，对媒体问题越敏感，越有助于隐性差错的及早纠正。

印刷媒体图文差错的隐性问题主要表现在以下三个方面[①]：

1. 客观性问题

作为社会的见证者和记录者，记者不应成为事件的参与者。业界出现过"体验式采访"——记者既是新闻事件的参与者也是新闻事件的报道者。从新闻伦理的角度看对新闻客观构成了威胁。若参与新闻事件，记者对事件的好恶感也会随之产生。好恶有助于道德褒贬，这样的感觉很难不在新闻报道中有所流露，这样的采访报道能否保持中立的立场自然受到怀疑。

新闻的客观性并不改变事实本身，不客观的报道有时则是媒体声誉危机事件的诱因，只是这种因素相对隐蔽，在媒体管理实践中容易被忽视。不够客观的报道因事实呈现或观点表达的不平衡导致读者对事件理解偏差，这种偏差被称作"不是错误的错误"。非客观报道未必违背新闻真实的原则，只是有意强调或有意忽略某些事实。在信息不够透明的情况下，此类报道很少引起舆论批评。在社交媒体时代，信息的碎片化特征并不妨碍人们将相关信息整合起来。一旦他们发现某个报道不够全面，新闻机构或社会治理部门就遇到了麻烦。2016年7月23日，关于河北邢台洪灾死人事件，当地政府称是天灾，社交媒体披露当地事先传达即将泄洪的通知记录。7月24日，当地领导公开道歉以减轻舆论压力。[②]

不仅事实的选择影响新闻客观，词语的使用对新闻客观的程度也有影响。形容词和副词比名词和动词更具感染力。记者选择某类词语，所用词语的褒贬反映着记者的主观评价，这种评价间接传递给读者，左右他们产生类似的情感。李普曼在分析新闻报道对舆论的影响时注意到这方面的问题："同一个词可能会意味着各种不同的意思，情感会从形象转移到名称，而这些名称只是类似这些形象的名称。""在事实、观念和情感之间常常存在着同样的不协调。"[③]

[①] 我们的调查在问及"您觉得报刊媒体差错的隐性问题有哪些"时，71.11%的受访者选择了"不够客观"，65.12%的受访者选择了"信息不对称"，49.63%的受访者选择了"相关敏感问题"，60.74%的受访者选择了"报道存在歧义"。

[②] 王硕. 市长公开道歉 邢台启动追责 [N]. 新京报，2016-7-24（A03）.

[③] 沃尔特. 公众舆论 [M]. 阎克文，江红，译. 上海：上海世纪出版集团，2006：286-287.

在媒体转型期，印刷媒体面临发行量下降、广告收入大幅度减少的压力。新闻机构通过形象广告增加收入，这类"广告"以"新闻"的形式见诸报端。这类报道具有一定隐蔽性，如果没有掀起轩然大波，很少有人甄别这类报道的性质。新闻机构收取报道费用意味着对客观性的摈弃，这无异于站到公众的对立面。20 世纪初期，报人"威尔·欧文相信，宣传正给自身埋下祸根：不诚实的或盲目的宣传者，正像骗子一样必须尽快'洗手不干'，否则就完蛋了。当真理显现的时候，就是他完蛋的时候，而真理正是通过由他激起的争论明辨的"①。

2. 信息不对称

行政机关是重要的信息来源地，新闻机构经常从这些部门获取有价值的新闻信息。如果行政机关垄断敏感信息，改由自己发布，新闻机构的核心信息少了会减弱其公信力。党的十八大以来反腐力度继续加大，中纪委和省级纪委的官方网站成为发布官员被查处信息的主要媒体，职能部门网站在获取独家新闻信息源方面具有得天独厚的优势，传统媒体可能因信息滞后，造成新闻报道的被动。

在新闻机构和行政机关信息对称的年代，官员被查处的新闻由国家通讯社或国家级党报、电视台率先披露。这个传统一旦被打破，给新闻机构带来的问题是：记者前一天甚至当天上午采集的新闻，还没报道出去或者刚刚报道出来，就成了"新闻"。公众并不了解新闻机构的苦衷，而是觉得媒体时政新闻不大靠谱。行政部门积累的新媒体经验越多，对新闻机构的信息垄断趋势越明显。在信息不对称的情况下，新闻机构如何保持自己获取信息的优势竞争力是个新问题。

3. 民族宗教问题

全球化带来文化的多元化。文化多元伴随着某些摩擦甚至冲突，这是正常现象。若新闻机构秉承客观中立的原则，如实报道文化交流、冲突的新闻事件则很少会引火烧身，殃及自身。

容易引发社会冲突的是涉及民族文化和宗教信仰内容的报道。民族文化和宗教信仰也是文化多元的体现，和常规的文化传统或禁忌不同，民族文化（特别是宗教信仰）强调唯一性，违背它可能会被某个群体视作异端，严重的会遭到严厉的谴责甚至报复。新闻报道能否涉及民族宗教问题并不存在争议，接下来的问题是该如何涉及这些问题。不同国家的法律和民族政策有别，应尊重每个民族的精神信仰和文化习俗，这一点，中外新闻机构的价值取向相对接近。真实和尊重应该是民族宗教问题报道的原则。真实，意味着新闻报道须以事实为依据，真实呈现问题的全貌；尊重，意味着不能以异族或异教徒的眼光审视，这样的报道也是对新闻机构的尊重。如果民族宗教问题偏离了客观中立的立场，新闻机构及其从业者的风险系数就相应增加。缺乏危机意识，或者片面强调新闻机构的表达自由，可能为此付出惨痛的代价。不论是 2015 年发生在欧洲的《查理周刊》事件，还是 2011 年国内媒体的区域性语言歧视事件，都不同程度地引发了媒体声

---

① 利昂. 报纸的良知［M］. 萧严，译. 北京：中国人民大学出版社，2005：128.

誉危机事件，严重的甚至付出了血的代价。这些事件表明：涉及民族宗教问题的内容，不宜以娱乐性和讽刺性的方式来展现。新闻机构要充分估计民族宗教问题与媒体安全的内在关系，尽量规避民族宗教方面的内容以艺术夸张或娱乐调侃的方式来呈现。缺乏这方面的安全意识，不论是为博取眼球而冒险报道，还是对隐性风险重视不够，都可能给新闻机构埋下祸根。

二、广电媒体的差错

以广播电视为代表的电子媒体属于动态媒体。动态媒体可称作"活媒体"。广电媒体的差错比印刷媒体差错复杂许多。除电视节目的图文差错，广播节目的意外声响，广播电视节目主持人的字词错读（包括声调读错）均属于典型的差错。此外，主持人忘记台词、节目短暂"断档"、播报失误甚至连主持人的着装、姿态问题，均属于"媒体差错"的范畴。今天的广电媒体受众，已经不限于广播电台的听众和电视台的观众，广播电视节目在网络平台的传播常态化，公众可以在社交媒体上即刻对广播电视媒体的差错评头论足，对于严重的差错甚至冷嘲热讽。这意味着，广播电视媒体的差错已经超越了无线电波和荧屏，被置于社交媒体这个平台上，网友的批评成为媒体声誉危机的现实力量，因而广电媒体的差错也需要引起更多的重视。

电子媒体差错也有显性问题和隐性问题两种表现形式。①

（一）显性问题

广播节目通过声音跟听众交流，听众可以将声音同步"还原成"可感的"图像"，电视节目的直观性和亲切感，决定了电子媒体的显性差错比印刷媒体更多。

1. 信息误报

电子媒体的可信度普遍高于印刷媒体。广播电视节目造假需要的成本高、耗时长、保密性差。

广播电视节目常见的差错是信息误报。这种现象中外新闻机构均有发生，但对差错的惩罚力度不同。2014年10月28日，日本朝日电视台公布《报道Station》节目违背事实报道的处罚结果。②2014年7月，英国广播公司（BBC）24小时新闻频道误报女王吸毒，相关字幕未及时订正。③电视节目误报影响更大的是南非电视媒体2013年4月2日晚误播曼德拉去世的消息。④这些差错的责任人，均受到他们供职新闻机构的严肃处理。

在中文电视新闻节目中，出现内容误报的现象也时有发生。2013年2月28日15点，

---

① 我们的调查在问及"您觉得广电媒体差错的显性问题有哪些"时，81.483%的受访者选择了"信息误报"，53.33%的受访者选择了"播音问题"，64.44%的受访者选择了"言论不当"，32.59%的受访者选择了"着装问题"，10.37%的受访者选择了"临时更换主播"。
② 王焕，王欢.朝日电视台就九州核电站误报事件处罚7职员　台长道歉［EB/OL］.（2014-10-29）［2022-03-08］. https://world.huanqiu.com/article/9CaKrnJFKiz.
③ 凤凰网.英国BBC闹乌龙，电视字幕误报女王吸毒［EB/OL］.（2014-08-04）［2020-07-24］. http://phtv.ifeng.com/program/xzyk/detail_2014_08/04/37788376_0.shtml.
④ 南非媒体误播曼德拉讣告［N］.京华时报，2013-4-5（11）.

台湾地区一家电视台的《世界ONAIR》栏目报道当地某市发生6.3级强震，600人罹难，事后证明属于误报。此外，内地电视媒体同样存在新闻内容误报的现象。

由于现实世界的复杂性，以及媒体从业者对信息甄别的能力，主持人播报过程中不可避免地存在口误现象，有些口误可能造成新闻的失实……这些客观因素无法避免，决定了新闻播报失误在所难免。

2. 播音问题

广播电视节目具有线性"作业"的特点，播报新闻时给主持人预留的缓冲时间很短。直播节目即便有提词器的辅助，主播面临的压力依然不小。他们要熟悉标准的字词音节和声调升降，避免在口播时出错。普通的差错，公众不会特别计较，通常在社交媒体上批评或调侃一下就过去了。2014年10月22日，日本TBS电视台主播高田百合子（Takata Yuriko）念反了日本御狱火山喷发遇难者长山照利及其父亲长山幸嗣（Kotatsu Nagayama）的名字，好在字幕无误。①

使用母语播报新闻，遇到读错字词或发音不够标准时主播可以察觉到。如果播报外语类新闻，读错字词的可能性明显增加。

经过构思、酝酿的写作，在书写过程中尚且无法避免差错。口语播报事先准备得再充分，主播也无法做到不出丝毫差错。广播电视节目口语播报的性质决定了播音方面的差错在所难免。这种差错的即时"共享"特性让它暴露在电视观众面前。广播电视节目播音的差错社会影响广泛，广播电视媒体机构的应急措施也相对成熟一些。

3. 言论不当

广播电视节目的主持人制度增加了节目的亲和力，吸引更多的人关注节目。主持人的亲和力源于他们的个性，媒体允许主持人在节目中展现这种个性。个性即差异，主持人的个性发挥得好，节目才具有不可模仿性，而这正是广播电视节目的独特魅力所在，也是新闻机构所期待的效果。

个性展现的前提是主持人在节目中享有自由发挥的权利，主持人的态度和观点将间接表达出来。新闻该不该有态度，业界有不同看法。②认识的分歧导致新闻机构缺乏明确的管理标准。主持人的言论空间大了，意外事件的概率随之增加。2015年3月，美国环球电视台（Univision）主持人费盖罗亚（Rodner Figueroa）在夜间节目 El Gordo y La Flaca 中用西班牙语评论道："米歇尔·奥巴马看起来像《决战猩球》（Planet of the Apes）的演员。"很快，费盖罗亚遭解雇。③

言论有边界，职业言论的边界更为清晰。主持人在私人场合有表达个人态度的权利。真人秀节目的播出属于电视出版。出版对内容的限制更多。其中，语言的纯洁是最

---

① 环球网.日本女主持直播闹乌龙，念错火山喷发遇难者姓名［EB/OL］.（2014-10-24）［2021-08-12］.https://world.huanqiu.com/article/9CaKrnJFJce.
② 比如，与绝大多数媒体秉承真实、客观、理性的原则不同的是，网易公司标榜"网易新闻有态度"。
③ 观察者.美国主持人戏言第一夫人像猩猩，遭电视台开除［EB/OL］.（2015-03-13）［2022-03-09］.https://www.guancha.cn/america/2015_03_13_312135.shtml.

低要求，不雅的语言禁止在节目中出现。2015年6月7日晚，某地方卫视一档娱乐节目录制过程中，某嘉宾为支持自己的选手现场喝酒，结果醉话连连，大爆粗口，引发网络舆论的强烈不满。个性发挥适度给节目添彩，粗俗则倒观众的胃口。这期节目的不雅场面虽被剪掉，在社交媒体上披露后影响依然不好。

言论的自由度可以从理性层面进行思考，对自由度的管理更多依赖于经验，无法从制度层面详细规定。主持人言论的边界还与观众的理解力相关。有些节目涉及某个群体的利益或情感，那些认为利益受损的观众，通过其他渠道表达不满。2015年6月9日的《新闻1+1》节目，主持人白岩松在提及"河北肃宁特大枪击案"中殉职的警察时使用了"死亡"二字，并质疑是什么让一位老人端起枪。网络舆论批评白岩松言语不当，要求道歉。6月17日，白岩松回应称：做新闻不是做《感动中国》，"我坚守新闻准则就变成警察对立面"？①

节目内容事先经过准备，并不能完全避免主持人表达的失误。话语模糊性造成的理解分歧使得广播电视节目因语言表达引发冲突具有必然性，关键看当事人和新闻机构如何评估这类分歧，选择是澄清还是道歉。

4. 着装问题

主持人的衣着打扮是否得体，有时也会引发网络舆论的议论。这里，我们将主持人的着装问题视作电视节目的"差错"。显然，这里的"差错"是个相对概念，相对于伦理道德和传统习俗以及职业着装要求，来评判某些具体的服装是否适合在某档节目的主持人身上出现。

着装问题多与女性节目主持人有关。2013年12月6日，巴西世界杯小组赛抽签仪式上，巴西女主持人费尔南达·利马（Fernanda Lima）因穿着打扮遭到抵制，伊朗电视台终止节目转播。② 2014年9月—10月间，日本电视女主播加藤多佳子（Kato Dokako）因穿短裙主持节目，收到多条留言警告。③ 韩国KBS电视台气象主播Kim Hye-seon的"拉链服装"也曾引起争议。

我国电视机构对主持人着装管理较为严格，但并非一成不变。2010年，中央电视台不再禁止主持人染发、戴配饰。在着装规定变革的前后，着装问题都曾有过争议。2007年，某主持人在节目中的着装就曾引发异议；2012年，某电视台气象女主播身穿豹纹服饰上镜引发非议；2014年4月，央视午间《体育新闻》节目中主持人的深V衣服遭议论。④

主持人的审美眼光不同，对服饰选择的标准也无法统一。少数宗教信仰地区的电视台对着装有严格规定，但多数国家（地区）的主持人在着装方面有自主选择权。服饰选

---

① 白岩松、我坚守新闻准则就变成警察对立面了吗？[EB/OL].（2015-06-20）[2022-03-09]. https://mp.weixin.qq.com/s/qv7Olw5UMO4T6XW_9YH45w.
② 陈威华. 停播女主持衣着暴露，伊朗怒停世界杯抽签转播[N]. 扬子晚报，2013-12-10（A21）.
③ 环球网. 日本25岁女主播因穿短裙录节目遭死亡威胁[EB/OL].（2015-02-28）[2021-07-15］. https://world.huanqiu.com/article/9CaKrnJIfQh.
④ 解晨红. 央视放宽对主播出镜要求 主播穿衣风格多样[N]. 华商报，2014-10-25（B4）.

择有自主空间，主持人的服装自然各有特点，因而无法杜绝着装事件的发生。

5. 临时换人

随着电视节目主持人制度的完善，双主持人制成为通行模式。主持人在节目中身体突然不适，或遭遇不可抵抗的外力迫使他们临时离场，这种情况也可能发生。

球类竞技比赛，现场更换运动员成为惯例，个别教练因指导不力也可能被临时换掉。电视节目的主持人跟体育赛场的教练不同，他们在节目中具有不可替代的作用。节目开播前突然隐身，新闻机构很难及时找人替代。正在进行的节目现场变更主持人同样违背电视传播规律。2014年4月初，某省级电视台的一档舆论监督节目直播期间，主持人崔建宾点评十堰市房县占农田建设豪华政府大楼一事，话没说完即被要求离开演播间。①

（二）隐性问题②

广播电视节目虽然直观，有些差错仍需要仔细观察方可发现，这属于隐性问题的范畴。隐性差错的发现，主要来自广电媒体的听众和观众。他们对这类差错的指正主要通过在社交媒体上发帖，很少直接致电新闻机构。有些隐性差错无伤大雅，有的隐性差错性质严重。前者，网络舆论关注的持续度有限；后者，网络舆论关注的强度高，持续时间长。对于传统媒体管理场域外的这类批评（"力"）以及这种批评的传播（"张力"），需要新闻机构做好相应的预案。

1. 劳累困倦的舆论风波

报社夜班编辑和印刷工人也有困倦的时候，但这种状态不会成为报纸版面的组成部分。电视节目的夜班主播甚至参与制作的人员，他们的劳累困倦可能在电视节目中呈现出来。比如凌晨或午间节目，出镜主播的困倦可能通过电视画面公开传播。2012年3月初，英国广播公司早间新闻主持人赛门·麦考伊（Simon McCoy）趴在主播台上打盹的画面被直播出去。③2013年8月，美国早间脱口秀节目 *Fox & Friends* 主播塔克·卡尔逊（Tucker Carlson）在直播现场打盹儿，因为前一晚他代班主持晚间太过劳累，在插播广告时打盹。④

主持人的困倦状态在广播节目中表现得虽不明显，细心的听众仍有可能感受得到。敬业的广播主播注重精神状态的饱满。有广播主播在新浪微博上自责："这两天太累了，剪辑节目打瞌睡，重新再听有差错。差错零容忍！"⑤

---

① 2014年4月9日，该频道分管新闻业务的负责人回应称，此事系一起"播出事故"。崔建宾则在微博表示，"的确情绪有点失控"，但工作没因此受到影响。杨致阳. 电视主持人怒斥官员被中途换下［N］. 云南信息报，2014-4-10（A23）.
② 我们的调查在问及您觉得广电媒体差错的隐性问题有哪些时，59.26%的受访者选择了"劳累困倦"；61.48%的受访者选择了"姿态问题"；55.56%的受访者选择了"节目预告不准"；34.07%的受访者选择了"安全隐患"。
③ 搜狐视频. BBC主持人直播中打盹，回应称正与女王约访，（2012-03-12）［2022-01-02］. https://tv.sohu.com/20120312/n337483421.shtml.
④ 斯艳红. 美知名脱口秀主持人直播中打盹［EB/OL］.（2013-09-03）［2022-03-08］. https://news.china.com/zh_cn/hd/11127798/20130902/18027670_2.html.
⑤ 笔者曾就此采访邱雯老师："如果因为新闻差错造成社会影响，不知您那边会怎么处理？"她回复："辞职吧。"参见 @ 邱雯在美国，新浪微博2016年2月10日。

全球化时代，受众也呈现出全球化的特征，不同时间段的节目服务的受众不同。夜班对媒体从业者的身体产生影响，有的主持人临时顶班主持节目，在后续节目中状态欠佳，偶尔出现困倦甚至打盹，很难避免这种"隐性事故"的发生。

2. 姿态问题的舆论风波

主持人的手势语也可能出现状况。2013年2月15日，《新闻联播》主持人给观众拜年，手势语出错：一个左包右一个右包左，肯定有个拜丧的。段玉裁在《说文解字注》中说，古代女子也行作揖礼，即"左手在内，右手在外，是谓尚右手。女拜如是，女之吉拜如是，丧拜反是"①。

手势语的含义多样。在电视节目中，不礼貌的攻击性手势语应被禁止，犯忌将产生不良社会影响。2010年，BBC天气预报员托马斯·谢弗内克（Tomasz Schafernaker）竖中指的镜头被直播出去。②

主持人的生理性反应也是节目的组成部分。这些姿态如不雅观，为舆论所议论。2012年7月，一则《史上最碉堡的新闻节目》视频汇集了电视主持人的不雅姿态视频：有的低头一边看稿件一边抠鼻子；还有的弓着腰打哈欠，余光一瞟，立刻绷直了身体面对镜头。③

电视主持人的姿态问题与个人情绪有关。这种情绪和节目的语境匹配效果良好，与节目语境背离的效果则相反。2007年12月6日，某电视台主播在连线王家坝现场的记者时面带微笑："我看到大坝周围有很多围观的群众，都带着过年的心情，是这样吗？"④类似的不当笑意在其他主持人身上也有发生。2014年3月10日晚间某电视台播出的马航报道，节目主持人在与嘉宾讲到有关飞机碎片时笑了出来，网友质疑为何在灾难报道中还能笑出来。

姿态问题最引起轰动的当属2018年全国"两会"期间的白眼事件。2018年3月13日，上海第一财经电视台的女记者不满全美电视台记者的提问，有意做了个翻白眼动作，这个事件被称作"史诗级的白眼事件"。记者提问水平无法胜任重大政治活动的采访要求，旁观记者的情绪宣泄造成的媒体事件，损害的是整个新闻业的社会声誉。

姿态语有时代和地域方面的差异，主持人如果不能事先广泛了解不同时代、不同地区姿态语的演变历程，就无法做到零问题。

3. 预告失灵的舆论风波

为扩大节目的影响力，有的栏目组事先发布节目预告。过去，《中国广播报》《中国电视报》和地方广播电视报承担了这项工作。社交媒体出现后，广播电视机构（包括具

---

① 强说地理. 新年拜年手势你真的做对了吗？[EB/OL].（2022-02-01）[2022-03-08]. https://view.inews.qq.com/a/20220201A02Z6O00.
② 根据我们对传统的理解，竖中指意味着鄙视。在世界范围内这是一种常见的侮辱别人的方式，是一种很不礼貌的粗俗的表现。《BBC主持人直播中打盹 回应称正与女王约访》，中国广播网2012年3月11日。
③ "得罪"导播后果很严重[N]. 海峡都市报，2012-7-26（N08）.
④ 马草斋. 错位的微笑——我看海霞主播"解说门"之外[EB/OL].（2007-12-12）[2022-03-08]. http://blog.sina.com.cn/s/blog_4c7ca9e9010083lm.html.

体栏目）的微博微信账号在节目播出前发布预告，增加收视（听）率。

节目预告带来的隐性问题是，预定播出节目可能临时调整。新闻机构不能事先考虑媒介生态等综合因素，提前播出节目预告往往要承担更多的风险。社会大环境不能发生明显改观，节目预告失灵的风险自然具有某种必然性。

4. 安全隐患的舆论风波

录制节目需要满足硬件和软件的要求。演播室的建设标准在不断提高。高标准的演播室也有安全隐患。这些隐患不易被发现，遇到问题可能会殃及节目的录制或播出。2013年1月29日，BBC 5台午间直播节目中，一只老鼠窜进直播间，主持人谢拉芙·弗格被迫更换直播室继续节目。① 类似隐患，我国新闻机构也遇到过。2013年5月9日，央视在直播俄罗斯红场阅兵时，演播室中台板跌落发出巨响，主播文静赶快圆场："看来确实很震撼，我们演播室有块台板居然配合你。"②

安全隐患也包括了人的因素。"人的因素"并不等同于"人为因素"。人为因素强调人的主观意图，目的性是其典型特征。人的因素侧重于与人有关的自然因素。比如谈话节目的嘉宾在讨论问题时发生冲突摩擦，这些冲突事先难以预料。2014年5月，约旦一电视台的《在不同意见之间》（Between Opposing Opinions）直播节目中，两名受邀嘉宾在讨论叙利亚危机时大打出手，掀翻了主播台。③

媒体安全隐患并不限于上述两个案例。对于新闻机构来说，树立风险意识，尽量减少意外事件的发生是每个媒体从业者的责任。

三、必然性与媒体差错管理 ④

谈到"差错"，人们容易将之与"错误"相提并论。其实，两者有明显的区别。从后果的程度看，并未构成明显损失的轻微过失属于差错的范畴，程度严重且造成一定损失的过失属于错误的范畴；从认识的角度看，差错偏重于行为主体事先无法预料的意外状况，错误偏重于行为主体知晓风险因素未采取必要措施造成的某种后果；从伦理的角度看，差错与职业伦理直接关系较少，错误与职业伦理关联较多。通常，差错属于无心之过，错误乃（部分）有意之过。具体而言，"差错是错误中的一种，是错误的一个内涵。差错是一种错误，但并非所有错误都可以视之为差错。只有那些无心之过，无意识产生的失误，才能称为差错"⑤。

差错具有必然性。表面上看，差错的出现有很大的或然性。然而，社会环境和人的

---

① 稻果. 老鼠吓坏BBC女主播[N]. 广州日报，2013-01-31（A15）.
② 纪念卫国战争胜利68周年阅兵[EB/OL].（2013-05-09）[2022-03-09]. http://tv.cctv.com/2013/05/09/VIDE1368091560618390.shtml.
③ 观察者. 约旦电视直播中两嘉宾因意见不合掀翻主播台[EB/OL].（2014-05-08）[2022-03-09]. https://www.guancha.cn/Third-World/2014_05_08_227931.shtml.
④ 在我们的调查中，在问及"您怎样看待工作中出现的差错"时，14.81%的受访者选择"差错在所难免，只要不涉及重大失误都能接受"，54.07%的受访者选择"差错虽在所难免，但提高责任心可以减少差错"，31.11%的受访者选择"差之毫厘，谬以千里，出现差错一定要引起重视"。
⑤ 欧阳锦. 试析管理昀偶然性与必然性[J]. 甘肃省经济管理干部学院学报，2003（4）：29.

行为有很多不确定性因素，一个行为付诸实施后这种不确定因素总体上在叠加而非减少，这增加了差错的发生率。不论什么行业，从业者在工作中没有丝毫差错并不现实。换句话说，出现差错的时间节点和方式是或然的，差错的出现却是必然的。媒体从业者的新闻活动同样伴随着诸多无法避免的差错。

新闻工作的性质使媒体差错的发生频率更高，形式更为显著。我们不能指望从制度完善中杜绝差错，却有必要通过管理制度提升媒体从业者的差错意识和危机意识。承认差错的必然性不等于在管理制度和工作流程中宽容差错，而是最大限度地避免差错。1995年3月20日我国颁布的《报纸质量管理标准》（试行），规定新闻出版物的差错上限："报纸文字校对要求严格准确，无明显差错。每期报纸文字差错率不得高于万分之三。"

差错的或然性和必然性共存，对媒体管理提出了更高要求。万分之三是媒体差错的"天花板"，新闻机构须遵照执行。在新闻实践中，媒体的实际差错率可能越过这个"天花板"。将差错率控制在国家标准之内需要重视差错和管理差错，从静态的制度管理向动态化的差错监控转变。将差错管理作为媒体管理的重点和媒体声誉危机应急管理的基础，差错就有可能降低。

差错管理是管理学的一个分支。媒体差错因"违背了事先制定的规划或不符合正常的系统标准，从而妨碍了目标的实现或任务的完成"。对于新闻机构而言，真正的威胁不是差错本身，而是差错可能带来的连锁反应——媒体声誉危机事件。与差错相关的因素不少，但差错沟通、差错思考、差错掩盖、差错压力、差错预计和差错风险等属于差错管理必须考虑的内容。①

媒体的显性差错和隐性差错种类虽多，但有些差错没有专门纠正的必要（如生理现象的眨眼、抠鼻子），有些差错应从管理层面引导和规范。区分各类差错，对于需要纠正的问题，管理部门要善于查找原因。对于未引起公众关注的隐性差错，新闻机构应预先估计到差错的风险并做好应对预案。对于掩饰差错的媒体从业者予以提醒和批评，促使他们意识到差错的潜在风险。风险告知有助于媒体从业者增加风险意识，在新闻机构内部营造纠正差错的氛围。

航空业对差错最为敏感。航空安全与乘客的性命相关，差错管理最为严格，必须营造浓厚的纠错氛围。媒体差错的实质性危害不大，是媒体从业者的职业行为偏离了新闻采集、生产和传播的既定程序，但这种看似"不是错误的错误"在社交媒体上反而成了媒体声誉危机事件的导火索。

借鉴航空业的差错管理，在媒体内部营造良好的纠错氛围。有研究者对纠错氛围进行了界定："组织差错气氛指与差错有关的组织实践、程序和态度，简而言之，指组织处

---

① RYBOWIAK V, et al. Error orientation questionnaire（EOQ）: reliability, avidity, and different language equivalence [J]. Journal of organization behavior, 1999, 20（4）.

理差错的方式方法。"① 根据这个定义,可以这样理解媒体纠错氛围:新闻机构内部针对新闻采集、生产和传播各个环节可能出现的差错,提醒媒体从业者在工作中注意自己的态度和行为符合管理制度的要求,树立差错耻辱意识,以提高新闻质量。这种氛围的营造更多是道德层面的,寻找合适的差错忠告制度、训诫制度,对于超过规定的差错给予经济和荣誉方面的处罚。比如说,差错超标取消本年度的评优资格,严重的与个人职位晋升和职称评定以及薪酬晋级挂钩。这些纠正媒体差错的建议,属于媒体差错管理的策略。这些策略的提出源于"在复杂的、动态的环境中,差错是行为必要的副产品"②的认识。差错既然是媒体的副产品,媒体管理就应该主动面对这些差错,培养媒体从业者提高自身差错的应急能力,善于在复杂、动态的媒体环境中纠正差错,减少媒体声誉危机事件的发生。

媒体差错管理包括媒体从业者的自我管理和新闻机构的单位管理两种形式。对于无实质性危害的差错,媒体从业者不掩饰问题,及时检讨自己,以赢得公众的原谅。媒体从业者将工作中的差错发布在社交媒体上,把差错发生的经过和原因写出来,增加媒体工作的透明度。这样的透明度越高,公众就越容易原谅这样的失误。《新闻联播》原主持人李瑞英称:"我们也有惩罚措施,比如出错别字,是读音错了,还是事实说错了。只要你及时更正了,都不算错误。如果你根本就没意识到错了,造成消息的混淆,这个就得重罚。有的时候会停播,还是非常严苛的。"③

纠错制度决定着媒体的公信力。在我国,将纠错制度常规化、公开化的媒体并不多见。对于明显的差错,国内媒体也未必回避。2013年1月17日,《南方周末》以"南方周末编辑部"名义刊出的《特别更正》,就其新年特刊中出现的三处错误进行了更正。虽然编辑部强调"报纸的错误永远是'白纸黑字'式的,对于报纸编辑出版全链条的每一环,其规范流程永远需要尊重与遵守,我们前所未有地意识到这一点",有研究者评价了这则《特别更正》:"并未指出造成上述错误的原因和责任人。但是相较于以往程式化的错误更正,这段短短的文字中,却出现'不能不说''前所未有'等描述性用语。"④

在社交媒体时代,媒体的公信力越不理想,舆论风险越容易发生。媒体公信力和媒体风险的内在联系需要引起新闻机构的重视。通过增加媒体差错纠正过程和结果的透明度,增加媒体从业者的工作压力,增进新闻机构和公众之间的沟通交流,以减少媒体声誉危机事件,提高媒体公信力。

---

① RYBOWIAK V, et al. Error orientation ouestionnaire(EOQ): reliability, validity, and different Language equivalence [J]. Journal of organization behavior, 1999, 20(4).
② FRESE, MICHAEl, DIETER Z. Fehler bei der arbeit mit dem computer: ergebnisse von beobachtungen und befragungen in bürobereich [M]. Bern: Huber, 1991.
③ 陈梦溪."央视直播失误视频合辑"网上流传 李瑞英笑请大家"多包涵"[N].北京晚报,2014-2-16(10).
④ 资料来源:滕昶《南方周末》就新年特刊事件发出"特别更正"并未指出原因和责任人,http://finance.sixwl.com/shehuiredian/7720.html.

第二节　或然性与新闻虚假

新闻事业是一项求真的事业，真实被誉为新闻的生命。新闻真实不但关系到新闻机构的切身利益，也关系到公众的利益，因为媒体"尊重事实，那么公众就会获益"[①]。既然新闻真实与公众之间存在着利益的共同点，新闻真实出现了问题，损害的就不仅仅是新闻机构的利益，也会触及社会利益。新闻真实的利益双重性，可以通过场域理论得到解释。在社交媒体上，虚假新闻屡屡引发不满。[②]公众作为新闻真实的维护者，他们在维护新闻真实的过程中将产生一种无形的力，这种力起着监督新闻报道的作用。公众对新闻真实性的怀疑和对虚假新闻的批评，是媒体声誉危机事件的重要原因。

一、内容虚假程度的或然性

事实的辐射区域和时间的延续性决定了"事实"并非固定的点。在真实范畴内的新闻即可笼统地认为这样的新闻"真实"。部分事实真实的新闻有进一步充实的空间，需要新闻机构严肃对待。核心事实虚假的新闻，不论失实的原因多么复杂，新闻机构必然成为网络舆论批评的靶子。杜撰的"新闻"透支新闻机构的公信力，网络舆论对这类"新闻"的批评则升级为谴责。

在新闻实践中，完全杜撰的新闻数量极低，更多的是事实有真有假的新闻。媒体管理没有给虚假新闻预留合法存在的空间，它们的问世是某种或然性因素所致。虚假新闻的不确定性包括部分虚假和整体虚假两个方面。

（一）部分虚假

事物运动变化的特点决定了新闻真实的程度随着时间的推移也在发生某些变化，这个变化在一定程度上影响着新闻真实的程度。纵观不少虚假新闻的案例，新闻真实方面的问题与记者注意到某个具体时间节点的事实、未提及事实随后发生的变化有关。强调新闻事实的时间节点和终点，就能避免给当事人或公众造成该新闻不够真实的印象。报道不够真实，意味着部分内容虚假。

部分虚假是虚假新闻最常见的形式。从因果关系的角度看，虚假新闻的产生必有原因。多数情况下，造成新闻虚假的原因多样，而非某个具体的原因。记者是新闻事件的见证者和记录者。见证有直接的见证和间接的见证之别。记者在新闻现场观察新闻事

[①] 利昂.报纸的良知[M].萧严,译.北京：中国人民大学出版社，2005：157.
[②] 2016年7月24日，邢台水灾后，邢台市市长公开道歉，表明社交媒体上关于当地泄洪的信息逐渐得到证实。网上流传对邢台本地报纸洪灾报道汇集的帖子（吴翠翠.汹涌舆情下,《邢台日报》这几天是怎样报道洪灾的？[EB/OL].（2016-07-24）[2022-03-08].2016-7-24.http://www.360doc.com/content/20/1201/20/72704808_948971114.shtml.），间接表达了对当地纸质媒体回避灾情事实的不满。在7月25日—26日，这个帖子在微博、微信和其他网络媒体上被广泛传播。

实,记录现场的见闻对于保证新闻的真实性相当重要。这样的真实建立在一个基本的假设之上:新闻现场的空间范围相对有限,记者的活动范围可以满足其对新闻现场的全部区域进行必要的观察和核实的需要。新闻现场的区域超出记者直接观察和核对的限度,或者由于种种原因,在现场的记者所能观察的现场也只是局部的区域。①假如记者不能及时克服这种空间束缚,他们的报道只能是自己所看到的那些场景。至于这些场景之外的"新闻现场",公众可能会通过他们的推理、想象来弥补新闻现场不足的内容。这样,新闻报道会出现以偏概全的可能性。2013年4月20日的四川芦山地震造成当地交通、通讯不畅,记者只能以见闻的形式报道他们眼中的"地震现场"。有的报道称芦山地震灾情严重,实际上受灾真正严重的地方并不多。新闻报道在某种程度上夸大了这次地震的严重程度。不同的记者所去的地方不同,他们接触的震后景象不同,采访的对象不同,所有这些不确定因素则是构成新闻报道的素材。从新闻真实的程度上看,我们不能苛求灾难报道的整体真实程度必须很高。对于救援指挥部来说,新闻报道则可能影响到救援工作的质量。前方记者一句某个地方灾情很严重或者不严重,却只是记者瞬间的感触,这种感触以新闻的形式发布后,其轰动性有时超乎预料。②记者的以偏概全,是造成虚假新闻的来源之一。

以偏概全造成虚假新闻的事例并不少见。2013年9月7日晚,某新闻期刊致函三门峡市委宣传部,承认该刊当年第18期报道《村官腐败透视》一文存在问题,并向广大读者致歉。报道中"村支书性侵村民留守妻子:村里一半都是我的娃"的描述,显然与事实不符,这样的以偏概全将影响到该村多数家庭的正常生活。③以偏概全是把局部事实当作全部事实,至于局部事实的来源则有很大的或然性。记者所接触的区域和所接触的人事先很难确定,采访地点和采访对象的不确定性,影响着新闻的真实程度。

虚假新闻的或然性与被采访对象陈述的真实程度直接相关。除非被采访对象事先被特别授意,通常情况下,他们在接受采访时讲述的内容杂糅了个人的见闻和感受,也包括他们的推测和想象。换句话说,事先打好腹稿的采访,这样的表达目的性强。与主观意图并不明确的自然表达相比,目的性影响着受访者所表达内容的真实程度。对记者来说,被采访对象所说内容的真实程度有待核实,最常见的核对方式是随机多问其他人同样的问题,间接核实信息的真实程度。不仅受访者提供信息的真实情况具有不确定性,记者的核实过程同样也具有不确定性。不确定性因素越多,对新闻报道的真实度影响越大。有的受访者把道听途说的事情当作他们个人的"见闻",却可能向记者隐瞒这种信息的间接性。2014年8月19日,国家安全监管总局发布《关于凤凰卫视报道昆山事故责任追究虚假新闻的公告》。该公告披露,2014年8月18日,某新闻网站刊登了一则

---

① 在某些情况下,新闻现场在记者抵达采访前,已经被利益相关者进行了布置,这种"布置"在有意遮蔽记者的眼睛,为新闻真实的获得制造障碍。
② 2008年四川汶川大地震期间,央视直播军事直升机侦察汶川县城的灾情,驾驶员一句"人间地狱"被电视直播后,救援指挥部改变救援重点。事实表明,受灾最严重的地方是绵阳市的北川县城。
③ 张华君,吴烨.《南风窗》就"村官腐败透视"一文致歉,承认把村支书"吹牛"的话写入文章存在问题[N].河南日报,2013-09-08(1).

有关昆山事故问责的新闻,并称此消息来自国家安全监管总局。经查证,这纯属一则由记者依据道听途说、人为炮制的虚假新闻。为此,该新闻网站就错报"江苏省领导因昆山爆炸受处分"致歉。

新闻发布前需要进行必要的核实,这是新闻伦理规约中最基本的要求,也是避免新闻失实的重要保证。核实并不是件简单的工作,而是一项艺术性的工作。有时,核实的过程中会遇到阻力,接受核实的单位和个人也可能隐瞒某些真实情况,甚至把真实的信息认定为"不真实"。在社会这个庞大的共同体中,每个利益共同体都有特定的利益诉求,一旦有人触及他们的利益,维护自身利益是其本能。核实同样是维护媒体利益的必要手段。接受核实者的利益诉求,新闻机构应事先知晓并及时调整核实的方式。新闻事实的核实有数量的要求,核实的对象过少同样可能影响新闻的真实度。接受记者核实的部门或个人谁愿意提供真实信息,他们在什么场合提供的信息更为可信,这有着多种或然性。新闻机构的从业者如果未能及时甄别这些信息的真伪,同样可能造成虚假新闻的出现。

利益共同体的利益,有自身的也有外来压力形成的临时性利益。比如,行政部门授意一个单位公开某类信息,被授意的机构为维护该共同体的利益可能向记者撒谎,由此造成新闻失实。在这方面,就连以调查报道著称的新闻机构也有过惨痛的教训。2015年2月1日,某报社发布《道歉声明》,称该报(2015年)"1月29日关于安邦保险的相关报道有不实之处"。更多的情况是新闻机构的报道只采信了某一方提供的信息,因未进一步核实造成报道的失实。新闻行政主管部门曾通报过多起这类事件。2012年2月21日新闻出版总署给予《证券市场周刊》警告、罚款的行政处罚,因为该刊在2011年11月12日刊发的《李书福危局》中关于上市公司的新闻信息来源,只采用某一方未经证实的陈述,未向所涉对象事先核实,造成失实。[①]

部分虚假并不限于新闻事实的虚假,记者和受访者个人身份也可能存在虚假现象。这类虚假的危害程度虽然不如新闻事实虚假严重,若不及时纠正将损害新闻机构的社会声誉,严重的会纵容身份虚假者提供虚假信息。这方面的情形并不少见:有人通过虚构材料将自己的新浪微博认证成"国家通讯社记者",发表不客观的言论;有的报道作者署名虚假[②];更多的是在报道中根据网络信息和个别专家观点、建议编造的虚假报道[③];有的被采访对象在同一家媒体不同的报道里显示的所在城市、个人姓名和职业截然不同,引发公众调侃:"太感人了!失散多年的双胞胎姐妹在CCTV《焦点访谈》里奇迹重逢!生活,就如同一场梦!姚春芳,北京市民;王维,长春市某商场职工。人一模一样,拍摄环境一模一样。"《焦点访谈》节目曾因此公开致歉。[④]

---

① 资料来源:国家新闻出版广电总局办公厅,行政处罚决定,新出厅字〔2012〕32号,2012-2-21。
② 薛之白.何伟否认为《中国日报》撰文[EB/OL].(2015-01-22)[2022-03-08].http://www.zaobao.com/realtime/china/story20150122-438324.
③ 王玉娟.经济观察报社因连续刊发虚假失实报道被罚[N].中国新闻出版报,2012-8-31(1).
④ 央视焦点访谈栏目为字幕出错致歉[EB/OL].(2013-03-30)[2022-03-08].http://news.sina.com.cn/m/news/roll/2013-03-30/193726690180.shtml.

新闻机构对虚假新闻的处理结果也存在不确定性因素。有的媒体从业者因报道问题受到批评甚至罚款，个人情绪的激动可能导致他们选择极端方式回应这种处分。报道内容虚假是多种因素的产物，个别尊严感特别强烈的从业者因个人声誉蒙受损失甚至选择轻生。这样的事例虽罕见但并非没有发生过。新闻机构处分员工的后果需要纳入媒体声誉危机应急管理的范畴。在做出处罚决定前评估不同的从业者个人的心理承受能力，以免将一个小错误演变成大错误，甚至是悲剧事件。

（二）整体虚假

"整体虚假"是指核心事实虚假，这并不意味着一则报道的硬事实和软事实全部没有事实基础。即便是以虚构为主体的文学作品，也有现实生活的影子。巴尔扎克的《人间喜剧》具有很高的历史价值。恩格斯称巴尔扎克（Honoré·de Balzac）是"现实主义大师"，认为"他用编年史的方式几乎逐年地把上升的资产阶级在 1816 年到 1848 年这一时期对贵族社会的日甚一日的冲击描写出来……他描写了这个在他看来是模范社会的最后残余怎样在庸俗的、满身铜臭的暴发户逼攻下逐步灭亡，或者被一暴发户所腐化"①。文学作品的时代背景、地名甚至某些历史人物可以是真实的时代、地点，只是具体的人和事由作家根据情节的需要进行虚构。整体虚假的新闻也不是绝对意义上的全部内容虚假，这类虚假新闻中有真实的时间、地点甚至现实中真实的人物。按照这样的标准（全部内容虚假）来界定整体虚假新闻，在新闻实践中很难说有过这么纯粹的"虚假新闻"。

整体虚假的新闻以欺骗的形式出现在媒体上，目的在于杜撰故事，用动听的形式让公众信以为真。杜撰者的目的也许仅限于编造骇人听闻的故事，由此造成的社会影响则超出了杜撰者（记者或撒谎的被采访对象）掌控的范围。这类"新闻"在新闻实践中所占的比例虽很低，性质却更为恶劣。每隔几年，社会上的末世论或地球毁灭传闻盛行时，总有这类捕风捉影的报道推波助澜。与民生相关的整体虚假新闻，也曾出现过。

记者凭借想象力虚构一个在现实世界并不存在的故事并让人们信以为真，在资讯发达的今天，这种可能性变得越来越小。完全杜撰的不可能并不等于新闻没有整体失实的可能。比如，记者通过对核心事实的虚构改变新闻事实的性质，造成"新闻"和新闻事实脱节，从而造成新闻的整体失实。2007 年 9 月 6 日，某报第 10 版刊发了记者与通讯员吴某军共同署名的稿件《上错车门：买此车票乘了彼车》。在这个新闻中，通讯员叙述的核心事实全部有误。事后调查发现，此稿是通讯员吴某军将一个只言片语的记录，在没有经过任何核实的情况下，通过"合理想象"杜撰了这个"搭错车"的新闻，并发给报社跑线记者。记者未经采访，就在通讯员的稿件上挂名。②

客观地说，通讯员制度在历史上发挥过积极作用。通讯员的实质是"新闻代理人"，他们中的绝大多数有自己的供职单位，因为单位的宣传需要为新闻机构定期提供具有宣

---

① 马克思恩格斯选集：第 4 卷［M］.中共中央马恩列斯著作编译局，译.北京：人民出版社，1972：462-463.
② 李启瑞.我们错了［M］.北京：商务印书馆，2011：14-15.

传性质的新闻稿件。个别单位为增加发稿量，定期向新闻机构提供宣传费用。新闻机构应该清楚，有利益诉求的"新闻代理人"未必追求稿件的真实性和客观性，一旦出事将损害媒体的公信力。通常，"新闻代理机构"（与新闻机构有新闻业务合作的机构）和新闻机构合作的基础是彼此间的信任和默契，"新闻代理人"杜撰新闻的代价是破坏双方的合作。基层政府部门的新闻代理人（通讯员）有发稿任务，不排除个别人为完成宣传任务而编造"新闻"。至于何时、用什么手段编造什么样的新闻，由许多不确定性因素所决定。

在新闻实践中，新闻机构分不清艺术作品和写实作品的区别也可能导致新闻的整体虚假。传媒技术的进步，个人拍摄的作品也可能模仿"新闻"的形式在互联网上发布。这类虚构的艺术作品被电视机构当作"新闻作品"播出，可能会成为轰动一时的"新闻"。在内地，有的法制类电视节目也曾出现过虚构情节、雇人"演出"的法制专题节目，造成不良的社会影响。

网络时代，一些商业机构通过策划"新闻事件"牟取利益。商业策划追求的是轰动效应。为达到目的雇用人员在繁华的地段制造新闻事件，以引起新闻机构的注意，由新闻机构报道成"新闻"。这样的"网络炒作"属于炮制新闻事件，其内容可以视作全部虚假。2013年8月1日，《新快报》A08版刊登的"清洁工中暑，小女孩撑伞"，就是典型的虚假炒作。照片中晕倒的女环卫工汤大姐称："他们说要我拍一个卖伞的广告，怎知道是……如果我知道是要上报纸去骗人的，给多少钱我都不干。"①

商业炒作的策划再"精心"，只要新闻机构坚持严格的稿件核实原则，对吸引眼球的热点事件多方核实，这类虚假新闻就很难出现在媒体的报道中。在传统媒体普遍不景气的今天，媒体从业者流动性强，新进的记者缺乏识别商业炒作事件的能力，如果新闻机构内部把关不严，虚假新闻的不确定性因素就会增加。不能排除这些不确定性因素，媒体则变成了商业炒作类虚假新闻的传播者。

虚假，有时只是在某个时间段内的虚假。在历史上，有些事件曾被定性过"虚假新闻"，随着更多史料的出现，曾被认为虚假的内容有可能得到历史学家的承认。反之，今天被信以为真的内容也有翻转的可能。在现实生活中，不论是行政管理部门②还是社会机构，其可能出于单方面的考虑，假装否认/承认某个事件以至于混淆事实，误导公众。认识到这一点，有助于我们树立一个观念：甲时间段为真的新闻，到了乙时间段未必真实。《经济观察报》预先报道铁道部改革的新闻，就比较典型。2012年6月25日，《经济观察报》在头版刊出向铁道部致歉声明，称《筹组三大集团　铁道部政企分开》内容完全失实，给予责任编辑和记者严厉的处罚。③ 7个多月后，2013年3月8日的全

---

① 郑光隆，方阳麟，陈海生.以为是一份爱心的传递，不料是精心策划的炒作［N］.新快报，2013-8-2（A12）.
② 我们的调查在问及您认为媒体声誉危机应急管理的主体是何方时，26.67%的受访者认为应该是国家新闻出版广电总局或地方新闻出版广电局；5.19%的受访者认为应该是各级记协组织；50.38%的受访者认为应该是本单位的管理部门；17.78%的受访者认为应该是记者或编辑等实际接触新闻业务的工作人员。
③《经济观察报》向铁道部致歉［N］.经济观察报，2012-06-25（1）.

国人大全体会议上,铁道部部长盛光祖证实此前关于铁道部改革方案的传言。这表明,新闻报道内容的真假,有时需要留给历史来检验。真相何时浮出水面,时间节点具有很大的不确定性。

二、内容虚假认识角度的或然性

媒体从业者个人的知识结构、社会阅历以及观察力,影响着新闻报道的清晰度和可读(视)性。认知水平还与媒体从业者在新闻现场的特殊情境、思考问题的角度、个人利益有关。这些因素的不确定性影响新闻报道的真实程度。有些新闻素材通过间接渠道提供给新闻机构,然后由记者到现场采访。为保证报道客观,通常安排与被采访对象无利害关系的记者去采访,否则可能给自身带来麻烦。央视记者被山西太原检方刑事拘留的案例比较有代表性。[1]

同样的事实,记者观察的角度、所站的立场不同,呈现的新闻事实与客观事实之间未必一致。所谓虚假新闻,源于记者认识角度的不同。这里,有必要区分几种不同的虚假新闻。

接受爆料是媒体获取新闻素材的重要渠道。爆料信息的真假受制于爆料人和爆料信息之间的利害关系。客观见证一个新闻事件向媒体爆料,爆料者和新闻事实之间不存在利害冲突的信息比较可信。如果是涉事一方主动向媒体提供的信息,爆料者可能有意回避自身的问题。只要媒体从业者全面核实,新闻失实的可能性也不大。如果媒体从业者疏于事实核实,报道的可信度随之下降。2006年1月13日,某报34版刊登的《这家粉店"亏本"经营?》,系爆料人为报复同行而编造的虚假新闻,此次事件给粉店老板造成了名誉损失,最终报社赔偿老板3,000元。投诉性质的新闻报道如果不加核实,等于为媒体危机提供了便利。[2] 核实是门艺术,需要讲究方法。方法不当的核实,同样会造成新闻虚假。这类核实有个通病:核实者坚信自己的核实到位,不会再出现问题。2009年6月27日,某报刊发《这个"记者"从哪里冒出来》的稿子存在问题。编辑在核对新闻时,查询了广西日报社的相关名单,没有"冯锋"这个人,就认为是一个假记者。结果,这篇报道涉及中新社记者的声誉,中新社广西分社要求该报予以澄清。[3]

内容虚假可能是新闻机构的无意之过。"无意之过"是指新闻机构未经核实将一些权威性不高的信息直接发布出来。内容虚假的新闻炒作看似危害不大,却在透支媒体的公信力。《新闻记者》杂志每年的十大失实新闻典型案例分析从一个侧面反映出新闻真实问题的严重性。2013年3月25日,中国新闻网报道了"深圳90后女孩当街给残疾乞丐喂饭"的新闻,目击者指照片为摆拍;喂饭女孩"同事"称不认识此人。[4] 随着事态

---

[1] 2008年12月4日晚,山西太原市杏花岭区检察院4名检察官在北京带走中央电视台女记者李敏,认定她收取被采访对象亲属的贿赂。央视女记者李敏因受贿罪"判三缓四"[N].宝安日报,2009-8-5(A18).
[2] 李启瑞.我们错了[M].北京:商务印书馆,2011:10-11.
[3] 李启瑞.我们错了[M].北京:商务印书馆,2011:17-18.
[4] 闻坤."90后女孩给乞丐喂饭"疑造假[N].深圳特区报,2013-03-27(A17).

的扩大,这家媒体不得不致歉并受到通报批评。①

新闻真实问题与媒体管理存在薄弱环节有关。避免虚假新闻,需要新闻机构构筑防止虚假的"防火墙"。"没有核实的新闻就像是没有免疫系统的人体,……但是情况在改变,免疫系统已经开始崩溃。记者不再对新闻进行核查。然而,这样的报道在全球传播——这种变化令人担忧,却少有人注意到,与以往不同的是,现在的大众媒体不仅仅偶尔出错,而且经常被假新闻、歪曲的新闻和鼓动宣传报道所左右。"②特朗普(Donald Trump)和美国新闻界的相互批评,从一个侧面表明新闻机构在追求新闻真实方面还有很长的路要走。

三、或然性与虚假新闻治理

对于媒体管理层而言,棘手问题才是思考问题的风向标。媒体管理场域外的社交媒体增加并强化了舆论风险,这需要新闻机构注重从应急管理角度加大对虚假新闻的治理力度。媒体声誉危机应急管理应以问题为导向,寻找避免风险的办法。化解危机没有现成的教科书,只有全面认识或然性,才能从或然性中发现某些规律性的经验。"或然性是人生的指南。"③对于媒体声誉危机应急管理部门来说,或然性所产生的问题也该是媒体声誉危机应急管理的指南。

好奇心促使人们去思考那些暂时无法理解的东西,希望发现规律性的东西。规律意味着征服,意味着简单,意味着找到了解决问题的钥匙。受可知论影响的唯物主义坚信万物皆有规律,包括那些暂时捉摸不定的东西也不例外。恩格斯曾指出:"表面上是偶然性在起作用的地方,其偶然性始终是受内部隐蔽着的规律支配的,而问题只是在于发现这些规律。"④

造成声誉危机的原因在数量上整体"可数",只是需要站在或然性的角度审视这种"可数"的相对性。社交媒体强化着信息的互动程度,信息互动的过程也就是对信息深度消费的过程,这个过程伴随着对信息的解读。对信息的不同解读可能带来意外的结果,以至于新闻机构很难通过归纳法列举导致声誉危机事件的诱因。以新闻失实为例,造成失实的原因各不相同,公众关注的兴趣点不同,新闻机构应对的方式和策略各有特点,都增加了认识危机的难度。

因果律可以解释与或然性相关的不少问题,但我们无法就此得出结论,断定因果律可以"驯服偶然"。因果律建立在一个假设之上:人们在知道结果的同时也必然知道导致结果的原因。以媒体声誉危机应急管理为例,查找原因的路径通常是"结果"(媒体声誉危机事件本身)倒推出原因,新闻机构能发现的问题(原因)只能是管理者在其个

---

① 资料来源:国家新闻出版广电总局办公厅,关于中国新闻网等媒体虚假失实报道查处情况的通报,新出厅字〔2013〕121号,2013-05-02。
② 尼克.媒体潜规则——英国名记揭秘新闻业黑幕[M].广州:南方日报出版社,2010:29.
③ 何松旭.论休谟的信念和或然性[J].自然辩证法研究,2014(2):16.
④ 马克思恩格斯选集:第4卷[M].中共中央马克思恩格斯列宁斯大林著作编译局,译.北京:人民出版社,1972:243.

人能力范围内发现的原因。超出了管理者的经验范畴，因果律就显得不大灵验了。正如休谟所说："所有根据原因或结果而进行的推理都建立在两个条件之上，即任何两个对象在过去全部经验中的恒常结合，以及一个现前对象和那两个对象中任何一个的类似关系。"①

　　因果之间并非一对一的对应。一对一的对应模式只是复杂因果关系中最简单和最终的对应模式。一因多果和一果多因是因果关系的常见模式，每个原因和结果之间存在不少的随机性因素，任何一个或然性因素都可能改变因果关系的结构。只要因果关系的或然性因素不是单一的，每个原因/结果就存在着一系列的"或然链"。媒体声誉危机事件作为这个链条上的一个结果，每个原因都是这个结果或然链上的一个组成部分。这样的原因并不直接摆在媒体声誉危机应急管理者的桌上，如果急于求成，可能适得其反。李普曼批评缺乏舆论素养的话，对媒体声誉危机应急管理工作不无借鉴意义："公共生活中的重大问题极少能同时显露出前因和后果……越是没有受过训练的头脑，就越是喜欢做出揣测，即如果两件事情同时引起了注意，那就说明它们有着因果联系。"②

　　或然性造成诸多的不确定因素，增加了媒体声誉危机应急管理的难度，管理部门可以从或然性事件中积累经验。当代社会，有不少媒体声誉危机事件的鲜活素材。如果新闻机构重视搜集案例，通过模拟应急管理处理同样可以积累有益的间接经验。这种意外的收获是新闻机构适应当代社会的必要前提。相反，"如果生存是完全必然的或完全偶然的，那么在生命中就不会有喜剧，也不会有悲剧，也无须有生命的意志"③。

　　或然性对媒体声誉危机应急管理的促进作用不仅仅是积累专业性的应急管理经验，还在于通过经验的积累促进新闻机构在制度层面完善自身。正如莫诺所说："只有偶然性才是生物界中每一次革新和所有创造的源泉。进化这一座宏伟大厦的根基是绝对自由的，但又是盲目的、纯粹的偶然性。"④

　　在人们的印象中，媒体声誉危机事件源于媒体从业者的言行不当。这种印象并不符合实际，这类事件更多源于媒体差错和内容虚假。虚假新闻多与话语理解的偏差有关。记者和受访者的语言编码和解码不能有效对接，如果这种误解不能及时消除，就会在新闻报道中造成局部的偏差。

　　媒体声誉危机应急管理所需要的知识并不局限于管理学和新闻传播学领域的知识，语用学的知识同样不可或缺。既然虚假新闻与话语理解有关，媒体声誉危机应急管理部门不仅在新闻发布（与公众沟通的常见方式）时注意话语理解的问题，也有必要将语用学知识引入对新闻采编流程的管理方面，增加新闻管理者和一线编辑记者的语用学知识储备。按照《关联性：交际与认知》一书中提出的关联理论（relevance theory），语用

---

① 休谟.人性论［M］.关文运，译.北京：商务印书馆，1980：164.
② 沃尔特.公众舆论［M］.闫克文，江红，译.上海：上海世纪出版集团，2006：114.
③ Dewey J. The quest for certainty［M］.Whitefish：Kessinger Publishing，1984，4：194.
④ 雅克.偶然性和必然性：略论现代生物学的自然哲学［M］.上海外国自然哲学著作编译组，译.上海：上海人民出版社，1977：84.

推理在话语理解中的作用应得到重视。① 媒体从业者能够准确编码自己的问题，准确解码受访者的解答，需要对采访报道的语言环境有足够的了解。对语境认知的偏差所造成的问题的不确定性，有时比话语理解偏差的可能性更大。以新华社和央视误报奥运会主办城市为例，央视体育解说出现理解错误，以为东京被淘汰，之后央视才反应过来，东京并没有出局，伊斯坦布尔和马德里只是争夺第二。②

话语交流出现偏差具有经常性的特点，每一个小小的偏差都可能给新闻报道造成瑕疵，这些瑕疵又是媒体声誉危机事件的常见原因。媒体声誉危机应急管理的工作目标在于把握或然性与新闻机构的内在联系，把这些发现逐渐上升到制度的层面，完善媒体管理制度，规避新闻机构的舆论风险。

第三节 技术缺陷与技术风险

从某种意义上说，没有科学技术的发展，就没有当代的新闻媒体。技术乐观主义助长了技术崇拜风气，特别是新兴媒体的出现，新闻业界也不同程度地存在着技术崇拜论，认为新闻活动的重心是技术进步而非新闻质量。技术在新闻业中所占的比例不断增加，技术成为新闻生产内场域的一支不可忽视的力量。媒体的技术运用，在外场域也会受到关注。比如，新华社利用人工智能技术研发的 AI 主播，这种技术产品就备受舆论关注。需要提醒的是，先进技术并不等于完美，技术风险与新闻业的发展同在。媒体从业者应树立正确的技术观，清醒地认识到技术的不完美可能给新闻传播带来的各类消极影响，避免因技术问题引发舆论关注。③

一、技术漏洞与媒体问题

技术通常被认为是与加工制造相关的专门性知识。从新闻纸的生产、摄影技术到油墨、排版、印刷以及报刊的运输均离不开技术支撑。广播、电视、电脑和手机等信息终端接收装置以及相关的信息摄制、录编排、发射、传播等设备，其技术含量更高。产品的理论安全不等于实践安全。再精密的仪器也有潜在的缺陷。新闻生产的现代化程度越高，设备之间的关联度越高，只要一个设备部件和技术环节出现意外就可能引发连锁反应，影响正常的新闻生产。

技术漏洞所引发的故障主要体现在硬件设备上。随着新闻生产规模的扩大，所需设

---

① 叶慧君.试论话语理解的必然性与或然性［J］.社会科学论坛，2005（2）：82.
② 杨华评.伊斯坦布尔获胜东京出局？新华社央视连摆乌龙［EB/OL］.（2013-09-08）［2022-03-09］.https://sports.qq.com/a/20130908/003844.htm.
③ 我们的调查在问及"您认为技术原因和媒体声誉危机的关系"时，74.81%受访者选择了"设备故障造成广播电视节目无法正常播出"，65.93%受访者选择了"软件问题影响广播电视节目的质量"，28.89%受访者选择了"意外事故（停电、地震、老鼠出没）吓坏主持人"，36.3%受访者选择了"黑客攻击造成媒体报道严重错误"。

备的数量相应增加，新闻机构定期对这些设备进行检修。①即便是专业技术维修人员在操作设备过程中也可能遇到意外情况。媒体从业者在上岗前接受过相应的培训，却无法避免遇到意外状况。

报刊媒体的制作和读者的阅读分离，设备技术故障可能降低印刷质量或导致图文差错，报社/杂志社通过印刷前的严格校对减少差错。广播电视媒体节目的录、播节目有一定的时间差，节目播出前的审片环节可采取补救措施。广播电视直播节目中生产的信息不经中转或临时存储同步传播，②不仅对新闻生产传播设备提出更高要求，也给媒体管理带来了挑战。为保证节目的顺利播出，新闻机构需要事先制定预案，应对直播中可能出现的意外，包括技术漏洞造成的问题。直播预案只能大体上避免常规的问题，某些环节的细微问题未必事先引起重视。2013年1月17日，江苏广播电台《微风早晨》主持人在其新浪微博上写道："闭着眼睛听一位同行的节目，正享受着，微电台突然缓冲没声儿。本能地惊醒，以为自己直播出了问题，到现在心还在扑通扑通跳……"③

麦克风的小故障对主持人来说也是挑战。广播直播间的麦克风故障，主持人可以通过播放音乐来填补节目的空白；电视直播节目的电话连线环节，外景记者的麦克风质量、信号传输的问题，甚至太阳黑子等自然因素对通话质量的干扰都可能造成节目连线中断。观众和直播间的媒体从业者共同注视这类故障的发生。在这种状况下，亟须排除故障保证直播的正常进行，观众也可能在社交媒体平台"直播"。2013年11月9日，@传媒大观察披露了当晚《新闻联播》的电话连线故障：

> 今晚，央视《新闻联播》共计使用4分钟左右时间报道恒大比赛新闻。主播开始连线亚冠现场记者刘建宏。直播画面中刘建宏一直在按手机，嘴里在嘟哝没信号。主播也很尴尬，说可能信号不太好。新闻联播的导播迅速切到了"联播快讯"环节，非常迅速的动作。紧接着，主播宣布再次连线。这回成功了，就是另一位主播的笑容……晚上9点，节目照例重播。到了原出错环节时，竟然改成了赛事重播。这种因为小错误的大改变，却是电视史上一个非常罕见和有趣的创新。④

用于新闻生产和传播的摄影摄像设备和麦克风主要靠电池来提高动力，广播电视的设备依靠交流电维持运转。为确保广播电视节目的正常播出，电力部门重点保障新闻机构的电力供应。电力部门检修设备通常也会提前通知新闻机构事先做好预防工作。供电虽有保障，但局部的临时停电依然可能发生。其中，电路短路对新闻直播节目的冲击较

---

① 一些广播电台的频率每周都要检修一次。比如，每逢周二下午，有的频率因设备检修暂停节目播出。
② 我国电视媒体的重大节目直播，比如每年央视的春晚和国庆阅兵直播，以及日常的新闻节目，有时会采取延时播出的办法，以预防同步直播造成的各类问题。这个间隔的时间通常仅有5秒钟，但对应对直播中可能出现的临时状况已经是相当宝贵的急救黄金时间。
③ 徐巍.广播人的噩梦［EB/OL］.（2013-01-17）［2022-03-08］.https://weibo.com/2404392955/zeVRTrMsV.
④ 邱季.《新闻联播》报道恒大近4分钟创历史［EB/OL］.（2013-11-10）［2022-03-08］.https://sports.huanqiu.com/article/9CaKrnJD5c4.

大。2014年4月10日，北京交通广播一主播在自己的微博上写道："人生第一次经历交管局直播间突然断电，一路畅通节目提前结束。抱歉！各位听众。"①广播直播节目因临时停电被迫中断，主持人可以通过手机登录个人社交媒体通报情况。这样的通报可以减少听众和广播媒体的误会。停电原因语焉不详，并不能真正消除网络舆论对这类事故的不满情绪。2013年2月3日，美国国家美式足球联盟年度冠军赛"超级碗"在新奥尔良的梅赛德斯穹顶体育场进行。比赛进行到第三节时，全场所有的大屏幕、电视、电源、有线、无线网络全部中断，连CBS、美联社对这次停电事故都进行了报道。②

在特殊情况下，新闻机构采购的设备存在质量隐患，或者操作时存在失误，也容易升级为舆论关注的热点事件。此外，媒体采编系统也可能存在管理疏漏。有的采编中心的工作人员可以轻易访问同事的电脑。有人可能利用采编系统操作私自登录他人的系统，改动某些编辑好的数据。③2013年7月20日，香港媒体人沪港小生在其个人微博称：

> 香港某报正式声明要点：1）SCMP中文网记者刘怡未经授权擅自进入系统，删改由编辑同意刊发的最后定稿，删除马云部分言论，与采访录音原始记录不相符；2）报社及时发现，马上恢复文章原貌；3）报社暂停刘怡工作，刘怡提出辞职；4）报社对该报道真实性确信不疑！（声明全文刊于scmpchinese.com首页）④

技术没有国界。在信息传输过程中遇到故障受牵连的不仅仅是本国用户，也可能殃及国外用户，让技术问题国际化。技术漏洞的存在具有某种必然性，这些缺陷在某些特定环境下可能给新闻的生产和传播带来诸多问题。技术方面的安全隐患需要新闻机构树立技术安全意识、制定技术故障的应急预案，以降低事故率。

二、技术把关与媒体品质

机构的行为决定品质。负责任的新闻机构被誉为"社会良心"，这是优良媒体品质的通俗说法。媒体品质是新闻机构的无形资产，而技术与媒体品质的关系容易被忽略。

技术本身只有设计质量的等级之分，并不具备独立的社会品质。媒体品质是新闻机构服务社会的整体水平，也包含对技术的运用和把关。比如，摄像机可以拍摄公开的场景，也可以拍摄个人隐私。含有个人隐私内容的节目虽然增加收视率，但可能侵犯了别人的隐私权。这里有问题的不是技术产品而是使用摄像机的人。使用技术产品的人如何约束自己的职业行为，与新闻机构的生产理念有关。只有认识到技术的"双刃剑"作

---

① 资料来源：李莉微博，https://weibo.com/1193848022/AF4kRDrOQ?pagetype=profilefeed。
② 范斌.超级碗手记——矫情的美国嘘声，33分停电你说咋办［EB/OL］.（2013-02-04）［2022-02-09］.http://sports.sina.com.cn/o/nfl/2013-02-04/16346411569.shtml.武汉大学新闻与传播学院林婕副教授当时在当地访学。2015年7月20日她提供了当晚美国媒体的应对措施：媒体用其他节目和广告代替因突然停电造成的空档期。
③ 2004年春，深圳报业集团的《晶报》就曾发生过相同事件，编辑擅闯同事系统，修改已经提交的版面，险些造成重大政治事故。
④ 沪港小生.声明要点［EB/OL］.（2013-07-20）［2022-02-04］.http://weibo.com/1496896072/A0REz9dTa.

用，让技术成为造福新闻的手段而不是损害他人权益的利器，技术的积极作用才可以得以体现。

由媒体品质延伸出的媒体技术品质，要求新闻机构树立技术安全意识，避免因技术使用不当损害新闻机构的社会声誉。减少这类舆论压力，新闻机构应充分估计到技术把关对维护媒体品质的重要性，而不是将技术作为媒体管理中的"局外因素"。中国之声的主播张蕾有过这方面的遭遇："大会堂新闻发布厅信号不好，连线突然断掉，只好走到大厅接着连。一手抱电脑，一手接连线电话，稿子翻页腾不出手来……"①

新闻现场的网络信号质量欠佳将影响报道质量。直播节目信号不好，受众不满的是直播节目和媒体而不是技术设备。安全意识属于隐性的把关，这与媒体品质存在关联。从媒体声誉危机应急管理的角度看，不论是排除了技术故障还是暂时无法修复故障的直播节目，新闻机构都应通过别的渠道与受众沟通。2013年9月20日22点24分，SCTV-5频道在节目下方播发一条"特别提示"的滚动字幕：

"近段时间陆续有观众反映收看四川电视台新闻资讯频道、经济频道、公共频道、影视文艺频道的节目时，会出现信号弱、图像不稳、声话不同步，甚至没有信号等状况。如再发现类似情况，请立即拨打我们的热线电话：028-85555046、028-85587777，我们将第一时间为您排忧解难，感谢广大观众对我们频道的厚爱。"

技术把关应体现在日常的新闻活动中。除了监控新闻生产过程，与节目新闻传播间接相关的内容也应严密监控。特别是电视直播间里，有些电视台将直播间工作现场作为节目背景。直播间的动态场景通过这种方式传递给观众，既丰富了直播节目的画面，也让观众对电视台的直播间有个感性认识。新闻机构的技术把关特别留意主持人的举止，对幕后的监控可能存在疏漏。后台的意外事故，同样会降低新闻节目的质量。2013年1月7日瑞典商业电视台"TV4"的新闻节目中，女主持人正在报道叙利亚最新政治局势，身后的背景电视机播放了近十分钟的不雅视频。②在我国，广播电视媒体和网络媒体机构遭遇技术故障的风险普遍高于纸媒。网络媒体的硬盘存储技术和硬件的质量以及媒体的安全防范措施如何，关系到网络媒体的安全。广播电视机构的网络广播电视讯号的网络传输，也涉及技术安全的问题，需要做好相应的技术把关，以避免影响节目的播出。2011年7月，湖南某地的电视媒体，就出现过问题。当年7月28日，这家电视媒体进行网络升级，因为发生故障导致10万台九州机顶盒中有3万余台升级失败，一夜之间导致3万用户无法收看到电视节目。③

---

① 张蕾. 大会堂新闻发布厅信号不好［EB/OL］.（2013-03-10）［2022-03-09］.http://47.106.15.148/forum.php?mod=viewthread&tid=5374&extra=&highlight=%B4%AB%C3%BD%CE%A3%BB%FA&page=9.
② "TV4"电视台总编辑哈格林德解释称，那台背景电视机的屏幕被错误地连接到了公司内部电脑上，当时没有工作人员在观看不雅视频. 瑞典一电视台闹乌龙 TV转眼成AV［N］.深圳晚报，2013-1-9（A21）.
③ 长沙有线电视上月底出现大面积技术故障［EB/OL］.（2011-08-09）［2021-03-05］.https://lmtw.com/mzw/content/detail/id/68579/keyword_id/-1.

新闻机构的技术把关有特定的区域范围。超出其管辖范围的技术漏洞，新闻机构还会成为这种漏洞的受害者。比如，以恶意破坏互联网用户信息的黑客行为，新闻机构的技术力量只能被动防御，尽量预防黑客将新闻机构作为攻击目标。防范无效，黑客可能以新闻机构的名义发布骇人听闻的虚假消息。2013年，美联社的官方Twitter遭到攻击，错误消息表示白宫发生爆炸。[①]

信息安全不是空泛的概念，而是现实的威胁。新闻机构的信息传播平台同样需要尽早排查技术漏洞，避免被黑客入侵新闻采编系统。这种防御性的努力只能减少意外新闻事故的发生，无法有效减少黑客的攻击。黑客攻击超出了媒体技术把关的范围，应由警方协助处理。

黑客攻击有时只是制造某种轰动效应，有时通过破坏新闻机构的正常运转制造社会混乱，这需要政府部门惩治这类犯罪行为。2015年4月8日，法国电视国际五台的11个全球频道遭黑客入侵，严重影响节目广播24小时，其中8小时黑屏。法国政府表示将追捕袭击者。[②]

技术进步还可能威胁新闻真实。照片修复技术和音视频的剪辑技术在造福新闻事业的同时也可以被用来歪曲事实。技术把关并非只是新闻机构对其从业者的把关，也包括对把关者的把关。如果新闻机构指示、默许编辑记者通过技术手段制造新闻，不仅降低了媒体品质，还会遭到同行的嘲笑。2013年5月，韩国联合通讯社合成的奥巴马（Barack Hussein Obama）与朴槿惠（Park Geun-hye）的握手照引发各方强烈反响。5月10日，该通讯社发表《韩联社关于韩美首脑会谈组合照》的声明，对由此给读者造成的不便，韩联社深表歉意。

在新闻中运用PS（图像处理软件）技术制造虚假新闻，这是新闻伦理禁止的行为。只有将与技术相关的不道德行为挡在新闻报道的门外，才能保证媒体品质少受损害。

三、技术缺陷与媒体技术管理

技术是人类特有的一种实践经验，它追求完美，但无法抵达完美的彼岸。技术真能完美，结果未必美满。休谟敏锐地意识到完美的这种消极作用："当科学和技艺在任何一个国家中达到完美的时候，它们自然的或者是必然的就会衰竭，并且很少或者是永远不能在它们以前繁荣过的国家复兴。"[③]

完美具有明显的感情色彩，审美认知对一项技术（产品）的评价与个人主观看法有关。多数人对某个技术（产品）的肯定表明其符合美的特征，随着新技术（产品）问世，先前的好感随之减少。一款新型摄像器材投入使用时，摄像人员的满足感居多。随

---

① 华尔街日报Facebook账号被黑客攻破发布假消息［EB/OL］.（2014-07-21）［2021-01-15］. https://www.leiphone.com/category/zixun/Pn4wQ2o0J0yXkIwk.html.
② 法国媒体遭黑客入侵和大罢工引起广泛关注［EB/OL］.（2015-04-10）［2022-03-08］. https://news.sohu.com/20150411/n411105741.shtml.
③ 休谟.休谟政治论文集（影印本）［M］.北京：中国政法大学出版社，2003：231-248.

着更先进的摄像器材上市,他们很快转而赞赏最新的器材。这表明,技术完美具有相对性,技术缺陷才是绝对的客观存在。

技术(产品)的缺陷影响使用效果。摄像机在潮湿阴冷的环境下存放导致暂时无法开机,可能耽误现场拍摄;摄像机的记录卡内存(录像带的时长)、电池容量有量的限定,这些量的限定即缺陷。记者对录音笔的性能和外部环境认识不足,在某些加密场合无法录音。所有新闻设备都不同程度地存在技术缺陷。对于显性的小问题,媒体从业者可以自己排除;在关键时刻遇到隐性问题("不是问题的问题"),也会招致舆论批评。

技术已经成为现代社会的组成部分,变成了人们的"助手"。因此,"根本没有所谓的技术'本身',因为技术只存在于某种应用的情境中。这就是为什么技术的每一个重要方面都被认为是某种类型的'使用'"[①]。现代社会的成员都可以被称作"技术使用者",包括那些没有独立生活能力的婴儿和重病患者,他们在某种程度上也属于"技术使用者"。"技术使用不仅是技术在世的方式,也是人类生存的处境,人类因此具备了一个共同的身份角色——技术使用者。"[②]

媒体从业者有时还是技术产品的"维修者"。技术(产品)的完善程度与新闻生产的速度和质量相关。技术只是人体的延伸,优良的技术(产品)如果使用者操作失当,必然降低新闻质量。这种现象可以称作"次生的不完美性"。这种因操作失当而导致的不完美性在于媒体从业者"没有对人性的深刻洞察,就不能理解技术在人类发展中所扮演的角色"[③]。

真实是新闻的生命,但真实具有相对性。技术(产品)对新闻客体呈现的过于清晰(构成真实的重要因素),可能产生某些负面效应。比如,高清晰度影像器材对人体隐私部位的呈现;PS技术制作的随心所欲。这样的"完美"对于新闻报道利弊同在。对那些以技术方式"增进"新闻真实的技术,新闻机构理应审慎选择。

技术问题需要媒体技术管理来规范。媒体技术管理应秉承坦诚原则,不回避技术故障造成的不良影响。缺乏坦诚,真相一旦出现就会比较尴尬。2013年6月25日下午,沿海地区一家广播电台在检修期间播出本电台停播的消息。该媒体称是电台被黑,内部消息是有员工不满频道而采取的报复行为。[④]

技术缺陷可以成为媒体甚至危机事件的导火索,单靠规章制度和技术进步无法解决现实问题。减少技术原因造成的媒体声誉危机事件,不妨从"媒介融合"概念中寻找启示。

媒介融合首先是不同介质的媒体通过技术手段的融合。技术的意义在于拆除媒体介质之墙。我们能否设想:新闻设备和使用者实现"融合",即使用者理解新闻生产的某

---

① 安德鲁.技术批判理论[M].韩连庆,译.北京:北京大学出版社,2005:53.
② 陈凡,陈多闻.文明进步中的技术使用问题[J].中国社会科学,2012(2):23.
③ 陈凡,陈红兵,田鹏颖.技术与哲学研究.(2007—2008)(第4卷)[M].沈阳:东北大学出版社,2009:180-186.
④ 杭州交通918[EB/OL].(2013-6-25)[2022-03-09].https://weibo.com/1929496477/zD3CkFW5J?sudaref=www.baidu.com.

个环节为什么需要特定的技术,这些设备(技术)在什么状态下可以最佳地发挥作用。只有媒体从业者洞察了传媒技术的特性,技术和使用者才可以实现良性互动。如果媒体从业者只懂得操作方法,人和技术(物)的关系不能达到最佳状态,技术(产品)中不完美的一面可能影响新闻质量。

媒体技术管理的最高境界应该是技术和人的有机结合。如果媒体从业者熟悉生产工具的优点和缺陷,就能在技术使用过程中实现"人机互惠",促进新闻生产。互惠原则符合人际交往和人际协作。技术使用只有平衡媒体从业者、新闻机构和社会的利益,技术(产品)才可能更多地造福新闻事业。①

技术(产品)缺陷是推动技术进步的原动力。对技术本质的认识是当代社会的素养之一,即技术(哲学)素养。具有了这种素养,在遇到技术造成的瑕疵时不是简单地指责而是表示理解,并协助提出建设性的改进意见。在社交媒体这个舆论场内,对于技术(产品)缺陷导致的媒体问题,公众的"不理解"正在成为网络舆论的一种"新常态"。

公众缺乏媒介素养和技术(哲学)素养不是新闻机构推卸责任的借口。公众的挑剔看似苛刻,却未必就没有认知价值。技术漏洞导致的问题在给新闻机构造成网络舆论压力的同时,也是促进新闻机构排除技术隐患、重视技术管理的契机。媒体管理者应该清醒地认识到技术漏洞和媒体声誉的关联,通过技术把关,预先防范设备的技术漏洞。缺乏技术安全意识,盲目地赞赏技术甚至崇拜技术,认为技术是解决媒体危机的灵丹妙药,这样的技术乐观主义反而蒙蔽媒体从业者的眼睛。技术安全意识的有无关系到技术把关,最终影响到媒体的品质。

当前,新闻机构缺乏的不是技术管理,而是与技术隐患相关的危机意识和应急管理。媒体声誉危机应急管理的外延逐步扩大,把技术安全纳入应急管理的范围中,不仅有助于提高新闻产生质量,也有助于巩固新闻机构的社会声誉。

---

① 我们的调查在问及"您觉得新媒体环境下给媒体相关问题管理带来怎样的改变"时,72.59%的受访者认为舆论的引导及监督范围更加扩大,工作开展需要更加谨慎;68.89%的受访者认为搭建了与受众的交流平台,扩充沟通反馈渠道;60.74%的受访者认为将媒体置于广泛的关注下,遇到问题想要蒙混过关更加不可能;51.11%的受访者认为媒体从业人员(包括管理人员)工作压力和难度将加大;58.52%的受访者认为工作环境越来越复杂,更考验业务水平和能力。

第五章　媒体机构和个人声誉危机的应急管理

在外场域发生的媒体声誉危机事件，其实质是"媒体事故"。这种事故属于典型的"软事故"，损害新闻机构的社会声誉而不是直接的经济利益。珍惜新闻机构的社会声誉，杜绝这类事故，需要新闻机构重视个人和机构声誉的应急管理。在本章中，与媒体声誉危机应急管理相关联的外场域范围再次扩大，出现了新闻行政主管部门。媒体从业者个人声誉、新闻机构声誉以及新闻行政管理部门对媒体声誉的维护，构成了媒体声誉应急管理的主要内容。

第一节　个人声誉的应急管理

媒体从业者是媒体事故的主角。涉事者若应对迟缓，可能殃及其供职的媒体。个人声誉的应急管理集中体现在采编环节、个人离职和个人作风三个方面。

一、采编问题与媒体声誉

新闻采编活动的规范程度与媒体声誉密切相关。采编环节有违职业伦理的报道不能称作合格的报道。采编环节的声誉问题主要来自媒体从业者收取的车马费、个体行为的新闻敲诈以及媒体从业者的人身安全等引发的声誉问题。[①]

（一）车马费的舆论风波

"车马费"是新闻发布活动主办方提供给媒体从业者相应交通补贴的通俗说法。关于"车马费"的来历有两个：一是在20世纪90年代初，外企的新闻发布会通常选择四星级以上酒店，当时媒体从业者的交通工具主要是自行车，主办方给记者补贴出租车费。二是公关公司为提高发布会现场出席率，建议开会企业给媒体从业者补贴相应的交通费和餐费。[②]

---

① 我们的调查在问及"新闻采访活动中哪些情况可能引发媒体问题"时，54.81%的受访者选择了"采访过程中收取'车马费'"，97.78%的受访者选择了"媒体从业者进行新闻敲诈"，76.3%的受访者选择了"媒体从业者的人身安全受到威胁"，18.52%的受访者选择了"其他原因"。

② 李星佺.记者车马费的前世今生［EB/OL］.（2004-03-14）［2022-03-09］.https://news.sina.com.cn/z/jzcmf/.

在我国,"车马费"已有近三十年的历史。从新闻伦理的角度看,"车马费"是一种"泛有偿新闻"。新闻客观性原则要求媒体从业者以超然的姿态当新闻事件的见证者。虽然车马费的金额有限,形式半公开,但扭曲了媒体从业者和被报道对象的关系,损害了新闻的独立性,对媒体安全构成了潜在的威胁。车马费成为媒体把柄,让新闻机构的社会声誉受损。

在社交媒体出现前,支付了"车马费"的企业对新闻报道的控制力有限。当代社会,社交媒体平台发布揭露新闻采编活动违规的信息,冲击力不可低估。如果新闻不能满足提供"车马费"的企业的胃口,他们可能公开指责收取了"车马费"的媒体从业者。2016年7月24日,汉腾汽车市场部市场科负责人认为"汽车之家"的《汉腾X7预售价:7.98万起》未配活动现场照片,还放了竞品照片,批评公关公司的媒体掌控力太弱,觉得"媒体车马费喂了狗了"。①

支付"车马费"的企业对稿件失望,抛出支付媒体从业者"车马费"的事实,这样的帖子很容易被广泛传播。涉事媒体的负责人公开回应此事,却未提及"车马费"的问题。收取车马费的是个体的媒体从业者,损害的却是集体声誉。

我国现行的法规对"车马费"并未明确限制。既然"车马费"并不违规,收取"车马费"就成了法律监管的灰色地带。新闻机构若不明确禁止,"车马费"就具有"习俗"的性质,公关公司和做宣传的企业不尊重这个"习俗"反而面临某种舆论风险。接受这个"习俗",公关公司和宣传企业预期的宣传效果得到满足,增加了新闻机构的舆论风险。

习俗有正常和非正常之别。非正常的习俗属于"亚习俗"。"亚习俗"的形成有其特定的社会原因。改变这种"亚习俗",除了需要通过法规的限制予以禁止外,还需要社会机构通过辅助手段消解"亚习俗"存在的土壤。"车马费"的出现是因为新闻机构未能真正解决采访活动经费。采编环节需要新闻机构提供足额的经费,省钱不减少任务等于变相鼓励媒体的不正之风。"车马费"刚出现时,我国新闻机构的经济实力普遍较弱,由被报道对象资助采编经费,报道者和被报道者以不规范的方式解决各自的实际需要,最终使"车马费"变成了新闻业的"亚习俗"。

媒体从业者领取"车马费"的这种"亚习俗"可以在新闻业界这个小圈子里得到默许,一旦超出这个范围,"车马费"就从利己变成了害己。任何过节都可能引爆"车马费"这颗"舆论炸弹"。2013年5月6日,农夫山泉召开新闻发布会,回应《京华时报》连续一个月的批评报道。在这个发布会上,京华时报社记者拒收车马费。第二天,这个事情开始在微博上发酵:"不出所料,农夫山泉的资料袋里有车马费,五百元,不多不少。一会儿还给他们去。"②财新记者并不赞同自媒体人公开曝光车马费的做法,认为

---

① 丁义."车马费":挣扎在职业道德和生存现状的艰难抉择[EB/OL].(2016-07-27)[2021-03-17].https://www.sohu.com/a/107908358_114984.
② 农夫山泉发布会撒车马费,媒体人退钱被骂[EB/OL].(2018-04-19)[2022-03-08].https://www.sohu.com/a/228847703_405942.

"车马费只是一种礼节,很多记者靠此生存,财新记者不许拿,但是人家给了,你可以礼貌地、无声地退回去"①。

如果新闻机构提供了采访经费,媒体从业者私下接受"车马费",新闻机构可以依据内部的管理制度处理当事人的违规行为。例如,新华报业传媒集团纪委2015年2月27日向集团内部一名从业者发出《信访通知书》称:"2014年12月2日你利用参加东风本田汽车活动职务之便,收受东风本田'车马费'700元。接到本通知书后,请你根据通知书内容如实做出书面说明。15日内做出回复,不能按期回复应做出解释。回复材料请面交集团纪委/监察室。"②

表面上看,"车马费"是媒体从业者和报道对象之间的一种交易,与新闻机构并无直接的关联。"车马费"是媒体从业者的准职业行为,这样,"车马费"就不再是个人行为,新闻机构在接到举报信息后,调查、处理相关责任人维护的是自身的社会声誉。不论处理是内部进行还是公开披露处理结果,都属于媒体声誉危机应急管理的手段。

(二)新闻敲诈的舆论风波

新闻事业是一项高尚的职业活动,新闻机构及其从业者应在法律允许的范围内开展新闻采访活动。在社会转型期,有的新闻机构的薪酬待遇并不理想,个别媒体从业者利用职业身份在新闻采编活动中牟取私利。这种不当利益的获得,有时是被报道对象主动提供的,有时则是违背被采访对象的意愿被迫提供的。后一种情况,通常被称作"新闻敲诈"。

新闻敲诈是新闻机构和被报道对象话语权不对称的畸形产物。话语权不对称,渴望被报道者就要讨好媒体从业者;不愿意被曝光的更不敢得罪媒体从业者。在这种情况下,媒体从业者利用职务便利向被采访对象提出的要求容易得到满足。这些要求与采编活动本身并无关联,而是为供职媒体甚至为个人索要财物。比如,广告形式的版面赞助费成为满足媒体从业者个人的物品或现金。被采访对象要么有短处不希望媒体曝光,要么考虑长期合作被迫答应。

新闻敲诈现象在我国的新闻实践中不同程度地存在着。社交媒体出现后,话语权的这种转变也在逐渐改变着新闻敲诈。所谓"改变",是指被采访对象一方面接受敲诈,另一方面在事后通过社交媒体把这种行为置于阳光之下。单位性质的新闻敲诈受害者考虑到和新闻机构的关系,很少公开揭露这种行为,但可以授意员工在社交媒体上以委婉的方式曝光。或者,内部知情者主动以匿名方式披露媒体的这类丑闻。

与收取"车马费"不同,新闻敲诈属于刑事犯罪。2014年9月,21世纪网主编和相关管理、采编、经营人员及两家公关公司负责人等8人以舆论监督为幌子,通过有偿新闻非法获取巨额利益,涉案的犯罪嫌疑人被依法采取刑事强制措施。当年9月4日,

---

① 农夫山泉发布会撒车马费,媒体人退钱被骂[EB/OL].(2018-04-19)[2022-03-08]. https://www.sohu.com/a/228847703_405942.
② 传媒危机案例集锦第558#案例[EB/OL].(2015-03-18)[2022-03-09]. http://47.106.15.148/forum.php?mod=viewthread&tid=5374&extra=&highlight=%B4%AB%C3%BD%CE%A3%BB%FA&page=56.

21世纪网发布声明将积极配合调查，以负责的态度处理该事件。①

新闻敲诈往往与新闻机构的盈利能力欠佳有关。新闻媒体依靠公信力赢得受众，有受众才有收入。社会影响力差的新闻机构，通常会给员工分配创收任务。在经济考核指标的压力下，有些媒体从业者只能利用职业便利完成任务。针对存在明显过失的机构，比如发生了重大责任事故或者有其他丑闻的机构，为避免被媒体曝光，这些机构的负责人会答应媒体从业者提出的条件，2008年7月16日，河北省蔚县李家洼煤矿爆炸事故，网络报社总编辑任鹏宇安排人员前往采访，强迫对方接受广告服务，并收取蔚县方面25万元的广告费。②

多数情况下，媒体从业者的新闻敲诈是为个人牟取私利。新闻敲诈有性质恶劣的程度之别。轻微的敲诈，媒体从业者收取合作机构的好处。这种受贿以新闻机构内部的管理者居多。更多的则是新闻采编一线的从业者利用新闻采访的便利，以批评报道要挟被采访单位对其进行某种形式的赞助。2008年7月，某行业报社河北站记者利用批评报道索要赞助费4.5万元。③

模仿律告诉我们，当一项活动有利可图时，必然会有人模仿。新闻敲诈的技术含量不高，遇到某地出现责任事故，就可能有人打着新闻采访的名义出现在事故现场，责任事故方本着破财消灾的愿望打发闻讯前来采访的记者。有时，他们明知有假记者夹在其中也不敢轻易得罪，因为得罪假记者意味着增加了舆论风险。假记者的新闻敲诈如果金额不大，助长了这个群体敲诈勒索的风气。有的假记者利用社会不公，打着帮人办事的名义索取钱财。2013年6月22日，湖北省黄石市阳新县排市镇后坑村就有村民自称记者，进行诈骗活动。④

媒体从业者属于"国家工作人员"，在新闻采访或报道中受贿或索贿达到法定数额的均应以受贿罪论处。⑤新闻敲诈与媒体监管不严有关，新闻机构有义务回应这类涉私事务。安排外出采访，记者索要封口费不做报道，新闻机构应该追问不做报道的原因；做报道，只要新闻机构对媒体从业者采编程序的监管到位，从业者存在敲诈勒索行为的可能性自然降低。遇到从业者因新闻敲诈被刑事拘留，新闻机构应主动披露案情进展，通过信息透明让公众看到新闻机构对待新闻敲诈的态度。

对于假冒记者名义的新闻敲诈行为，新闻机构有采取应急措施的必要。假记者必然打着某家新闻机构的名义进行敲诈，新闻机构意识到这类犯罪活动对自身的危害，积极举报就是对自身利益最好的维护。假记者落网后，新闻机构应在内部调查是否有人认识犯罪嫌疑人，规范新闻采编活动。现阶段，我国新闻机构对于假冒本机构从业者进行新闻敲诈的行为主动采取应急措施案例不多。应急管理意识的淡薄，客观上助长了假借记

---

① 21世纪网主编等8人涉特大新闻敲诈案被抓［N］.扬子晚报，2014-09-05（A14）.
② 资料来源：国家新闻出版总署，行政处罚决定书，新出字［2010］100号，2010-03-30。
③ 资料来源：中华人民共和国新闻出版总署，行政处罚决定，新出字［2010］93号，2010-03-26。
④ 赖名芳.全国"扫黄打非"办公室通报9起"三假"案件［N］.中国新闻出版报，2014-06-30（2）.
⑤ 孟庆华，李佳芮.记者受贿与索贿的定性问题探讨［J］.华北电力大学学报（社会科学版），2010（6）：53.

者名义进行不法活动的风气。

（三）人身安全的舆论风波

媒体的舆论监督伴随着风险。采访报道如果触及某些人的切身利益，他们可能暴力阻挠新闻采访，对媒体从业者的人身安全造成威胁。

在正常情况下，战地记者的职业风险系数最高。为确保战地记者的人身安全，新闻机构预先给他们购买人身保险，购置安全头盔、防弹衣和其他装备。同时，指导战地记者在战场如何做好自我保护。这些先期的应急措施有效地降低了战地记者的伤亡率。

非战争环境下的新闻采访，媒体从业者很少有人身安全的担忧。但从搜集相关的素材看，情况未必乐观。[①] 下面是三个相关的案例。

2014年5月18日，湖北一家都市报记者暗访一名村干部为儿子大摆庆生宴遭到毒打，时间长达一个半小时，最后经警方解救才脱险。[②]

2015年3月17日下午，某全国性行业报社与其他媒体的记者在广西桂林市阳朔县葡萄镇采访时，遭到葡萄镇党委书记等人殴打。[③]

2016年1月，有河南媒体接到报料前往鹤壁市一家食品厂调查"非法使用添加剂"，不料采访过程中遭遇对方围攻。报警后，记者被带至派出所接受了5个小时的"身份调查"。[④]

客观记录社会是媒体从业者个人的职业要求。对于那些侵犯他人权益的被报道对象而言，恰恰是真实、客观的报道会降低他们的"社会声誉"，媒体曝光损害了他们的利益。新闻报道符合社会正义的原则，被曝光者会本能地阻挠采访活动。媒体从业者遭遇暴力阻挠，向公安机关报案是最有效的个人应急管理举措。通过社交媒体披露采访遭遇，对于改善媒介生态、保护自身安全也有积极意义。

人身安全可以分为肉体折磨和精神折磨两种形式。抢夺采访器材、推搡或者拳打脚踢，甚至给媒体从业者坐老虎凳，这些暴力形式属于肉体折磨。肢体暴力之外，还有语言暴力的形式。语言暴力不一定用脏话，而是用生命安全威胁阻止新闻采访。通常，阻挠采访行为的方式是肉体折磨和精神折磨并用。2013年6月7日，江西日报摄影记者在南昌"联泰金中环"售楼处采访时遭围攻殴打，相机被砸，相机储存卡被抢。打人者威胁记者："明天你出现在江西日报社门口，我就打死你！"警方介入，联泰称视频监控出故障。江西日报社连续呼吁：

---

① 始建于2012年11月2日的传媒教育网的媒介生态案例集锦，截至2018年8月22日，已经收录了221个案例。其中，三分之一与媒体从业者的人身安全遭到不同程度威胁有关。
② 刘刚. 记者暗访村官摆宴遭群殴[N]. 新京报, 2014-50-20（A16）.
③ 韦大甘，钟泉盛. 广西阳朔葡萄镇干部殴打记者，县里表示彻查[EB/OL].（2015-03-17）[2022-03-08］. http://www.xinhuanet.com/politics/2015-03/18/c_1114674616.htm.
④ 记者调查鹤壁黑作坊遭围堵威胁[N]. 京华时报, 2016-01-07（17）.

@江西日报：已是第5天，记者被打没实质进展。或许一些人偷着乐，拖过了端午，案子就可以不了了之。几十万次的阅读量，无数网友的心声，并不能唤醒一些麻木而嚣张的人。但人们会记住：这不仅仅是一个人被打，新闻媒体是社会公器，记者职业尊严不容玷污！我们将一直等待公正的声音！2013年6月12日 15：56①

媒体从业者的采访权和报道权受法律保护。新闻机构和媒体从业者秉持客观公正的原则，追求发掘新闻真相，达到改善社会秩序的效果。如果没有新闻机构致力于舆论监督，正义在我们所生活的社会中所占的比例会继续减少。新闻报道制止社会道德的下滑，反而增加了自身的风险。媒体从业者在新闻采访过程中遭遇暴力对待，实际上是在替新闻媒体背后的公众挨打。乌尔里希的"替罪羊社会"理论从一个侧面说明媒体从业者人身安全屡遭暴力威胁的现象。在他看来，"当危险伴随着政治无为而增长的时候，风险社会就包含着一种固有的成为替罪羊社会（scapegoat society）的倾向：突然间不是危险，而是那些指出危险的人造成了普遍的不安"②。可见，新闻机构和被采访对象的冲突并不具有直接的利害冲突，只是具体事务的交集造成了暂时的"错位的社会冲突"，在新闻现场的媒体从业者成了"替罪羊"。

媒介生态恶化危及媒体从业者的职业安全。危机意识的树立虽然无法完全避免媒体从业者的人身安全问题，但可以通过艺术地处理和被采访对象之间的误解，减少安全事件的发生率。有的媒体从业者因宣示供职媒体的行政级别，有时增加了风险系数。"风险的特征是折磨，会导致意识的缺乏。风险程度的增长，伴随着对其进行否认和轻描淡写的可能性的增长。"的确，"危险的受害者不一定产生一种对风险的知觉；相反的结果也可能产生：对恐惧的否认。"③

对制度的遵守，会对自身安全起到保护作用。采访程序存在瑕疵，有时会给自己带来麻烦。2014年8月19日，中国青年报社驻江苏记者李润文前往南京娃哈哈饮料有限公司，采访有关拖欠暑期大学生工资的新闻，却遭到粗暴对待，报社相关人员紧急前往处理该事件。④南京娃哈哈饮料有限公司8月20日的《声明》，从另一个角度详细说明了冲突的经过：

8月19日下午，自称实习记者的何某携带一名叫×××的人来到我司，并要求进入我司进行采访。我司门卫周群根据公司规章制度要求其出示证件，但发现其所持报社证件于2014年4月到期，故对其记者身份提出了质疑。在此期间，

---

① 五天了，我们依然在等待答案[EB/OL].（2013-6-12）[2021-06-12]. https://weibo.com/1991123083?refer_flag=1001030103.
② 乌尔里希.风险社会[M].陆月宏，译.南京：译林出版社，2004：91.
③ 乌尔里希.风险社会[M].陆月宏，译.南京：译林出版社，2004：90.
④ 中青报记者称南京采访娃哈哈遭群殴，起因门卫质疑记者身份[EB/OL].（2014-08-21）[2022-03-08]. https://m.thepaper.cn/newsDetail_forward_1262831.

×××表示其为执行公务，对门卫周群口称'耽误采访，你一个看门的负不起责任'等激烈言辞，当事者本人未能克制，将茶水撒向×××，×××随即用门卫室桌面的台历和电话机等物品砸向周群，双方发生了肢体冲突。①

公开事实是最有效的应急管理举措。不论是受害方还是施暴方，通过事实的呈现有利于公众了解事件的来龙去脉。受害者并不意味着没有任何过失，媒体从业者在新闻采编活动中遭遇暴力对待也是如此。对于新闻机构来说，既要积极维护员工的权益，也应通过事件审视问题，改进管理制度。

二、个人离职与媒体声誉②

新闻机构的人事制度分为事业编制和人事代理制两种类型。人事代理和临时聘用的媒体从业者对单位的依附度不高，办理离职手续相对简便。事业编制的媒体从业者离职，需要按照事业单位人事调动的程序办理。当前，除少数国家级新闻机构继续严格按照事业编制管理媒体从业者外，更多的新闻机构逐渐淡化事业编制，这有利于新闻机构吸纳人才，提升其新闻竞争力。

人才流动也意味着风险。新闻机构在招募人才时，面临业务骨干流失的可能。树立人才风险意识，将人事管理纳入媒体声誉危机应急管理的范畴中，有助于维护新闻机构的人才安全。

新闻竞争是人的竞争，尤其是高级管理人才的竞争。高级管理人才在新闻机构发挥着帅才的作用，新闻机构高级管理人才的辞职可能挫伤一家新闻机构的市场竞争力。在新闻机构内部，高级管理人才离职的原因不外乎两种情形：要么是被同行高薪聘请，要么是新闻机构内部存在矛盾造成的人才流失。随着新闻竞争的激烈，新闻机构之间对于高级管理人才的需求增加，而这方面专业人才的成长需要一个较长的过程，由此加快了媒体管理人才的流动性。随着媒体融合进程的加快，新兴媒体和网络媒体同样需要专业的高级管理人才，这些媒体以体面的薪酬待遇吸引传统媒体的管理人才去任职。对于人才流失的新闻机构而言，每次管理人才的流动都在一定程度上冲击着其正常的新闻生产和传播。

单个高级管理人才的流动已经不利于新闻机构的发展，如果是多位高管相继离职或者同时离职，对一家新闻机构的冲击更为明显。造成新闻机构高级管理人员集体离职的原因多样，但人事纷争和媒体管理不善或经营困难，通常是造成集体离职的直接因素。

当前，实体经济萎靡不振影响到媒体的广告收入，媒体效益滑坡造成人才流失，严

---

① 南京娃哈哈饮料有限公司声明［EB/OL］.（2014-08-20）［2022-03-09］. http://bjsite.sohu.com/20140820/n403625983.shtml.
② 我们的调查在问及"您认为媒体从业者突然离职对新闻机构的影响有哪些"时，68.14%的受访者选择了"媒体高管突然离职，导致媒体运转受到直接影响"；76.3%的受访者选择了"著名记者（编辑）突然离职，影响到新闻报道的质量"；71.11%的受访者选择了"编辑团队突然离职，造成媒体无法正常出版（播出）"；33.33%的受访者选择了"媒体从业者自杀，影响其所在部门的工作"。

重时新闻机构内部会出现辞职潮。在网络舆论场，一家知名新闻机构的离职人员增多很容易引起舆论的关注。比如，2014年南方一家传媒集团共有202名集团员工离职，这个数据在2012年、2013年分别为141人、176人。当网络舆论在普遍感慨媒体生态出现困难时，往往忽视了新闻机构每年还在不断招聘新职员。同样是这家南方传媒集团，当年新聘员工为205人。相比之下，招聘新员工的人数超过了离职职员的人数，网络舆论通常关注的是其中一个侧面，未必符合客观事实。

人才危机和通常的媒体声誉危机在性质上有所不同，却是媒体声誉危机应急管理需要关注的事项。有时候，媒体从业者的自杀和突然生病，也会给所在新闻机构的运转带来一定影响，甚至成为社会性事件。有些辞职者在离职时会公开离职原因，将内部矛盾公开化。特别是媒体聘用的松散型员工，因缺少顾忌更可能披露离职内情。

把好进人关，塑造媒体从业者优良的品格，可以减少这方面的舆论风险。20世纪20年代，上海《新闻报》总经理汪汉溪就强调用好人的重要性："报馆各部人才既如此难得，慎重延聘，尚虞隅越，量才使用，均能洁身自好，绝无党派关系，同心同德，得有今日之声誉者，未始不由于此。"①

三、个人作风与媒体声誉②

媒体从业者的不当言行，将殃及供职媒体的形象。特别是广播电视媒体的公众人物，他们是年轻受众模仿的对象。如果被发现存在道德瑕疵，产生的不良影响更为严重。

新闻机构对媒体从业者的非职业行为管理相对宽松，有的从业者利用自己的职业身份经商，甚至以曝光要挟被采访单位购买自己公司的产品/服务，这种搭便车行为的社会影响恶劣。重视对媒体从业者私德方面的要求，也是声誉管理的重要内容。

有的媒体为满足新栏目需求，从社会上聘请知名艺人当嘉宾甚至主持节目，这些嘉宾或主持人也给新闻机构带来了舆论风险。临时聘请的固定嘉宾或主持人，他们的身份由艺人转变成"媒体从业者"，一旦出事，与其合作的新闻机构也随之受牵连。这类非正式主持人出事后，新闻机构为摆脱舆论的批评推卸责任，称这些人属于合约主持人或嘉宾而非正式员工，或者已和这些嘉宾主持解约，但往往于事无补。

媒体从业者的私德在某种程度上折射着新闻机构的公德。个人秉性有缺点，良好的家庭教育和学校教育可以矫正个人品行中的缺陷。机构在塑造员工的品行方面同样发挥着作用。新闻机构对媒体从业者品德的影响和塑造在于新闻机构的品德，新闻机构的官僚作风必然会影响媒体从业者的职业/非职业行为。社交媒体出现后，媒体从业者的不良行为被曝光的情况时有发生，2018年夏季的"#MeToo"，就有几位资深媒体人陷入性侵丑闻。每当出现这类事情，对当事人及其所供职的新闻机构都是一次严峻的媒体声誉

---

① 新闻报馆三十年纪念册[M].北京：新闻报馆，1923.
② 我们的调查在问及"您认为媒体从业者的哪些行为有损于供职单位声誉"时，87.5%的受访者选择了"违法乱纪行为"，77.88%的受访者选择了"个人品行"，39.42%的受访者选择了"说大话"，36.54%的受访者选择了"私生活混乱"。

危机事件。央视体育频道某记者不配合安检的视频就曾轰动一时。

媒体从业者个人要赢得公众的信赖，除了一流的工作能力，还须洁身自好，用自己的人格魅力去影响别人。在这方面，女性媒体从业者尤应注意严格律己。2014年，央视一主持人因卷入某案接受组织调查；2013年6月，新浪微博认证为"中国旅游与经济电视台前主持人"的用户自爆被某官员诱骗包养近四年。此外，某地方电视台某女主播被当地官员包养、某卫视前主持人是他人情妇，这些传闻随后得到证实。① 主持人的私人生活问题被曝光，殃及她们所供职的新闻机构。新闻机构无法监督从业者的私人生活，但可以主动辞退传闻缠身的主持人。有时，临时撇清和新闻机构的关系并不能消除负面影响。某电视台曾试图澄清和当事人的关系，因措辞欠妥，反而遭到更多的嘲弄。

并非所有的包养传闻都是事实。要摆脱这类传闻，最好的武器是主动公布事实，是非留给公众分辨。在这方面，一家卫视的女主播在身陷"小三"传闻后，通过微博发表声明，称所谓的私信内容是不真实的，是利用技术手段捏造的，并且对话经过了大幅度的修改，不过，她坦承和"音乐家"有过一段感情，但在得知对方真实婚姻状况后选择退出，并未做小三。② 通过事实澄清，传闻自然失去了传播的市场。坦诚需要有力的事实依据。如果传闻有真实的成分，坦诚可以赢得部分公众的谅解，同样不失为一种有效的应急策略。

第二节　机构声誉的应急管理

以社交媒体为平台的网络场域和新闻机构这个场域同时在进行信息的生产和传播。不论何种场域的信息一经传播，这种传播必然是跨场域的，这种跨场域传播增加了新闻机构社会声誉的风险。网络舆论监督的即时性使得所有行业的舆论风险常态化。网络舆论监督的交互性消解了监督者和被监督者之间的地位悬殊状况，逐渐呈现出某种"对等"的趋势，当新闻机构与外部发生利益冲突时，对立的另一方可以反驳媒体的舆论监督。近年来，媒体版权侵权纠纷、新闻机构的社交媒体问题、劳资冲突等，都离不开媒体声誉危机应急管理。

一、版权纠纷与媒体声誉

新闻机构既是版权所有人，也是版权作品的使用者。在新闻活动中，新闻机构应依照《著作权法》维护自身的版权权益，尊重他人版权作品。我国新闻机构在尊重版权方面的表现并不理想。

---

① 许腾飞.女主播与落马官员那些事［EB/OL］.（2016-06-25）［2022-03-09］.https://www.bjnews.com.cn/news/2016/06/25/407808.html.
② 陈家堃.凤凰女主播否认当官员小三，误交已婚男［EB/OL］.（2013-01-18）［2022-03-09］.http://ent.sina.com.cn/v/h/2013-01-18/11103838781.shtml.

(一)版权侵权与网络批评

我国《著作权法》规定,新闻作品的标题、报道角度和呈现方式等受著作权法保护。在网络时代,原创作品的版权保护面临挑战。在新闻生产过程中,"搭便车"现象较为普遍。"搭便车"指未经同意"借鉴"使用他人作品,对坚持原创的新闻机构构成了侵权。

现阶段,通过司法程序维护新闻作品版权权益的效果并不理想。通过官方微博披露新闻侵权行为,反倒容易给侵权方施加舆论压力,这种做法成为新闻机构维护版权便捷有效的一种方式。①

新闻版权交易最普遍的是通讯社向传统媒体的供稿。以新华社稿件为例,传统媒体按年度付费的方式可获得使用新华社新闻稿件的资格,新华社"专稿"需要另行约定。传统媒体使用新华社稿件应尊重新华社及其记者的精神权利,注明作者和来源。不标明出处且拆散稿件还破坏了作品的完整权,造成媒体记者自采稿件的假象,这就变成了变相的抄袭。

新闻机构通过社交媒体曝光同行的版权侵权行为,正在凝聚成版权保护的共识。这种版权应急策略的可行性在于:同行揭短所引起的舆论关注,对涉事新闻媒体的声誉损害更大。认识到网络舆论的力量,尊重同行版权符合新闻机构的利益,这是网络舆论监督的必然产物。

法治社会,版权纠纷的舆论化对规范媒体版权秩序有促进作用。值得注意的是,有的新闻机构对来自媒体同行的版权侵权批评表面上保持沉默,而在私下通过公关运作解决纠纷。这种应急策略的有效性取决于媒体领导的私人交情以及对受害方的尊重程度。如果侵权方利用行政权力迫使受害方删除批评性信息,这种方式潜伏着更大的舆论风险。

媒体声誉危机应急管理是网络舆论发展到一定阶段的产物。网络舆论形成的媒体声誉危机事件需要新闻机构转变传统观念,运用互联网思维解决外部冲突。互联网思维意味着对话、协商,重视新闻机构的社会声誉。采取暗箱操作方式打压利益受损的新闻同行,与法律精神和媒体声誉危机应急管理的理念背道而驰。

(二)反侵权公告的舆论争议

近年来,重视版权保护的新闻机构通过发布《反侵权公告》震慑版权侵权的同行。②

发布反侵权公告是媒体声誉危机应急管理的一种有效方式,为依法维权积累证据。主张版权的前提是自身必须已经遵守《著作权法》。新闻机构在批评同行侵权之前,应先审查本机构是否存在版权侵权的行为。如果自身有违法的瑕疵,《公告》的效力不但减弱,甚至会成为网络舆论批评的把柄。2013 年 11 月 27 日,财新传媒法律部发布《反侵权公告》,称财新网发表的报道遭遇侵权转载,并曝光了名单:搜狐新闻、《××都

---

① 2014 年 1 月 13 日,新华社中国网事微博的《除夕高速公路免费?》报道社会反响大。第二天,《新京报》头版刊载记者林野的报道,报道的前 5 段与中国网事微博的稿件一字不差,且文中数十段雷同。新华社中国网事在官方微博上指责"这是赤裸裸的抄袭",要求《新京报》调查此事并就抄袭行为道歉。

② 2015 年 3 月 20 日,大众报业集团发布《反侵权公告》,批评某新闻机构长期冒用大众报业集团名义,冒用大众日报社报徽图形注册商标和"大眾日報"注册商标,表示"保留依法追究侵权人法律责任的权利"。大众日报. 反侵权公告 [N]. 大众日报,2015-03-21 (3).

市报》、《××时报》等媒体。① 有趣的是，×× 报业传媒集团某报纸在 2015 年至少发布过 6 次《反侵权公告》，始终强调："对侵犯自身著作权益的违法行为，本报社将采取一切必要的合法措施，追究行为人的侵权责任，包括但不限于公开谴责、向国家版权行政管理部门举报、提起诉讼等。"

（三）诉讼维权的舆论风波

西方新闻机构的应急管理主要通过诉讼解决纠纷。法院的判决具有法律效果，胜诉方可以通过法院的强制执行，达到既维护自身权益又教育同行之目的，无疑这是版权纠纷取得实效的有效途径。通过诉讼维护版权，在我国新闻实践中呈上升趋势。② 知识产权法庭为媒体版权诉讼提供了便利。

新闻机构的版权诉讼范围很广，不同类型媒体的版权客体的构成也各不相同。以电视媒体为例，台标属于商标，一些商业机构模仿电视媒体的台标开发商品，不但损害了新闻机构的商业利益，还降低了台标的品位。台标被侵权，诉诸法院裁决是最根本的解决纠纷的办法。③ 传统媒体起诉门户网站转载侵权，赢得诉讼的把握更大。④

二、社交媒体账号与媒体声誉

新闻机构及其所属媒体（版面、频道、栏目）的社交媒体（微博账号和微信公众号）对扩大新闻机构及其产品的影响力功不可没。社交媒体发布的内容失真、媒体从业者个人社交媒体的言论失当，均能酿成舆论风险。

（一）内容失实的舆论风波

社交媒体的主要功能是发布信息，社交媒体的跟帖评论是由信息价值延伸出来的辅助功能。传统媒体普遍存在"生产过剩"的问题，通过社交媒体发布资讯（包括未能在新闻媒体上刊播的资讯）既增加了新闻传播的内容，又提高了传统媒体的影响力。社交媒体上的"袖珍式新闻"对媒体把关提出了更高的要求。社交媒体账号发布的信息一旦失实，将损害新闻机构的声誉。有些新闻机构的社交媒体为扩大自身影响，喜欢转发同行（包括微信公众号）的信息，对同行把关的信任也是舆论风险的来源。⑤

为确保社交媒体信息真实，新浪微博通过设立虚假信息举报大厅鼓励举报虚假信息，聘请专家团参与评判网友举报的内容，对于发布虚假信息的账号给予相应的处罚，其中包括降低信用等级、暂停发帖和跟帖功能，严重的作销号处理。这些应急管理举措

---

① 财新传媒法律部. 财新传媒反侵权公告（第 21 号）[EB/OL].（2013-11-27）[2022-02-15]. https://www.caixin.com/gg/index-1.html.
② 关于新闻机构的版权诉讼，参见笔者的拙著《报纸版权问题研究》（中国社会科学出版社 2012 年版）的相关章节，这里仅辅助提及两个诉讼案例，不再赘述。
③ 王子薇. 旅游卫视台标被侵权 获赔 200 万[N]. 法制晚报，2015-04-26（A11）.
④ 2015 年 1 月 23 日，北京青年报社起诉新浪网侵犯著作权案在海淀法院开庭，新浪网被判赔偿原告 18,100 元。孔德婧. 新浪侵犯著作权被判赔偿[N]. 北京青年报，2015-05-19（A09）.
⑤ 2015 年 9 月，《华西都市报》《新闻晨报》在微博转发"四川小伙在南极开火锅店"的虚假消息，造成极大的不良影响。两地主管部门及时进行干预。参见国家新闻出版广电总局办公厅《关于对〈财经〉杂志微信公众号等媒体发布虚假失实报道查处情况的通报》，新广出办发〔2016〕31 号，2016-04-14.

对规范微博秩序、打击虚假信息起到促进作用。

造成信息虚假的原因多样，有些并非新闻机构的问题。某些重要信息由有关部门授权新闻机构发布，这类信息包括了预告式信息。预告式信息在新闻媒体发布后，一旦原定的事项被迫改变，公众通常将批评的矛头对准新闻机构而不是该信息的委托发布机构，如果新闻机构没法澄清信息发布的来龙去脉，舆论的批评显然损害了其社会声誉。

（二）更正致歉的舆论风波

新闻差错在所难免，发现新闻失实后新闻机构应采取补救措施更正错误并跟公众致歉，这样的"更正＋致歉"符合媒体声誉危机应急管理的坦诚准则。新闻机构的更正致歉传统也应体现在社交媒体上。社交媒体与公众的"零距离"接触，使媒体的更正致歉对公众而言更具有可感性，在情感上有助于消除他们的不满情绪。在这方面，有些社交媒体做得不错。[1]

致歉是一门艺术。致歉的时机、态度虔诚与否和责任认定是否到位都需要事先全面权衡，才能收到良好的社会效果。社交媒体致歉不当同样会招致批评。应景式致歉，新闻机构的诚意很容易被公众解读出来，如果"致歉"的行文存在逻辑瑕疵，消极影响更为明显。[2]

媒体声誉危机事件属于"急症"，适合于系统性地"调养"而不仅仅满足于纠正差错。新闻机构重视更正致歉的严肃性，因为"正式道歉作为一种有趣而且颇受主编青睐的方式是设立常设更正栏目，有时还装饰上花边，比如'请原谅'，或者，'改正错误也是发现真实的途径'，或其他类似的标题"。当然，更正致歉"'经常令记者和副主编不快，因为觉得其中蕴含着批评'，这种想法并不妨碍报纸的准确性，也不会损害报纸在社区里的声望"[3]。新闻业界管理者持相似观点："我们容易为正面的辉煌而自得，而常常对既往的过失讳莫如深。因为难能，所以可贵。"[4]

（三）"分支社媒"的舆论风险

大型传媒集团通常拥有一批社交媒体账号。除官方社交媒体账号外，下属媒体的版面（频道）、栏目所属的社交媒体属于"分支社媒"。此外，媒体从业者的微博（信）也可能注明了供职单位、岗位甚至职务等信息。从所有权方面看，这类社交媒体具有鲜明的私人属性；从公众的角度看，媒体职业身份的标识让他们更愿意相信这类社交媒体上的内容。当前，新闻机构及其从业者的社交媒体也是媒体舆论风险的来源，应将上述类型的社交媒体纳入应急管理的范畴中。

媒体管理需要确认机构和个人社交媒体之间的隶属关系以及管理权限。《美联社工作人员社交媒体使用守则》值得借鉴。该《守则》"旨在把这些经久不衰的新闻行业理

---

[1] 2014年2月12日，东方早报官微发出快讯《上海版高考改革方案曝光，高三只考语数，英语退出统考》。撰稿记者未参加相关会议，内容不完整也不准确。该社交账户及时更正并致歉。
[2] 2013年6月17日，中国旅游与经济电视台的官方微博就纪英男和该台的关系进行澄清，该声明的逻辑问题遭到舆论的批评。
[3] 利昂. 报纸的良知[M]. 萧严，译. 北京：中国人民大学出版社，2005：17.
[4] 李启瑞. 我们错了[M]. 北京：商务印书馆，2011：1.

念应用到新的社交媒体领域，从而提升美联社及其每个员工在社交网络领域的品牌效力"。该社"鼓励员工积极使用社交网络，并同时恪守我们的基本价值观，即不应该随意通过社交网络就当下的争议性话题表达自己的意见。其他任何例外情况都应该征求我社高管的意见"①。采取有限度约束的原则是否损害员工的言论自由，新闻机构有无权力干预私人性质的社交媒体，这方面的法律界限和管理的合法性问题尚有讨论的空间。不过，美联社意识到这些规则可能引发的问题，通过委婉的声明形式表明其态度："本守则无意对《国家劳工关系法》所赋予的员工权利造成任何程度的损害。"

普通的社交媒体用户其知名度不高，公众对其微博（信）上粗鲁的语言可以不予理睬。知名媒体从业者的社交媒体上如果出现暴力语言，很容易引发网络舆论的关注。在这种情况下，新闻机构有必要干预其员工社交媒体的信息发布，并采取相应的应急措施减少负面影响。②

三、声誉风险与应急管理

声誉是外部对个人或利益共同体的评价。在社交媒体平台上，声誉均超出了传统的地域限制，"声誉风险"的概念应运而生。2009年1月，巴塞尔委员会新资本协议征求意见稿中明确将声誉风险列为第二支柱，成为商业银行的八大风险之一。以真实为生命的新闻业具有较高的行业声誉。社交媒体出现后，新闻机构同样面临着潜在的声誉风险，声誉管理应运而生。

（一）员工声誉的应急管理

媒体从业者的社会声誉主要通过作品的社会影响力间接获得。记者、编辑或主持人的作品（节目）质量再上乘，如果个人社会声誉欠佳，公众依然不会原谅他们的过失，并质疑其供职媒体的管理责任。媒体从业者的个人声誉属于媒体声誉的一部分，须纳入媒体声誉危机应急管理的范畴中。

在社交媒体上，知名度与舆论风险正相关。新闻机构及其从业者的社会知名度较高，他们面临的网络舆论风险也越多。这其中，女性知名媒体从业者的传闻格外引人注目。公众对这些传闻的真实性似乎并不在乎，他们更多是消遣这类八卦消息。有些传闻因社会背景等方面原因，当事人及她们所供职的新闻机构暂时无法公开回应。只有时机成熟，才可以公开回应。③

个人声誉管理具有自主性，当媒体从业者遇到声誉危机时采取何种方式维护自己的声誉，选择的权利在涉事者自己。知名新闻机构的主持人回应传闻的难题在于，即便他

---

① 美联社.美联社工作人员社交媒体使用守则（2013年5月修订）[EB/OL].（2013-05-16）[2022-03-09]. https://news.sina.com.cn/m/2013-05-16/165627143711.shtml.
② 2014年2月21日，广东卫视主持人王牧笛因女友看病被护士连扎四针在微博上发表"想拿刀砍人"的不当言论，遭到网络舆论的批评。尽管事后该主持人删除了微博并道歉，但造成的不良影响波及其所供职的媒体，为此他受到单位的内部处理。梁超.王牧笛被责令深刻反省[N].京华时报，2014-2-25（14）.
③ 周永康被立案审查后，有传闻称央视女主播欧阳夏丹、李小萌、劳春燕涉案，经查证，有关传闻均系谣言，三人目前均正常工作。参见《独家：叶迎春和沈冰卷入周永康案 正接受调查》，凤凰热追踪2014年8月7日。

们澄清事实也未必能取得公众信任。央视主持人李小萌认为，传闻最好交给时间来解决。在特殊情况下，公安机关调查的结果，显然具有更多的说服力。

（二）机构声誉的应急管理

网络舆论对新闻机构的监督效力在于社交媒体的社会影响力。对于新闻机构的问题，公众通过社交媒体披露相关信息并发表评论，迫使它们改正错误。假如新闻机构并无过失，只是某些网民利用网络舆论炒作，这样的炒作式"监督"反而给受害新闻机构的社会声誉加分。

新闻机构的社会声誉建立在舆论动态评价的基础上，拒绝回应公众批评只会加剧媒体社会声誉的下降，及时回应有利于形象修复。如果新闻机构关闭微博跟帖功能，这样堵塞言论的做法不利于声誉的恢复。具备风险意识的新闻机构选择主动回应舆论关切，尽快扭转被动局面。

有时，新闻机构的社会活动也可能招致舆论风险，比如向被采访单位索要好处费，或者推销物品。在社交媒体平台上，这类问题被曝光的事例并不少见。对这类危机事件的应对最好是委托第三方（比如警方）介入调查，通过还原事实验证指控的真实与否。[①]

在应急管理方面，机构的声誉风险和个人的声誉风险的应急管理模式有所区别。个人可以选择缄默，机构有必要回应公众关切的问题。不及时回应，意味着默认了事实。遗憾的是，不少新闻机构公开回应得不多。[②] 坦诚是应急管理的基本准则之一。如果新闻机构对声誉危机事件的危害程度判断失误，这种被动的迟缓应对策略暴露出媒体声誉危机应急管理意识的缺位，应对的效果也难以理想。[③]

在我国的新闻实践中，还有一种特殊形式的"邻接性媒体声誉风险"。所谓"邻接性媒体声誉风险"，是指拥有良好社会声誉的新闻机构本身并不存在任何问题，只是在特殊情况下变成社会矛盾冲突的"媒介物"，比如，有些人利用新闻机构的招牌做文章。对新闻机构而言，"邻接性媒体声誉风险"显然属于意外之事，被动卷入了舆论旋涡。[④] 规避这种特殊的声誉风险超出了媒体声誉危机应急管理的范畴，这是个系统性的社会治理问题，最好的办法是客观陈述，间接给自己解围。

[①] 在这方面，新华社的做法值得肯定。2015年5月15日，新华社否认该社两名记者在庆安枪杀访民案报道中收受有关部门好处费的传闻，称"（黑龙江）分社已向哈尔滨市公安局报案，依法追究造谣、诽谤者的责任"。新华社黑龙江分社. 个别微博用户称我社记者在"庆安枪击案"采访中"收受好处费"纯属造谣、诽谤［EB/OL］. （2015-05-15）［2022-03-08］. https://www.thepaper.cn/newsDetail_forward_1331766.

[②] 在这方面，新华社的做法值得肯定。2015年6月23日，新华网发表《"走私"僵尸肉"窜上餐桌，谁之过？》；7月9日，有媒体称"僵尸肉"报道是假新闻；7月12日，新华社用事实否认对方的质疑。朱柏玲. 新华社记者回应"僵尸肉假新闻"事件 发公开信否认报道是假新闻［N］. 半岛晨报，2015-7-13（A7）.

[③] 在这方面，《财经天下》周刊和富士康的冲突具有代表性。2013年9月13日，富士康工会在官方微博上发表《对〈财经天下〉周刊刊发不实报道的抗议书》，称《财经天下》为"不良媒体"，该刊起初并未予以回应。富士康方面揪住不放，该刊才被迫回应.《财经天下》周刊关于《富士康的夜生活》报道的声明［N］. 财经天下周刊，2013-9-18.

[④] 2014年7月16日，7位访民在中国青年报社门口服农药后倒地，报社门卫被迫紧急报警。李润文，李超，吴琰. 7名访民集体自杀事件调查［N］. 中国青年报，2014-9-29（11）.

四、媒体事务与媒体声誉

作为利益共同体，新闻机构必然存在内外部的利益冲突。媒体纷争包括人身安全、劳资诉求、媒体经营问题等问题。

（一）人身安全的舆论风波

媒体的批评报道难免触及某些机构或个人的利益，他们可能对新闻机构产生怨恨，严重的可能报复记者。站在应急管理的角度看，所有的批评报道均具有潜在的风险，媒体从业者和新闻机构对此应有充分的心理准备，并事先制定相应的预案。有时，正面报道也存在安全隐患，只是这类风险发生的概率低，尚未引起新闻机构的重视，给应急管理带来更多的困难。[1]

媒体从业者的人身安全事关新闻机构的切身利益。当记者遭遇威胁时，新闻机构主动发声表明态度，既是对员工的最好安慰，也是树立机构社会声誉的良机。[2]有时，记者的人身安全遇到威胁，其供职媒体未必清楚内情，在这种情况下替出事记者呼吁依然必要。2013年的陈永洲事件中，《新快报》表示，"将采取法律手段，全力维护记者的正当采访权益"[3]。虽然该记者最终被判刑，但这样的媒体应急做法并无不妥。

当前，我国的媒介生态状况并不乐观。媒体从业者在新闻活动中遭遇人身威胁时，如果新闻机构的应急措施乏力，只会助长针对舆论监督的不良风气。这应引起新闻机构管理部门的重视。

（二）劳资诉求的舆论风波

改革开放前，我国的新闻机构属于全公事业单位，媒体从业者的薪酬福利由财政经费提供。媒体市场化以后，商业化新闻机构自负盈亏，薪酬发放与媒体效益直接挂钩。2007年全球性金融危机前，国内媒体很少出现拖欠薪现象。随着实体经济下行趋势明显，传统媒体的广告收入明显下滑，媒体从业者讨薪现象时有发生。被拖欠工资的新闻机构往往是从外围（即临时用工）开始拖欠，问题无法解决就可能成为舆论事件。[4] 媒体经营困难可能导致新闻机构倒闭，倒闭前应首先考虑如何解决欠薪问题。有的新闻机构回避问题，事情被曝光后引发舆论关注，主管部门不得不采取相应措施。2014年10月，《××日报·都市生活版》因拖欠两个半月工资导致单位员工公开讨薪，当地检察

---

[1] 2001年7月4日，《南国早报》报道一名法医的先进事迹，因报道涉及其离婚隐私，结果记者被法医的前妻扇了耳光。李启瑞. 我们错了 [M]. 北京：商务印书馆，2011：99-100.
[2] 2013年1月，财新传媒记者陈宝成遇袭；2月1日，财新传媒法律部发了《关于本司员工陈宝成遇袭事件的声明》表示声援。
[3] 2013年10月23日《新快报》以《请放人》为题，发出"呐喊"："敝报虽小，穷骨头，还是有那么两根的。"该版的电子版被屏蔽；4-5版刊登记者曹晶晶、郭海燕采写的《新快报披露自家记者被长沙警方跨省刑事拘留过程》，电子版已经被屏蔽。
[4] 2013年5月，兰州晨报社采编人员就薪资问题和领导层进行谈判，要求获得和记者相同的提薪待遇，编辑们趁夜班时间值班领导申诉并提出同工同酬的诉求。该事件在社交媒体上传播后，报社决定有关底薪、稿分、产假工资以及法定节假日工资等待遇问题满足员工的全部要求。2018年8月，河南濮阳广播电视媒体从业者挂横幅讨薪，未见这家新闻机构公开回应。

机关介入调查。①

（三）媒体经营的舆论风险

有些新闻机构的广告收入不理想时通过有偿新闻弥补收入不足。有偿新闻混淆了新闻和广告的界限，但具有一定的隐蔽性。如果不是"乔东事件"轰动全国，这类"新闻"很少成为媒体声誉危机事件。有偿新闻活动被举报后，通常由新闻行政管理部门出面应对。②

比有偿新闻更背离职业伦理的是新闻资源的寻租现象。个别新闻机构以承包的形式将版面（栏目）出租而坐收渔利。有的承包商雇用人员打着新闻采访的名义敲诈勒索，在社会上造成不良影响。这类违规经营活动被曝光后，同样由当地新闻行政管理部门采取临时处罚措施。③

在新闻机构的违规经营活动中，以记者站的问题最为集中。记者站是新闻机构的分支机构，其活动仅限于依法从事与媒体业务范围相一致的采访、组稿、通联等新闻业务活动，须由持有《新闻记者证》的媒体从业者开展工作。在新闻实践中，不少新闻机构的记者站肩负着发行、创收任务，有的甚至变成了经营性的公司。④ 有的则以摊派形式强行要求基层单位订阅报纸，影响同样恶劣。⑤ 这些事件被曝光后虽得以纠正，却暴露出新闻机构的守法意识淡薄，这恰恰为新闻机构埋下了声誉危机的种子。

社交媒体不仅改变着传统的舆论格局，也改变着传统的媒体管理模式。舆论格局的变化成为媒体管理变革的原因，媒体声誉危机应急管理成为舆论事件的结果。新闻机构需要适应外部环境的变化，而不是排斥或无视这种外部监督的存在，坐等网络舆论风险的爆发。

媒体舆论风险的种类众多，所有的风险都对新闻机构的切身利益构成威胁。声誉风险偏重于媒体的精神利益，媒体从业者的人身安全、劳资诉求和新闻机构的经营问题则偏重于经济利益。员工的安全表面上与供职媒体不存在直接的紧急利益关联，但如果媒体从业者没有一个安全的工作环境，身体受到伤害需要新闻机构提供医疗费用，精神受到惊吓影响工作，最终损害的还是供职媒体的经济利益。

新闻媒体被视作社会的良心。新闻媒体要配得上这个称号，新闻机构应从注重管理制度建设入手，严把新闻产品质量关，这是减少媒体声誉危机事件的重要保证。

---

① 搜狐新闻. 员工举报管理层尚无结论 《榆林晚报》停刊[EB/OL].（2015-06-03）[2022-03-07]. https://news.sohu.com/20150603/n414358952.shtml.
② 2011年科技日报社违规收取宣传费149万元。当时的国家新闻出版总署责令报社立即纠正违规行为，退还违规收取的宣传费。参见中华人民共和国新闻出版总署《警示通知书》，新出字［2012］188号，2012-8-2。
③ 商务时报社曾向广告公司和个人转让版面和报纸出版许可证，2014年被吊销报纸出版许可证和所有人员的记者证。参见国家新闻出版广电总局《行政处罚决定》，新广出函［2014］347号，2014-10-30。
④ 中国贸易报社就曾违规任命广告发行代理公司人员为记者站负责人，负责记者站日常工作，造成严重的不良社会影响。参见国家新闻出版广电总局《行政处罚决定》，新广出函［2014］301号，2014-09-22。
⑤ 农民日报社河北记者站李俊奇则要挟基层单位订阅报纸并索要20万元。璩静. 索要"封口费"9人被判刑[N]. 石家庄日报，2010-03-31（6）.

第三节　涉媒声誉的行政管理

新闻机构具有"自主修复"问题的机能，可以通过内部管理纠正问题。但是这种"自主修复"的作用有限，具有普遍性的媒体问题或新闻机构无法自主修复的问题，需要新闻行政管理部门从外场域对新闻机构及媒体从业者的问题进行监管，必要时采取应急措施。近年来，虽然我国的新闻行政管理权力机关经过几次调整，管理职能并未改变。[①]此外，中华全国新闻工作者协会也承担了部分的行政管理职能。[②]

一、媒体问题与行政监督

新闻行政管理部门和新闻机构是指导与被指导的关系。新闻行政管理部门对新闻机构指导的过程就包括了对新闻机构和媒体从业者的监督。监督过程中发现的媒体问题，行政部门有权责令新闻机构整改。行政监督包括对个人和媒体的监督。

（一）对媒体从业者的监督

新闻机构未必在第一时间获悉媒体从业者的问题。当前，媒体从业者的问题主要在社交媒体上被曝光。此外，有些受害方会直接向管理部门举报。行政部门站在行业管理的角度，希望通过对典型案例的监督达到警示业界的效果。行政监督具有公开性，对规范新闻活动、约束媒体从业者的职业和非职业活动具有教育意义。对于性质严重的问题，行政部门还会召开新闻发布会，向新闻媒体披露案情和查处的结果。山西霍宝干河煤矿"封口费"事件的查处，就颇有代表性。

2008年9月20日，山西霍宝干河煤矿发生矿工死亡事故，当地封锁消息，向记者发放"封口费"。2008年11月27日，新闻出版总署称，此案"已由有关行政部门、媒体管理部门、公安机关依法做了处理。涉案金额31.93万元，绝大部分已经追回""对已查实存在问题的涉案人员将全部列入违规违法记者名单，通报全国，禁止进入新闻队伍"；总署"要求山西省及全国各地开展一次规范新闻采访秩序'百日'整治活动，严厉打击假报刊、假记者、假记者站、假新闻""全面清理形形色色的新闻派出机构，整顿和撤销一批存在问题的媒体记者站、工作站、办事处、联络处；制定和公布新闻机构和新闻记者采访规范，支持新闻记者的合法采访工作，依法保护新闻机构、新闻记者和

[①] 2018年3月，新闻出版广电总局被拆分。此前，该机构的职责包括负责起草新闻出版广播影视和著作权管理的法律法规草案，制定部门规章、政策、行业标准并组织实施和监督检查；负责指导对市场经营活动的监督管理工作，组织查处重大违法违规行为；指导监管广播电视广告播放；负责全国新闻记者证的制发管理；组织查处有重大影响和涉外的著作权侵权盗版案件；负责组织、指导、协调全国"扫黄打非"工作，组织查处大案要案等。

[②] 2011年10月30日修订的《中华全国新闻工作者协会章程》，与新闻管理相关的职能包括：第六条"推进新闻行业自律，规范新闻从业行为"，第八条"在重大活动、重大事件中配合有关部门做好媒体服务和管理工作"，第十条"维护新闻单位、新闻工作者的合法权益，反映新闻工作者的意见和要求"，第十三条"开展调查研究，掌握新闻行业信息，为有关部门决策提供服务，为新闻界和社会各界提供行业信息服务"，第十四条"做好港澳台记者采访的接待、管理和服务工作"。

新闻当事人的正当权益""坚决实行采编人员和广告、发行经营人员两分开,坚决禁止有偿新闻和采编人员以权谋私的不法行为"。①

行政部门对媒体从业者不端行为的监督,主要通过行业性的媒体(如《中国新闻出版广电报》)、国家新闻出版广电总局网站以及中国记协网(中华新闻传媒网)披露相关信息。打击假冒新闻记者的敲诈行为也是新闻行政监督的重点对象。新闻机构对假记者无权直接进行干预,新闻行政监督可以联合公安机关查处这种违法行为。例如,北京鲁某某利用央视虚假新闻工作证诈骗案②以及2014年的河南郑州香港资讯卫视虚假记者站案③。这些假冒记者进行敲诈勒索的案件最终均由当地新闻行政管理部门和公安机关联合查处。社会影响大的媒体事件,主流媒体也会报道。2017年7月,《人民日报》《法制日报》对假记者案的报道也很典型。④

(二)对新闻机构的监督

行政监督也包括对新闻机构的指导和处罚,强制纠正媒体问题。新闻自律可以减少媒体问题,他律在纠正新闻机构自身问题时往往更为有效。

治理虚假新闻是新闻行政管理部门的职责之一。虚假新闻误导公众,严重的可能扰乱社会秩序。对于严重失实的新闻,新闻行政管理部门还会单独惩罚涉事的新闻机构,这类处罚包括通报批评和对新闻机构负责人的问责。行政部门对虚假新闻的监督已经制度化,定期或不定期集中公布典型的虚假新闻案件。2015年,《××晚报》刊发"女子为救人被狗咬伤"虚假新闻。2015年12月22日,安徽省新闻出版广电局依法对《××晚报》及涉事记者做出警告、罚款的行政处罚。⑤

监督媒体广告刊播情况也是行政部门的职责。相对于虚假新闻,广告刊播过程中存在的问题更为普遍。广播电视机构发布虚假广告误导公众,损害的将是整个新闻业的社会声誉。新闻行政管理部门对广告问题进行监督,通常定期发布近期查处结果。2015年,国家新闻出版广电总局对部分电视台播出的"名酒汇""胖大夫"等22条广告存在夸大夸张宣传、误导消费等问题进行了通报。⑥

行政部门的新闻监督还包括对媒体从业者的监督。这种监督主要针对的是新闻机构默许甚至授权非在编人员从事新闻采编活动。2009年,某行业报社允许非采编人员从事报纸采访活动,2010年被新闻出版总署下发警示通知书。⑦新闻机构外派的分支机构记

---

① 资料来源:新闻出版总署《新闻出版总署关于山西霍宝干河煤矿"封口费"事件处理情况通报》,新出报刊〔2008〕1381号,2008-11-27.
② 假制片人涉嫌诈骗3人落网[N].新京报,2013-12-28(A15).
③ 赖名芳.全国"扫黄打非"办公室通报9起"三假"案件[N].中国新闻出版报,2014-06-30(2).
④ 河北破获特大假记者团伙案[N].法制日报,2017-07-06(6);揭开假记者的真面目[N].人民日报,2017-7-12(19).
⑤ 刘蓓蓓,赵新乐.总局公开通报15家媒体发布虚假失实报道查处情况[N].中国新闻出版广电报,2016-4-25(2).
⑥ 资料来源:国家新闻出版广电总局办公厅《关于立即停止播出"名酒汇""胖大夫"等22条违规广告的通知》,新广电办发〔2015〕24号,2015-01-27.
⑦ 资料来源:中华人民共和国新闻出版总署《〈中国妇女报〉警示通知书》,新出字〔2010〕4号,2010-01-05.

者站,为完成创收任务也可能会雇用外部人员参与经营。2008年,某行业日报社山西记者站擅自聘用的人员收受宣传费,2009年被新闻出版总署给予行政处罚,并注销其山西记者站。①

我国实行媒体准入制,创办新闻机构须获得新闻行政管理部门的同意。现实生活中,非法报刊和非法广播电视媒体的存在,干扰了正常的新闻秩序,需要联合司法机关予以取缔。非法电台和电视台的建设成本高,影响范围有限,容易被发现。这类非法媒体一旦出现很快会被发现并取缔。出版非法报刊的成本相对较低,印刷发行的过程较为私密,发行范围不受制作地限制,给行政监督带来一定难度。2013年的江西南昌"11·25"经营非法报刊案,犯罪嫌疑人姜某自2012年以来,非法出版发行报刊,销往北京、天津等地,涉案金额高达人民币500余万。②

我国的新闻秩序建立在新闻行政监督的基础之上。行政监督和违规行为的发生有个时间差的问题。对于涉及媒体违规经营或不具有新闻采编资格的人从事新闻活动,行政部门从监督到处罚,需要一个过程。从事发到处罚,通常需要半年甚至一年的时间。新闻行政是否需要应急管理以及如何应急管理,成为一个有待管理实践回答的问题。

行政部门的应急管理和媒体声誉危机应急管理的不同之处在于,前者对问题的调查、证据的搜集和核实需要时间。监管过程所耗费的时间和管理的质量成正比,行政监督的强制性更有利于新闻机构及其从业者遵守国家的法规和规章制度。③

二、媒体问题与行政限制

新闻行政管理部门有强制规范行业的权力。2018年机构改革后,国家新闻出版广电总局拆分成国家广电总局和国家新闻出版署,两者是新闻、出版、广播、电影和电视领域的国家管理部门。新闻行政管理部门有权对所管辖区域的新闻机构及其从业者进行行政管理,包括对新闻机构和媒体从业者的活动进行行政限制的权力。

所谓"行政限制",是指行政部门享有对管理对象进行约束和惩罚的权力。具体到新闻行政管理部门,主要指行政部门有权禁止新闻机构刊播某些具体的信息;对新闻机构及其从业者的违规行为提出警告并通报;限制某些人从事新闻采编活动;取缔行为不端媒体从业者的从业资格,注销其新闻记者证;等等。

● 限制广告节目。广告是新闻机构重要的收入来源。受宏观经济环境的影响,传统媒体的广告收入下滑同样明显。有的新闻机构为招揽广告,可能放宽对广告内容的审查。在这种情况下,行政部门对媒体广告的监督尤其必要。2015年3月16日,国家新闻出版广电总局办公厅发出《关于立即停止播出"瘦身大赢家"等31条违规广告的通

---

① 资料来源:中华人民共和国新闻出版总署《行政处罚决定》,新出报刊[2009]6号,2009-01-04。
② 赖名芳.假记者各色诈骗伎俩被曝光[N].中国新闻出版报,2014-03-03(2).
③ 当我们的调查在问及"现行的新闻法规和规章制度,对规范新闻机构及其从业者的行为有何影响"时,25.92%的受访者选择了"形同虚设,基本不发挥作用",41.48%的受访者选择了"管理部门严格按照法规、制度约束新闻机构及从业者",31.11%的受访者选择了"管理部门超越法规、制度干预新闻机构事务"。

知》,称部分电视台播出的"瘦身大赢家""植发造林21天长新发"等31条广告违反了《广播电视广告播出管理办法》(广电总局61号令)、《关于进一步加强卫视频道播出电视购物短片广告管理工作的通知》(广发〔2013〕70号)等规定,禁止各地电视机构播出。①2014年6月6日,国家新闻出版广电总局做出《关于立即停止播出"健康365"和"杏林好养生"等养生类节目的通知》,要求自即日起,各级广播电视播出机构立即停止播出"健康365"和"杏林好养生"节目。②

● 警示通知书。警示通知书亦称"警示函",属于非行政处罚性监管措施。在1996年颁布的《行政处罚法》的行政处罚种类中,有"警告"而无"警示"。行政处罚遵循"一事不再罚"原则,是行政部门做出的最终处理。警示通知书侧重于提醒和戒勉,对于同样的问题可以重复提醒,因此可以视作行政处罚意外的新闻行政应急管理手段。这种管理具有间接性的特点,由行政部门以正式的信函形式责令新闻机构对当事人进行惩罚,或者责令新闻机构对社会澄清说明其不当之处。2012年9月28日,新闻出版总署办公厅发出《警示通知书》,《中国企业报》所办中国企业新闻网的工作人员以记者名义采访,利用批评报道牟取不正当利益,多人被判刑,并责令中国企业报社立即整改,关闭中国企业新闻网,要求其通过主要新闻媒体发布停办声明。③

● 注销违规申办的新闻记者证。记者证管理依据的是《新闻记者证管理办法》,由国家新闻管理部门统一印制并核发。按照规定,只有属于新闻机构编制内或者经正式聘用、专职从事新闻采编岗位工作的人员,才有资格申领新闻记者证。新闻记者证的功能除新闻采访外,乘坐公共交通工具和去一些特定场所享有优先权或免费出入。新闻记者证的这些附加功能,被一些人当作特殊的社会荣誉,因此通过不当手段违规申领记者证。对于这类行为,行政部门通常会公开处理结果。2011年6月29日,新闻出版总署发布《行政处罚决定》,针对xx时报社2010年4月申报记者证时,为6人填写虚假的"入社时间"和"工作经历",另外擅自扩大发证范围,为不符合条件的报社财务人员申领记者证等违规行为,给予该社警告并处1万元罚款的行政处罚。④2013年3月14日,新闻出版总署发布《行政处罚决定》,针对xx日报社提交虚假材料为某酒股份有限公司董事长申领新闻记者证,擅自扩大记者证发放范围,未及时注销不具备持证条件人员记者证一事,给予警告、罚款2万元的行政处罚。⑤2014年11月5日,国家新闻出版广电总局做出《关于将×××列入不良从业行为记录的决定》,针对《xx商报》某记者提供伪造的毕业证申领新闻记者证一事,决定将此人列入不良从业人员,并给予三年内禁

---

① 资料来源:国家新闻出版广电总局办公厅《关于立即停止播出"瘦身大赢家"等31条违规广告的通知》,新广电办发〔2015〕43号,2015-3-16。
② 资料来源:国家新闻出版广电总局《关于立即停止播出"健康365"和"杏林好养生"等养生类节目的通知》,新广电办发〔2014〕124号,2014-6-6。
③ 资料来源:中华人民共和国新闻出版总署《警示通知书》,新闻出版总署办公厅新出字〔2012〕241号,2012-09-28。
④ 资料来源:中华人民共和国新闻出版总署《行政处罚决定》,新出字〔2011〕202号,2011-06-29。
⑤ 资料来源:中华人民共和国新闻出版总署《行政处罚决定》,新出字〔2013〕70号,2013-03-14。

止从事新闻采编工作的行政处理。①

具有独立法人资格的新闻机构，负责人由组织和宣传部门任命。新闻机构负责人出现问题，先由纪检监察部门立案调查，再由组织部门撤销其职务。构成犯罪的，移交司法机关处理。这样，在媒体人事管理方面，行政限制呈现部门多元化的特征。党的十八大以来，中央加大了反腐败的力度，省市区新闻机构的负责人因腐败问题被立案调查的案件有上升趋势。2018年8月21日，北方某省的纪委监察委网站发布消息，当地某广播电视台台长涉嫌严重违纪违法，目前正在接受纪律审查和监察调查。2014年5月5日，中南某日报传媒集团总经理被免职。

行政部门依据所掌握的事实对发生问题的新闻机构负责人撤免职务，这种应急措施属于行政限制。行政限制以及由此发布的临时指令并不具有真正的法律效力。媒体从业者的违规行为，不论当事人有无行政职务，最终还须移交司法机关依法审理，由法院裁决。

行政部门对新闻机构的监管也存在某些潜在的隐患。新闻机构在从事正常的舆论监督时，可能遭受来自权力部门的行政干预，限制新闻机构的调查报道。这种干预可以是隐蔽或半公开的，包括电话、邮件和约谈，阻止新闻机构的舆论监督。行政部门的临时性指令是新闻行政应急管理的副产品，在某种意义上破坏了媒介生态，是新闻行政管理有待解决的问题。在新闻实践中，虽然行政监督具有强制性的主动权，但并不意味着被监督对象只能被动接受管理。临时指令从拟定到传达到新闻机构有个时间差，经验促使有些具有强烈社会责任感的新闻机构采取相应的反制措施。比如，缩短批评性报道的审稿程序，加快审稿速度，争取在临时指令达到前签发此类稿件。

行政监督主要是新闻行政管理部门对新闻机构的监督，但并非唯一的监督主体。行政权力间的交织渗透，非新闻行政管理部门的权力部门也可以给新闻机构施压，要求中断其正在从事的批评性报道。对于新闻机构来说，更多时候需要以事实为依据，艺术地抵制非正当的"监管"。

任何行政限制都需要有法可依，只有在法律法规的框架下开展行政监督，新闻行政管理才能和新闻事业的发展实现良性互动，促进新闻事业的健康发展。

三、媒体问题与行政法律规范

行政法律规范是行政规范和法律规范的简称，指由各种国家立法或行政机关制定的各种法律法规。规范与控制功能是行政法律规范最基本的功能。针对业界存在的问题，新闻等行政管理部门通过颁布法规（含条例）治理。这些法规为行政管理部门治理媒体问题提供了依据。

新闻行政管理部门制定的"管理条例"或"管理规定"暂时代行法律规范新闻传

---

① 资料来源：国家新闻出版广电总局《关于将×××列入不良从业行为记录的决定》，新广出函〔2014〕362号，2014-11-05。

播活动。这些条例和规定主要包括：1992年6月13日，国家保密局、中央对外宣传小组、新闻出版署、广播电影电视部颁布的《新闻出版保密规定》（国保〔1992〕34号）；1997年1月15日，由中共中央宣传部、广播电影电视部、新闻出版署和中华全国新闻工作者协会制定的《关于禁止有偿新闻的若干规定》（中宣发〔1997〕2号）；2000年9月20日，国务院第31次常务会议通过的《互联网信息服务管理办法》；国务院2001年12月25日发布的《出版管理条例》（中华人民共和国国务院令第343号）；2005年9月20日，新闻出版总署颁布的《期刊出版管理规定》（新闻出版总署令第31号公布）；2005年9月30日，新闻出版总署颁布的《报纸出版管理规定》（新闻出版总署令第32号）；2006年5月10日，国务院第135次常务会议通过的《信息网络传播权保护条例》；2010年12月17日，新闻出版总署和中国证券监督管理委员会制定的《关于加强报刊传播证券期货信息管理工作的若干规定》（新出联〔2010〕17号）；2011年10月14日，新闻出版总署发布的《关于严防虚假新闻报道的若干规定》（新出政发〔2011〕14号）。

此外，新闻行政管理部门还陆续制定了一批规章制度。1999年7月8日，新闻出版署制定的《报刊刊载虚假、失实报道处理办法》（新出报刊〔1999〕859号）；2008年11月7日，新闻出版总署发出的《关于保障新闻采编人员合法采访权利的通知》（新出报刊〔2007〕1409号）；2008年11月7日，新闻出版总署发出的《关于进一步做好新闻采访活动保障工作的通知》（新出报刊〔2008〕1260号）；2009年3月24日，新闻出版总署发布的《关于采取切实措施制止虚假报道的通知》（新出报刊〔2009〕290号）；2009年8月24日，新闻出版总署出台的《新闻记者证管理办法》（第44号）；2009年8月31日，新闻出版总署制定的《报刊记者站管理办法》（第43号）；2011年1月8日修订的《广播电台电视台播放录音制品支付报酬暂行办法》（国务院令第566号公布）；2011年5月17日，新闻出版总署制定的《新闻采编人员不良从业行为记录登记办法》（新出政发〔2011〕8号）；2011年11月25日，国家广播电影电视总局制定的《〈广播电视广告播出管理办法〉的补充规定》（总局令第66号）；2013年4月8日，国家新闻出版广电总局发出的《关于加强新闻采编人员网络活动管理的通知》（新出字〔2013〕110号）；2014年7月8日，国家新闻出版广电总局办公厅发布的《关于印发〈新闻从业人员职务行为信息管理办法〉的通知》（新广出发〔2014〕75号）；2014年9月29日，国家版权局政策法规司制定的《使用文字作品支付报酬办法》（国家版权局令第11号）；2016年1月28日，国家新闻出版广电总局制定的《新闻出版许可证管理办法》（总局令第4号）；2016年2月6日，国家新闻出版广电总局《网络出版服务管理规定》（总局令第5号）；2016年6月1日，国家新闻出版广电总局和商务部制定的《出版物市场管理规定》（第10号）。

各级新闻行政管理部门依照相关的法规和规章制度，对新闻传播活动进行业务指导和行为规范，对于违规问题及时予以处理并通报。2011年9月14日，国家广电总局发出《关于对石家庄市广播电视台违规问题的通报》。通报针对石家庄市广播电视台"第三频道"情感故事类节目雇人扮演的行为,对广播电视台影视频道以及九天传媒有限公司做出严厉的处罚决定。①2014年1月7日,国家新闻出版广电总局发出《关于给予新疆兵团卫视和四川卫视暂停商业广告播出处理的通报》(新广电发〔2014〕4号)。

行政法律规范还包括禁止新闻机构刊播或授权新闻机构刊播相关的媒体(节目)。2013年2月26日,国家广播电影电视总局向甘肃省广播电影电视局发出了《关于同意甘肃人民广播电台都市广播恢复商业广告播放的通知》,决定自2013年2月27日零时起,恢复甘肃人民广播电台都市广播所有商业广告播出。②

新闻行政管理部门还依法指导各级新闻机构的新闻业务。2013年1月31日,国家广电总局下发了《关于节俭安全办节目的通知》,要求各级电台电视"节俭安全办好节日广播电视节目",要求办春晚"不讲排场、比阔气、拼明星,不要一味追求舞美灯光炫目、服饰道具奢华,削减不必要项目,压缩不必要开支,把节约的资金用于提高节目水平、资助公益事业"。2015年6月3日,国家新闻出版广电总局发出《关于进一步加强广播电视主持人和嘉宾使用管理的通知》,要求广播电视机构加强主持人资格管理,严格执行主持人持证上岗和执业注册制度;不得设置"嘉宾主持",嘉宾不能行使主持人职能。③

上述这些管理措施针对新闻业界的违规事项或乱象进行治理。这些惩罚性和指导性的规定、通知规范了新闻传播活动,体现了行政部门履行新闻行政应急管理的职责。

行政法律规范是行政规范和法律规范的统称。行政规范依据的是法律法规,实施的主体是新闻行政管理部门;法律规范是审判机关受理媒体纠纷的诉讼,通过法庭审理做出具有法律效力的判决。西方新闻机构的媒体声誉危机事件主要通过法律诉讼解决问题。我国新闻机构涉及名誉权和著作权的纠纷可以向法院提起诉讼,其他问题则通过内部处理或等待行政处理。

行政规范有其存在的必要性,法院在没有直接的法律条文时可以依据国务院的条例进行判决,但部委的规定、办法等只能参照使用。④当然,法律规范的不足应该受到立法部门和行业主管部门的重视。新闻机构的许多问题通过司法程序寻求解决办法,这是

---

① 关于对石家庄市广播电视台违规问题的通报[EB/OL].(2011-09-16)[2022-03-06].http://www.gov.cn/zwgk/2011-09/16/content_1949330.htm.
② 关于同意甘肃人民广播电台都市广播恢复商业广告播放的通知[EB/OL].(2013-03-06)[2022-03-08].http://www.gov.cn/zwgk/2013-03/07/content_2347847.htm.
③ 资料来源:国家新闻出版广电总局《国家新闻出版广电总局关于进一步加强广播电视主持人和嘉宾使用管理的通知》,新广电发〔2015〕129号,2015-060-3.
④ 香港安理国际律师事务所的职业律师苏锡(毕业于美国乔治城大学并获得JD学位)对此的看法是:《最高人民法院关于裁判文书引用法律、法规等规范性法律文件的规定》(法释〔2009〕14号)对此做出了具体的规定。因当下情况需要国家部委出台一些部门规章以便于社会管理。法院在审理案件的时候,可以参照该类部门规章做出裁决,但不能依据该类部门规章做出裁决。"参照"使用的前提是该类部门规章不违背现行宪法及其他法律规定、不违背法律精神,法院确认其效力予以适用,反之则不予以适用。"依据"使用的意思是,法院没有选择的自由,必须无条件适用。参照一般适用于行政法规,依据只能适用于国家法律。

未来的发展方向，需要立法机关注重对新闻法律的完善。法律规范的强制性和普适性，更有利于规范新闻机构和媒体从业者的行为。

针对带有行业普遍性的媒体问题，行政监督、行政限制以及行政和法律规范是新闻行政应急管理的具体形式。新闻行政应急管理的对象侧重于在社交媒体平台上引起较多关注的媒体事件（问题），管理部门应及时作为，制止问题的蔓延。

行政监督是应急管理的基础。新闻治理建立在对媒体问题的有效监督之上。在互联网出现前，新闻行政管理部门主要通过举报线索和检查工作掌握新闻业界存在的问题，问题反馈速度较慢，不利于媒体问题的及时化解。互联网社会，新闻行政管理部门虽然不是媒体问题的直接涉事方，作为监管者也有协助新闻机构化解危机的义务。开展行政监督是履行监管义务的必要手段。当代的新闻行政监督主要通过对网络舆情信息的搜集和分析，及时筛选出典型问题，研判这些媒体问题的社会危害以及对新闻机构的社会影响。中国记协承担着搜集新闻业舆情信息、为有关部门决策提供服务的职责。行政管理部门之间的舆情信息共享和配合，关系到新闻治理的效果。

行政监督不是目的，研判所掌握的媒体舆情信息后发出预警，必要时予以干预，这是新闻行政应急管理的职责。行政限制的预警和普通商业机构的舆情预警不同，这种预警主要通过公函或者公告（警示通知书）的方式出现。警示通知书的签发方是行政管理部门，接收方是新闻机构。针对媒体从业者问题的预警，行政部门不会直接针对具体的个人发出预警信息，而是下发给其所供职的新闻机构。预警针对的媒体问题，一般不算特别严重。性质严重但构不成犯罪的媒体问题，行政管理部门为达到媒体治理的效果，通常会对涉事的新闻机构或者媒体从业者做出相应的惩罚。

行政限制作为应急管理的一种方式确实必要，这种形式建立在行政管理部门秉公处理问题的基础之上。要做到这一点，对行政权力的监督和限制应该配套，同时行政伦理应贯穿于行政工作的始终。行政限制是新闻行政应急管理的辅助手段，或者说一种过渡方式。依靠法规法律制度建设，规避人为管理决策的偏颇，引导新闻机构通过法律程序解决问题，才能标本兼治。

第六章　媒体声誉危机应急管理的伦理规制

媒体声誉危机事件多与媒体从业者的行为失范有关。"失范"是涂尔干对社区病理学的测度，他"在自杀的语境之中，创立了他的有关社会和道德沦丧、有关人的异化或社会瓦解的'失范'（anomie）的思想"[1]。媒体声誉危机应急管理的落脚点并非危机应对，而是对行为失范的反思。

第一节　媒体声誉危机应急管理的利己与利他

维护自身利益是人的本能。在这方面，利益共同体和自然人并无本质的区别。在利己基础上形成的利他观念和行为，其目的最终还是利己。媒体声誉危机应急管理可以从利己和利他两个方面来认识。

一、媒体声誉危机应急管理的利己问题

利己受伦理道德约束。媒体声誉危机应急管理利己的具体形式和问题，有探讨的必要。

（一）利己的必然性

为维护己利，人的每个细胞都散发着利己的气息。新闻机构维护自身利益也是常态。即便财政资助的国有新闻机构，履行社会责任的前提是满足自身的基本需求。"毫不利己，专门利人"，这样的乌托邦"试验田"在我国新闻史上短暂存在过，这种模式注定无法持续。

利己是行为选择模式，也是行为的趋向，其本质是诉求。人的诉求多样，详尽列举一个人的全部诉求（生理的、心理的）并不现实。这不妨碍我们对这种诉求的认知。至少，我们可以从诉求的紧迫程度上了解何者需要优先获得。

信息是新闻机构利己的基本单位。采集、加工并传播信息是新闻机构的核心诉求。信息是新闻机构的"维生素"，如果在新闻活动中遇阻，必然损害新闻机构的利益。利益受损意味着害己，新闻机构会本能地做出反应，降低利益受损的程度。

---

[1] 伊恩. 驯服偶然[M]. 刘钢，译. 北京：中央编译出版社，2000：113.

这里的"信息"并不局限于"新闻信息",而包括所有利己的信息,譬如与新闻机构有关的舆情,这关涉其社会声誉。对声誉类信息的需求是媒体声誉危机应急管理工作的起点。声誉是媒体声誉危机应急管理利己的基本单位,因为"名誉,是人们自我认知的重要因素,损害名誉就是破坏一个人的完整性"①。

名誉是自然人或机构完整性的组成部分。人们在社会交往中发现良好声誉和交际的范围、效果正相关时,才会自觉地重视声誉建构。新闻机构的声誉意识也是逐渐形成的。早期的新闻,体裁形式残缺并不奇怪,关键是报道者并不清楚客观真实与媒体声誉的联系。美国的"黄色新闻"持续了一个阶段,也让报纸发行人获取了可观的利润。这种新闻之所以被抛弃,在于煽情和低俗的新闻只能一时受欢迎,报业要长期繁荣就不得不与黄色新闻划清界限,改向严肃新闻发展。真实、客观、严谨、严肃,是几代媒体从业者逐渐形成的主流新闻理念。这种理念不是简单的新闻理论,显然还包含着特定的利己成分——伦理因素。换言之,真实、客观、严肃成为新闻生产的理念,在于外部的压力和意识的自觉。没有外部压力就认识不到坚持这些原则的益处。意识到这一点,新闻业为利己开始重视职业伦理规约的缔造,这也是个自觉地接受伦理约束的过程。不恪守新闻之道,新闻机构就无法真正利己。"这就是每个人最初为什么会有做一个好人的道德需要的缘故:道德是他利己的最根本、最重要的手段;他对道德的需要是一种手段的需要。但是,手段可以转化为目的。"②

(二)媒体声誉危机应急管理利己的两种表现形式

讨论媒体声誉危机应急管理的利己问题,有必要先区分两种常见的利己形式:为己利他和为他利己。

利己涉及动机、手段和效果的利己。手段利己只是动机利己的实现方式,其受制于动机的善或恶。动机和效果的利己能否统一,如果不统一可能带来的效果如何以及这种效果是否有悖于动机,区分动机和效果的关系,有助于指导媒体声誉危机应急管理实践。

为己利他和为他利己是媒体声誉危机应急管理两种常见的形式。所谓"为己利他",在王海明教授看来,这是一种"目的利己、手段利他的行为,也就是以造福社会和他人为手段而求得自己利益的行为";所谓"为他利己",即目的利他、手段利己的行为。③

1. 媒体声誉危机应急管理的为己利他问题

新闻机构和媒体从业者的利益并不全部重合。新闻机构的声誉再良好,不等于每位从业者的个人声誉同样良好。共同体和个体声誉各自独立存在,这两者相互影响。供职媒体的良好声誉可以间接弥补媒体从业者个人声誉的缺陷。反之,个人口碑在某些场合也可以给供职媒体的声誉加分。

---

① 安东尼.批评官员的尺度——〈纽约时报〉诉警察局沙利文案[M].何帆,译.北京:北京大学出版社,2011:195.
② 王海明.新伦理学上册[M].北京:商务印书馆,2008:423.
③ 王海明.新伦理学上册[M].北京:商务印书馆,2008:550-552.

新闻机构或其从业者的过失会不同程度地损害新闻机构的声誉。即便是个人的过失，公众的批评并不局限于这位当事人，他们会将这种责任推给其供职媒体。新闻机构需要为平衡利益方面有所选择。如果优先维护机构利益，媒体从业者可能认定供职媒体自私，联想力会提醒他们：给供职媒体惹麻烦，关键时刻供职媒体可能与自己彻底切割。这样，媒体的向心力将被削弱。新闻机构作为利益共同体有其诉求，在法律许可的情况下也会尽量维护共同体成员的利益，避免因为损害其利益而违背利己原则，这里的"利己"是指利益共同体这个集体的利益。

媒体声誉危机应急管理从共同体的角度处理外部冲突。角度决定立场。新闻机构在权衡利益得失时，趋利避害的本能会促使其优先考虑共同体利益。这种利己表现得并不直接，会精心选择词语掩盖真实的动机。利己的选择往往披上"公正的外衣"，需要仔细分辨，才可以从"外衣"的光鲜中判断其真实意图。管理语言的艺术性对于管理的效果如此重要，以至于理性的新闻机构在发布"声明"或"公告"时都会字斟句酌地选择词语，尽量把利己的动机涂抹得让公众既喜闻乐见又不易察觉其用意，但字里行间却在维护自己的诉求。

媒体从业者被司法机关带走，新闻机构和被带走者信息无法同步交换。涉事者和供职机构如果有机会面对面沟通后，新闻机构再做决断，更有利于兼顾机构和个人的利益。如果涉事者失去人身自由，新闻机构只能采取审慎的态度尽量保护涉事者的利益。在上述的案例中，××电视台属于典型的为己利他。随着案情发展，还得配合检察机关的调查。

2. 媒体声誉危机应急管理的为他利己问题

词序的变化影响语义。"利己为他"的前提是在满足利己的基础上关照他者利益；"为他利己"的侧重点变成了为他是首要的目标，利己反而居于次要地位。元伦理学从学理层面区别利己利他的顺序，为应用伦理学分析具体问题提供了思考的角度。

媒体声誉危机应急管理的"利己"，这里的"己"是新闻机构而非具体的人。"为他"的"他"，成分比较复杂。不同的"他"，被机构所重视的程度不同。遇到同样的问题发生在资历深浅不同的记者编辑身上，他们受到的处分有所区别。对资深记者编辑的降级处分，新闻机构要考虑是否引发次生灾害。如果处分有行政职务的记者编辑，管理部门在权衡利弊时可能更为慎重。在这种情况下，慎重考虑为的首先是他者的利益，其次才是新闻机构的利益。

在媒体声誉危机应急管理过程中，选择为他先于利己，"他"的次序依照重要性分为：新闻机构的决策者、高层管理人员、中层管理人员、重要部门的普通正式员工和非重要部门的正式员工、临聘人员（含见习期的记者编辑）以及实习生七个层级。这种顺序的排列主要受传统等级制度的影响，更多则是出于新闻机构自利的现实考虑。应急管理针对的是新闻机构遭遇的突发性问题，危机事件必然有相关的责任人。不论是直接的还是间接的责任人，消除网络舆论负面影响的最好办法是公布内部问责的结果。以《纽约时报》2003年的杰森·布莱尔（Jason Blair）造假丑闻为例，该报在近1个月的时间里每天公布此事的处理进展以及报社改进的措施,逐渐赢得公众的原谅和信任。杰森·布莱尔一个人的问题,让这家百年老报的高层受到株连。《纽约时报》对此事的处理,其利己倾向明显超过了"为他"。

决策者和高层管理人员是新闻机构的核心成员。这个群体的利益不被优先考虑,对新闻机构的危害更大。因此,新闻机构对于高层领导引发的舆论批评往往保持缄默。比如,媒体负责人被纪检监察部门立案调查变成热点新闻时,新闻机构绝少主动发表声明。这与新闻机构的信息不对称有关,也与照顾涉案负责人的声誉相关。缄默是一种特殊的保护,比及时支持调查更有利于维护新闻机构的外部形象。中国传统的观念看不起落井下石的行为。在这种事情上新闻机构反应过快或者态度坚决,反而遭到网络舆论的批评。从这个意义上说,缄默策略既照顾了个体利益,也有利于维护新闻机构的声誉。这种为他利己的获益是暂时的,从长远看未必有助于维护新闻机构的外部形象。相比较而言,这种保守的应急策略在当代中国语境下也不失为一种有效的选择。

假如涉事者是业务骨干,新闻机构在研究如何对外公布处理决定时,需要综合考虑更多的外部因素。媒体业务骨干有自己的交际圈,如果在为新闻机构牟取不正当利益过程中个人也中饱私囊,这种行为被意外公开反而将新闻机构推向舆论旋涡,新闻机构不得不考虑对自身利益的危害。度的把握,既可以给公众一个交代,也可以照顾涉事人的承受能力,这是中国特色的媒体声誉危机应急管理策略。除非涉事人被刑事拘留或司法审判,很少有像《纽约时报》对待虚假新闻的那种"刮骨疗法"。

关于"为他利己",需要特别提及一下"副职现象"和"临时工现象"。这两种现象的表现形式不同但实质相似,都属于为他利己。遭遇声誉危机,有时新闻机构不得不给外界一个交代。在这种情况下,新闻机构习惯于将责任推给临聘人员,由他们作为重点被处理的对象。对于在编人员,新闻机构可能采取相应的保护措施。对于经济问题,新闻机构尽可能保护正职,由副职担责。这种惯例,也是基于为己利他的考虑。这样的"为己利他"并不符合媒体管理的原则。在信息不透明的环境下,这种应急管理的对策有其效果。随着信息透明程度的提高,这种做法的风险也在增加。

还有一种特殊形式的"为他利己"应急管理模式,这就是"己""他"角色的错位现象。在我国内地的新闻机构中,有过集体抵制管理部门指令的事例。这种现象在港澳台地区的新闻机构中较多。媒体从业者为共同体利益而集体抗议。2014年初,香港某报编辑部员工静默5分半钟,表达对报社擅自更换总编辑的不满。

在这个案例中,编辑部员工以共同体利益代言人的身份出现,他们的抗议行为是在为自己考虑。己他角色的置换是媒体从业者道德自觉性达到一定境界的产物,这种置换因备受舆论关注而给新闻机构造成更大压力,进而达到维护新闻机构和媒体从业者利益的目的。

(三)媒体声誉危机应急管理的利己问题

利己既是本能,也有理性的成分。受理性支配的利己属于社会学意义上的利己。在媒体声誉危机应急管理过程中,理性选择的利己有时也会出现某些问题。

1. 利己与贪婪

利己以不损害他人的利益为前提。贪婪是一种非分的欲望。混淆利己与贪婪，把贪婪作为利己会导致损人不利己。新闻机构有自身的利益诉求，如果设法满足不合理的诉求，会降低新闻机构的声誉。2011年香港某卫视受骗案，就是不当利己的产物。[①] 有趣的是，是这家卫视主动报案，才引起社会关注。这表明，报案也是媒体声誉危机应急管理的策略，属于用利己取代贪婪的理性选择。

客观性原则为媒体跨界经营设立了警示牌。在新闻实践中，新闻机构扩大经营范围确实必要，但经营范围不宜偏离信息传播。国外著名的传媒集团所经营的项目众多，但多数与传媒相关。反观我国内地的新闻机构，有的涉足房地产开发、桶装水等与新闻传播无关的经营活动。新闻机构的社会资源丰富，这些资源为跨界经营提供便利，也带来潜在的风险。

2. 利己与屏蔽

新闻的价值选择是对不符合传播标准信息的自觉屏蔽。价值选择有原则，也不排除人为因素的临时过滤，要么是内容敏感，要么是记者编辑擅自过滤。比如，不满意被采访对象，在报道中有意屏蔽有关的正面信息。

在新闻实践中，临时性的信息屏蔽同样普遍。比较典型的是"黑名单"现象。媒体"黑名单"有着较为悠久的传统，在世界范围内不同程度地存在着。"黑名单"是新闻机构出于自利的考虑，有意屏蔽某些信息，达到间接惩罚"黑名单"机构（个人）的目的。

"黑名单"是一种临时策略，是极端利己的具体表现。"黑名单"只是个形象的比喻，新闻机构"黑名单"的成员也未必固定，这种过滤和屏蔽具有相对性。对于"黑名单"成员的负面信息，新闻机构则主动曝光。这种看似理性的选择，在一定程度上给新闻机构（而不仅仅某个具体的从业者）带来更大的舆论风险。

二、媒体声誉危机应急管理的利他问题

媒体声誉危机应急管理的利己特征虽然明显，也不能忽视利他的问题——缓解公众的不满情绪。利他涉及公众的精神利益。媒体声誉危机应急管理的利他问题，不妨从网络舆论秩序谈起。

（一）舆论秩序与声誉危机

认同感可以减少孤立感，寻求认同感的结果是形成某种特定的舆论秩序。之所以"特定"，在于一种态度/观点无法垄断舆论。即便是对自然灾难事件，有悲观的观点必有乐观的观点。不同态度/看法按照性质的相似度自然组合，汇集成若干个"观点流"，舆论场中不同态度的"观点流"同时并存，很难彼此说服对方，最终形成某种平衡。我

---

① 引自传媒教育网传媒危机案例集锦第346#案例。明报传撤换总编辑[N].澳门日报，2014-1-7（C08）；钟天祥任某报首席执行总编[N].香港文汇报，2014-2-11（A14）.

们把这种平衡状态下的不同"观点流"称作舆论秩序。

秩序性是舆论的基本特征，没有秩序的舆论只能短暂地存在。在常态舆论秩序下，没有哪个机构和个人会满足舆论"观点流"的全部审美需求，得到一致的肯定或否定。

声誉与声誉主体的利他选择有关。不同媒体因新闻理念和价值取向，形成各自的受众群体，他们是新闻机构社会声誉的塑造者。在意识形态冲突激烈的社会里，新闻机构的声誉在不同的舆论场内相差明显。新闻机构声誉的复杂性，折射出舆论"观点流"的多样性和舆论秩序的波动性。

新闻机构的社会声誉也是利他的产物。新闻机构强调真实性，这是维系新闻媒体合法性的需要。在满足真实性的基础上，新闻报道角度的选择衡量着新闻机构的伦理精神。严肃性新闻既符合新闻伦理精神也具有利他倾向，它要求新闻机构对事实负责，追求新闻事实的历史价值，因而严肃新闻追求的是"延时的酬赏"。相反，"即时的酬赏"只能迎合当下的社会环境，获得的"好评"稳定性不足，这类新闻机构的口碑可能呈现对立态势。借用《环球时报》总编辑胡锡进的"复杂中国"论，姑且把这种新闻机构的声誉称为"复杂性声誉"，把前一种新闻机构的声誉称作"简单性声誉"。简单与复杂，在于新闻机构的利他动机与新闻伦理之间的关系是否协调。协调与矛盾，是公众围绕一家新闻机构的评价逐渐形成的"（舆论）声誉秩序"。

为珍视声誉而利他，既有助于扩展个人和机构的交际范围，也利于维护社会舆论秩序。利他是有条件的，利他的动机不论是否端正，利他行为的客观性会增加自己的可信度。新闻机构只有向公众提供真实、客观、有价值的新闻产品，才能赢得普遍的肯定，提升其社会声誉。利他属于伦理范畴，利他作为伦理行为，"使人类能够扩展出广泛的秩序，只有把它一方面同冲动和不假思索的行为相对照，另一方面同对特定结果的理性思考相比较时，才是有意义的"[①]。

舆论如汪洋大海，有时风平浪静，有时波涛汹涌。即便是在看似风平浪静时，舆论场内也可能暗流涌动。新闻机构的社会声誉也具有周期性变化的趋势。一部世界新闻史告诉我们，没有哪家新闻机构可以长期享受某种恒定的声誉（这种声誉可以是肯定性的，也可以是否定性的）。在遇到某些突发事件时，新闻机构的声誉必然会面临即刻而明显的威胁。遏制社会声誉的持续下滑，媒体声誉危机应急管理成为修复声誉的必要手段。新闻机构社会声誉这种不定期但规律性的波动，属于新闻机构的"声誉潮汐"现象。只要新闻机构秉持利他原则，这种"声誉潮汐"现象很快会消失，多数新闻机构的声誉可以恢复到危机前的水准，甚至超过危机前的声誉水平。

（二）应急管理利他的或然性

利他的必然性和或然性问题，无法截然分开。现实社会中也许存在着纯粹的利他，这种"利他"含有必然的成分。这种"必然"需要加个引号，这是非自然状态的利他，类似于强迫症患者特有的"病理性利他"现象。病理性利他只是某个特定时期的必然性

---

① 刘春田. 中国知识产权评论：第二卷[M]. 北京：商务印书馆，2006：9.

反应。超出特定的时间阶段，这种症状可能不复存在。此外，还有一种动机利他现象，是为某种利益而伪装出来的外部行为。在媒体从业者转行从事社会公益活动成为时尚的今天，我们很难断言每位转行的媒体从业者都是出于自觉的利他动机，不排除有些从业者是为了名誉和个人利益而转行的。①但在对外宣传时，所有转行的媒体从业者都会把这种新的职业称作"热心公益事业"。前面提及深圳某报社利用歌手去世成立新的公益基金遭到死者家属反对，反映出一些新闻机构对公益基金感兴趣的动机复杂性，而复杂性是对必然性的某种否定。因此，利他是有条件的暂时现象，不具有稳定的必然性。

利他是外部环境施加压力的产物。如果利他和声誉没有联系，利他就会成为社会的稀缺行为。利他是人或机构的社会性行为选择。为获得肯定性的评价并以此拓展活动空间，不得不有所利他。

既然利他是有条件的，它在和必然性划清界限的同时，也就毫不犹豫地投入或然性的怀抱中。以媒体利他为例，我们无法从宣传口号中对新闻机构进行道德评价，只能依据具体的新闻活动进行判断。只看新闻机构宣称的新闻理念，几乎所有的媒体都是道德楷模。新闻机构的虚假新闻和失当言行恰恰表明利己才是其首选项。利他是统计学意义上的利他，新闻机构的利他可以统计出来。

利他行为的或然性意味着新闻机构这种行为选择并非出自本能，而是屈从于外部环境压力的被动选择。新闻机构利他行为的压力究竟来自哪里？答案是网络舆论对新闻机构的监督。

舆论是一种相当奇妙的东西，谁也无法看到舆论的身影，却无时无刻不感受到它的压力。社交媒体的活跃让新闻机构不敢缺席，它们也必须在这里证明自己的存在。证明自己的存在不难，难的是防范网络舆论对媒体的无形监督。舆论监督是一种利他，通过曝光不良现象来矫正社会行为的失范。任何形式的"权力"都需要有一种对应力的存在，通过这种对应力的制衡（监督），保证"权力"不被滥用。新闻舆论监督权同样需要监督。网络舆论对媒体的反监督迫使新闻机构进行自我规范。

网络舆论监督不是精神享受，而是一种相对痛苦的精神折磨，没有哪家新闻机构和媒体从业者从其内心深处对这种监督持欢迎态度。网络舆论监督的非理性，意味着网络舆论的利他性未必全都是善意的，但在客观上这种利他本着"惩前毖后，治病救人"的原则，治疗新闻机构及其从业者的问题。同类不相食的自然法则在行业竞争中同样有所体现。同行可以是冤家，但冤家也不意味着睚眦必报。同行不揭短，揭短两败俱伤。新闻业也遵行这样的潜规则，不会轻易报道同行（特别是本地同行）的负面新闻。这样，只有在网络舆论格局转变后，新闻机构才真正变成被利他的受益者。

舆论的利他性只是结果的利他，其动机多样。公众不希望媒体存在污点，发现有污点时及时进行善意的批评。对一家新闻机构持否定态度的网友，也未必渴望该媒体越来越缺乏美感，他们宣泄不满情绪也是一种利他，促使新闻机构改过自新。公众对新闻机

---

① 2018年的"#MeToo"运动中，某转行公益事业的知名媒体人的性侵丑闻被曝光，验证了我们的这个假设。

构及其从业者的批评常态化，在于他们"比以往更加信任报纸上的内容；他们是相对更加勤奋的报纸读者；报纸在人们的思想和行动中扮演着更加重要的角色"①。

新闻机构在公众心目中的角色越重要，公众对其越信赖，新闻机构的社会声誉就越显得脆弱，其越容易遭遇声誉危机。这类事件源于新闻机构和公众双重的利他行为。"在没有其他因素的介入下，利他主义本身就会导致冲突，世界上有多少善观念就会有多少相互冲突的角度。"②

媒体声誉危机应急管理需要新闻机构以利他的形式回报公众的关心，而不是刻意地回避和反驳他们的批评。新闻行业协会存在的意义在于维护新闻业的整体声誉，维护新闻机构和媒体从业者的合法权利。行业协会的利他是其合法性的基础。西方发达国家的新闻行业协会在维护新闻机构及其从业者权益的时候，利他行为表现得比较频繁。我国的新闻行业协会，在这方面也有值得肯定的地方。③

第二节　媒体声誉危机应急管理的缺位与越位

应急措施是否到位关系到媒体声誉危机应急管理的成效。媒体声誉危机应急管理常见的问题是缺位和越位。④

一、媒体声誉危机应急管理的缺位问题

缺位是个空间概念，指的是某个特定客体未能出现在指定的空间区域内。虚空是缺位的实质。社会分工精细化的过程，是个不断弥补缺位的过程。管理工作也从缺位向到位逐渐过渡。在我国，媒体声誉危机应急管理出现的时间不长，导致缺位现象客观存在。我国媒体声誉危机应急管理的缺位问题体现在常设机构、模拟演练和应急实务的不到位。

（一）常设机构的缺位

《论语·子路》中的"名不正，则言不顺；言不顺，则事不成"，阐释了"名""言""事"环环相扣、不可或缺，是孔子对缺位的经典表述。名、言、事属于客体，这个表述缺少行为主体。相对于客体缺位，主体缺位的危害更大。

媒体管理理念决定了新闻机构的部门设置。为维护报纸声誉，20世纪初，普利策的《纽约世界报》设立了专门的"准确和公平竞争部"。⑤ 如果新闻机构普遍设立"准确和

---

① 利昂.报纸的良知[M].萧严，译.北京：中国人民大学出版社，2005：276.
② 慈继伟.正义的两面[M].上海：三联书店，2001：52.
③ 2013年10月24日，中华全国新闻工作者协会在《对新快报记者被拘事件的声明》中称："希望湖南有关方面能够做出有司法依据的、令人信服的说明。"中华全国新闻工作者协会.中国记协对新快报记者被拘事件的声明[N].2013-10-24.
④ 当我们的调查问及"您所在的新闻机构处理自身的声誉危机事件时，存在的问题有哪些"，31.11%的受访者选择了管理缺位，17.03%的受访者选择了管理越位，59.25%的受访者选择了管理不到位。
⑤ 利昂.报纸的良知[M].萧严，译.北京：中国人民大学出版社，2005：11.

公平竞争部",媒体差错和新闻业的恶性竞争现象应呈下降趋势。

　　治理新闻准确和公平竞争等显性问题的部门尚且缺位,针对隐性问题的专业管理可想而知。媒体声誉危机事件发生频率不高,是造成内部管理缺位的主因。当前,专门的媒体声誉危机应急管理部门有点超前,在一些新闻机构负责人看来不大吉利,因而忌讳"危机""问题"这类词语,也是应急管理缺位的原因。早在 2006 年,我国学术界已经发现媒体声誉危机应急管理的重要性,甚至构想了专业机构的组织框架:"应当成立危机沟通小组,选派社长或总编、总监等高层管理者组成危机沟通小组。较为理想的组合是,由主要负责人领队,并由综合部门和法律顾问作为助手。如果内部人员不具备足够的危机沟通方面的专业知识,新闻单位可以找一个代理者或者独立的顾问。"[①]

　　信息社会风险丛生,新闻机构没有"风险豁免权"。风险推动管理理念和模式的调整。声誉应急管理讲究艺术性,需要专业管理知识。管理缺失可能导致新闻机构责任的缺失。声誉危机需要厘定责任,启动问责机制。这项工作的专业性强,如果应急管理缺位,新闻机构只能委托某个部门临时负责处理这类事务。问责,对新闻机构是利己,对临时负责部门来说意味着害己。所谓害己,是指问责意味着问责主体的人际关系受到影响,被问责方对问责者产生敌对情绪。非专职的问责名不正、言不顺、责不清,必然在管理力度和深度方面有所反映。这表明,主体缺位不利于责任原则的落实。

　　主体(常设机构)缺位还有个不容忽视的问题:应急管理制度建设困难。专门机构有与其权限、职责相配套的规章制度,制度需要特定的执行者。主体缺位,即便新闻机构制定有应急管理制度,执行主体不明将影响制度的贯彻。社会分工对专业知识和专业经验要求较高,主体缺位与现代企业制度不符,只能靠粗略的规定证明应急管理并不缺位,"视情节轻重按照以下条款处理:第一,提示;第二,谈话;第三,通报;第四,警告;第五,除名。发生严重政治导向错误,恶意制造虚假新闻,给党的事业造成损失,给媒体公信力造成巨大影响的,对总监、分管副总监(主任、分管副主任)、制片人予以撤职处分;对直接责任人予以开除处分,触犯刑律的,移送司法机关处理"[②]。

　　邻接性规定在制度缺位时可被借用,但规定(制度)有专门的针对性,借用(套用)的制度无法满足应急管理的需要。这种情况属于应急管理的轻度缺位。

　　主体缺位与媒体管理成本有关。设置机构需要定编定人和专项经费。在媒体经济效益并不理想时,愿意为规避风险进行日常性投资的新闻机构并不多见。新闻机构意识到传媒舆情[③]的重要性,赋予应急管理部门传媒舆情职责,应急管理主体缺位现象才可得以改观。

[①] 张旻星. 传媒业的危机管理 [J]. 图书情报导刊, 2006(12): 128.
[②] 李霞. 从假新闻泛滥看媒体管理漏洞 [J]. 记者摇篮, 2011(2): 21-22.
[③] 我们没有使用"新闻舆情""媒体舆情",在于这两个称谓可能产生理解方面的歧义,以为是依据新闻报道而搜集的舆情信息。"传媒舆情"的针对性显然更强,特指与新闻机构及其从业者相关的舆情信息。

（二）模拟演练的缺位

中国社会素有"吉祥思维"的传统。"吉祥思维"是指人们只选择善的方面思考问题，对恶的问题怀有排斥心理。吉祥思维有一定积极意义，但也需要有与之相对应的"凶祸思维"，即对结果有最坏的打算。吉祥思维提供安全感，凶祸思维产生危机感，二者不可偏废。片面推崇吉祥思维或片面扩大凶祸思维的作用，不利于社会秩序的构建和维系。

媒体管理也有"吉祥思维"的影子，希望新闻产品深受社会欢迎，希望新闻机构效益良好，在同行竞争中处于优势地位。吉祥思维的向善性要求媒体从业者付出艰辛的劳动。一般来说，善/恶交替出现，这种交替在数量上不会均衡，善的结果占优势符合事物发展规律，但恶的结果不会为零。"吉祥思维"削弱了人们的风险意识，"凶祸思维"不符合多数人的审美习惯而居次要地位，甚至被屏蔽。

社交媒体时代，媒体问题呈上升趋势。在这种情况下，普通的媒体从业者可以沿用"吉祥思维"，媒体管理层应具有凶祸思维，在工作中强化这种思维，定期举行应急管理模拟演练，通过演练将风险具象化，提高媒体从业者应对风险的能力。

应急管理模拟演练的可行性有待论证。从管理实践的角度看，没有实战演练很难提高管理水平。模拟演练可以根据已有的危机案例提前预备"差错"或"失当"行为，鼓励员工在内部网络系统里匿名发表看法。模拟训练的效果在于媒体从业者的参与度。新闻机构通过搜集、综合不同立场的观点，制定缓和气氛的策略，达到预期的模拟演练效果。

模拟演练的次数不宜过多，每年1~2次比较合适。频繁的演练造成审美疲劳，重蹈"狼来了"的覆辙；演练缺位不利于责任心的常态化。《媒体潜规则——英国名记揭秘新闻业黑幕》一书中披露：

> 英国独立电视台地方新闻中心的一名实习生告诉我，他的工作是剪片子和写解说词，可是，从没有人教过他怎么做。有几次，他剪的片子太短，无法填满时间，结果出现黑屏。相反，他写的解说词过长，片子播完了，解说词只播了一半。他说，在节目播出前，通常没人检查；除了挨几句骂，也没人对他的出错负责。[①]

模拟演练包括传统项目演练（比如差错、虚假等方面的风险）和新型项目演练。新型项目是借鉴新闻业界的新问题模拟训练。比如新闻机构按双轨制人才培养模式培养业务骨干，以防出现意外时影响新闻节目的正常播出。

模拟演练在行政/企业管理中较为常见。模拟演练旨在提高应急能力，这种能力是法人机构适应社会生存的基本能力。自2008年汶川大地震以来，新闻机构开始重视应急能力的培养，但多针对新闻报道事项方面的应急：假想某个地方遇到意外灾害，媒体如何迅速安排采访报道。媒体装备企业也在加大应急设备和后勤保障设备的研发。对于

---

① 尼克. 媒体潜规则——英国名记揭秘新闻业黑幕［M］. 广州：南方日报出版社，2010：40.

自身危机事件的应对，尚未发现这方面的案例。

信息不对称是声誉危机事件的典型特征，媒体声誉危机应急管理模拟演练恰恰应有意在演练中设置特定时间段的信息壁垒，供参与演练的媒体从业者在信息不对称的情况下依照各自的习惯行事，供应急管理部门在这种"没有答案"的环境下制定应对策略。

模拟演练缺位，新闻机构生活在虚拟的安全环境中。有些著名机构的媒体从业者称：我们的行政级别搁在那儿，谁敢批评我们？谁敢去法院告我们？这种传统的安全保护模式，在社交媒体时代正逐渐失效，没有哪家新闻机构没有舆论声誉风险。应急管理的模拟演练缺位导致新闻机构与社会现实脱节，反而增加这类潜在的声誉风险。通过加大演练的难度，让模拟演练具有现实的模仿性，可以提升新闻机构抵抗风险的能力。

（三）应急实务的缺位问题

在我们搜集到的700多个媒体声誉危机应急管理的案例中[①]，应急管理缺位问题呈现出单一化、官僚化和汲取同行教训不足的特点。

1. 单一化问题

危机由问题（冲突）构成，但引发危机的问题（冲突）并不单一。真正具有破坏性的危机事件必然包含着多重问题，这些问题累积到一定程度，一个简单的问题产生连锁反应，激活公众的记忆——有关涉事方不良印象的记忆，公众的想象力和联想力以及创造力发酵成声誉危机事件。一个直接问题＋若干个历史问题＋无数个非理性的"问题生成器"，使声誉危机事件变得相当复杂。这样的事件毫无例外是一本值得探讨的"问题汇编"。对这个"问题汇编"的诊断和治疗显然并非易事。

我国已有的媒体声誉危机应对形式高度单一化：发布简单的文字声明，这样的声明通常是一次性的。尽管不少声明宣称将有后续结果发布，真正兑现诺言发布后续声明并不多见。

应急管理如同治病，在危机的解释和总结中可以检验其思考能力和对待问题的态度。媒体声誉危机应急管理的准则不仅是用词的谦卑，更体现在态度端正与否。《纽约时报》对待一次新闻造假事件用了将近1个月的时间反思，体现出这家报纸对待问题的态度。严肃地对待危机事件，许多潜在的问题才能逐渐浮出水面。小事件改变一家新闻机构的管理制度，这样的教训才有价值。从教训中受益的程度与新闻机构对待危机事件的态度成正比。一次性的简短声明避免了媒体声誉危机事件的零应急管理，但无法证明这种应急管理达标。改变这一局面，新闻机构一不能缺乏专业知识，二不能缺乏专门人才，三不能存在应付心理。

2. 官僚化问题

"官僚"（或"官僚制"）是个中性词，指的是行政管理部门办事程序的烦琐、刻板。

[①] 截至2017年7月24日，传媒教育网的传媒危机管理案例集锦已有778个素材。

官僚作风的表现有相似之处："开小差、制造工作、漠视消费者,这些公众抱怨和流行说法的典型主题,贯穿于官僚制的历史之中。""在韦伯看来,官僚制的本质特征就是在办公室里行使其权威。"①

新闻机构的官僚作风在采编活动和信访工作中也有所表现。媒体从业者在基层采访、接待来访民众或接听求助电话的态度方面存在问题。在媒体声誉危机应急管理中,拒绝回应舆论质疑和批评。与行政部门的冷漠不同,新闻机构的冷漠在于维护所谓的"尊严",这在公众心目中留下不好的印象。

质疑和批评是公众对新闻机构信任的特殊表现形式。新闻机构主动承认问题与被网络曝光问题的社会效果大不一样。未能事先主动承认问题,声誉危机事件发生后及时回应也不失为有效的补救措施。

商业化媒体要在市场竞争中获得一席之地,所以较少沾染官僚习气。20 世纪 20 年代,美国的《萨克拉门托蜜蜂报》(*Sacramento Bee*)规约写道:

> "如果出错,就必须纠正。《萨克拉门托蜜蜂报》的撰稿人有义务纠正错误造成的损害,也有义务尽一切可能首先防止错误出现。""对种族、宗教或身体残疾的嘲讽是不能容忍的。'意大利佬''爱尔兰佬''犹太佬',甚至'中国佬'或'日本佬'都是绝对禁止的语言。在任何情况下,每条新闻都必须遵守尊重别人的感情的规定。""任何指控如果不是来自官方或公开来源,宁可丢失新闻,也不应该犯错。"②

再严格的规约,如果媒体从业者不能发自内心地畏惧民意,遇到丑闻时也同样会表现得相当傲慢。1982 年,《华盛顿邮报》一则获得普利策奖的报道被证实是捏造的,涉事编辑辩称:"在认定信息来源的问题上,当媒体与当局产生激烈冲突时……这一事件正好可以检验平素言之凿凿的第一修正案保护是否能够真正落实。"安东尼·刘易斯(Anthony Lewis)批评说:"媒体权利主张并不会总像为《华盛顿邮报》虚构故事的辩护那么荒唐。"③

3. 汲取同行教训问题

经验作为非系统的知识对人类的影响远远超出系统知识的作用。经验分为直接经验和间接经验。一个人亲身经历的事情相当有限,而间接获得的经验要丰富许多。媒体声誉危机应急管理工作者和医生相仿,需要通过大量的实践获取直接经验,同时善于学习同行经验,开阔视野,少走弯路。

善于汲取同行的教训,不失为一种有效的学习方法。一家新闻机构今天出现的问题,明天就可能在别的新闻机构重复发生。媒体声誉危机应急管理要走出低层次应对的

---

① 戴维. 官僚制[M]. 韩志明, 张毅, 译. 长春:吉林人民出版社, 2005: 5, 23.
② 利昂. 报纸的良知[M]. 萧严, 译. 北京:中国人民大学出版社, 2005: 391.
③ 安东尼. 言论的边界[M]. 徐爽, 译. 北京:法律出版社, 2000: 88.

困境，需要重视传媒舆情的研判，剖析同行的应急措施和方法，避免同类失误的发生。汲取同行教训这种间接经验关键在于是否真心学习。有官僚作风的新闻机构在这方面做得不够。这种缺位，导致业界问题居高不下。

二、媒体声誉危机应急管理的越位问题

与缺位不同，越位是偏离了空间位置而导致的错误。越位包括主观性越位和客观性越位两种形式。客观性越位也可称为非目的性越位，是指认知能力的问题或者不可抗拒力造成的越位。主观性越位属于目的性越位，即主体有越位的动机，故意造成空间位置的错位。

管理的任务是依照既定的目标将资源（或问题）置于最佳的空间进行分配（或处理）。管理理念应符合自然法则，使主客体的空间布局处于理想状态。这符合《易经·系辞》的论断："天尊地卑，乾坤定矣。卑高以陈，贵贱位矣。"人类社会的事情虽无法这般井然有序，但人们可以通过努力协调秩序。秩序处于动态的变化之中，稳定有序只是暂时现象，管理的任务在于实现秩序的稳态。

媒体声誉危机应急管理避免缺位不难，难点在于因乱作为造成新的问题，即我们所说的越位。越位包括错位现象和技术越位。

（一）错位现象

越位的初级表现形式是错位。越位和到位有距离方面的差别，距离标准位置不远或后果不严重的行为称之为"错位"。错位有显性的也有隐性的，显性的错位容易招致舆论批评。

错位常见的表现形式是：媒体从业者的行为偏离了职业规范，损害了供职媒体的社会声誉。维护新闻机构的正当权益是媒体从业者的义务。在事关自己和供职媒体之间的利益取舍时，有些人选择优先维护自身利益的最大化。比如，报刊记者为稿酬将稿件同时向其他媒体供稿。在传统媒体数字化程度不高的情况下，社会反响还不大。而随着数字媒体的普及，这类行为的负面影响日渐恶劣。有的评论版编辑为报社撰写的社论文章，署上自己的名字同时投给外地报纸，导致供职报社的社论与其他都市报评论撞车。媒体从业者职务作品外投是个人习惯问题，也与机构监督不严有关。这种行为是个人利益越位的具体写照。

媒体声誉危机应急管理也存在错位现象。新闻机构在处理突发事件时，决策者的意见往往就是最终的决定。个体意志代替集体意志，增加了应急管理后果的风险性。集体建议犯错的可能性显然低于单个人。媒体声誉危机应急管理的这种越位属于"动机越位"，即媒体负责人在召集应急磋商会议前已经形成了应对的思路，只不过用程序的正义掩盖了个人独断的事实。

错位现象还包括惩罚程度的错位。应急管理对外负责沟通，对内负责问责。问责应有度的限制。例如，处理新闻造假，不能因为一个记者的造假而撤销一个采编部门，或者因一个编辑的过失而撤销某个版面（栏目、节目）。新闻机构因员工在个人微博上的

言论做出解雇的决定，这样的严厉处分造成处罚程度的错位。反之，有些从业者的不当言行让供职机构陷于被动状态却未被处罚。严重问题轻度问责和轻度问题严厉问责，处罚程度错位不符合媒体管理的要求。

（二）技术越位

技术对社会的贡献具有双重性。通常语境下的"技术贡献"概念，指的是积极贡献，忽略了反向"贡献"，即副作用或者危害。《风险社会》书中系统介绍了技术给现代社会带来的环境污染、安全隐患等风险。

传播技术促进了新闻事业的发展，技术手段也可以服务于媒体声誉危机应急管理。应急管理对技术的运用具有必然性，技术的运用应在合理的范围之内，技术越位可能导致危机事件的升级。

技术越位首先表现在通过技术手段掩盖问题。媒体声誉危机应急管理要做的是告诉公众媒体问题的成因和新闻机构如何改进问题，以及处罚决定。纸媒的差错，召回已发行的报刊并不现实，在电子版上修改不失为有效的技术应急。修改后电子版应标注该内容不同于纸质版面上的内容。这样的标识可以避免公众产生误会。如果无法更改电子版或者来不及修改电子版，应在网站显著位置以声明的形式告知公众，以免误导他们。如果新闻机构通过技术手段抽空问题版面的电子版而不作说明，则既缺乏检讨的勇气也不够坦诚。2015年4月8日，沿海地区某都市报电子版的头版头条区被打上马赛克。经查证，该区域内容原为"某市PX项目爆燃系漏油着火引发　官方通报：未造成环境污染"。该通报与公众反响出入较大，新闻机构用事实证明报道的真实性是最理想的应急策略。在电子版上给负面报道打上马赛克，用技术手段屏蔽相关报道内容，并不妨碍报纸版面上的内容在社交媒体上广泛传播。这种马赛克的屏蔽信息，属于应急管理的技术越位。这样的越位，舆论影响反而不好。

技术越位更常见的形式是删除网络上的媒体负面信息。有的新闻机构或媒体从业者通过雇用水军发帖、顶帖，用正面评论压倒负面评论，修复"形象"。技术越位可以在短时间内减少网络舆论的负面评价，但无助于问题的解决。技术的公共性还可能造成批评者用类似的方式增加批评性帖子。如果冲突双方同时利用技术手段维护自己的利益，技术就会被滥用。认识到技术越位的危害，新闻机构才可以避免成为技术的奴隶和终极受害者。

不论什么形式的越位，实质都是用一个错误去纠正另一个错误。媒体声誉危机应急管理应从药物治疗的角度反思应急管理的越位问题。服用药物也是"应急管理"，人的肌体遭遇意外的袭击，用某些药物可以有效缓解病症或达到治愈的效果。前提是医生会事先评估每种药物的副作用，权衡利弊做出选择。媒体声誉危机应急管理关键在于全面权衡利弊，不因追求眼前利益而牺牲长远利益。

媒体声誉危机应急管理是门艺术，这种艺术的获得来自实践经验的累积。媒体声誉危机应急管理的经验可以借用"跨栏定律"来解释。按照这个定律：一个人成就的大小取决于他所遇到困难的程度。竖在你面前的栏越高，你跳得也越高。整体而言确实如此，却也不尽然。问题越棘手，管理实践所走的弯路也越多。媒体声誉危机应急管理的缺位和越位并存，表明当前的应急管理水平还有不少提升的空间。

媒体声誉危机应急管理的缺位是新闻机构的精神利益与物质利益未能有机统一的结果。利益共同体的精神利益（集体声誉）和成员职业的精神利益（职业声誉）是利益共同体软实力的组成部分，只是这方面的利益与共同体成员的联系未必紧密。即便新闻机构的成员，从管理层到一线的员工，他们未必真正在意自己和供职媒体的精神利益。个体和集体的精神利益联系松散，在声誉危机问题上多数人显得麻木，舆论的批评自然和这些人没多大关系。因此，媒体声誉危机应急管理缺位反映出的问题是：精神利益主体的责权利是否统一。如果不统一，该如何转变这种局面？

管理领域的越位具有某些暴力色彩，这种暴力要么是蛮干，要么是粗暴地利己。行政级别是新闻机构有能力越位的主要原因。越位源自急功近利，这种急功近利在突发事件的处置过程中表现得比较明显。管理者的越位好比医生下的猛药，明知这么做的风险，理性的做法会首先权衡利弊，再做出选择。急于摆脱困境的管理者取舍的标准是以解决眼前问题为中心，至于因为越位产生的负面效果则是次要的事情。对主管部门负责，或者保全个人职位第一，用错误的方式解决问题，反倒成为"有利"的选项。

科学的媒体声誉危机应急管理应该禁止缺位、防止越位。缺位是不作为，这种行为有目共睹，治理难度不大；越位是乱作为，不管是无知的越位还是自利的越位，要避免这种行为关键在于建立有效的问责机制。这种问责机制是多种力量制衡的产物，有来自行政管理部门的问责，有来自新闻机构从业者的问责，同时也有来自网络民意的问责。问责机制健全了，缺位和越位也就失去存在的空间。

第三节　媒体声誉危机应急管理的自律与他律

《道德经》79章有言："有德司契，无德司彻。天道无亲，常与善人。"道德约束让我们与祸端保持距离，从自律和他律角度剖析媒体问题也有一定的意义。

一、媒体问题与职业自律

内省是职业伦理的基本内容，媒体声誉危机增多暴露出新闻业反思习惯的先天不足。媒体问题归根结底要落脚于伦理的反思，反思需要审视新闻机构及其从业者的自律问题。

（一）自律的原动力问题

自律是指向自我的暴力，是对欲望和行为的自主控制。这种控制是对个人意志的抑制，要让渡或牺牲部分利益，因而自律的实现存在难度。既然如此，自律为什么可能？自律是理性的产物，但理性并不直接产生自律，它增进人的目的性，去选择最佳的路径。自律建立在理性基础上,为达到较高层级的目标而自觉控制低层级的欲求。媒体声誉危机应急管理是精神方面的欲求,为维护声誉主动干预危机。

最高境界的自律是无欲的动机,这与人的性格有关。始终如一地严格自律并不现实,那是所谓的圣人境界。媒体自律更多地与新闻机构的新闻理念、媒体传统以及行业风尚有关。风尚具有堡垒的性质,不允许别人去打破。风尚"堡垒"环境塑造"风尚的臣民"。媒体从业者也是媒体的"臣民",不遵守规则者要付出代价。适应环境,只能选择自律。

自律的原动力是利己的需求。不论个人是否意识到,这种需求作为一种内在的驱动力促使人们通过自律的方式实现自身利益的最大化。新闻机构自律的原动力也不例外。

自律与经验有关。经验未必是现成的,也可能来自同行经验甚至是创造的。从同行管理经验中获得灵感,以自己的方式创新自律的形式。《南国早报》推出的《我们错了》这本书很有代表性。《我们错了》通过主动、集中披露《南国早报》及其姊妹报的差错向读者道歉,给自己做了一次不错的形象宣传。之所以这么做,源于他们在对虚假和失实报道"脸热心悸之余,只能选择向读者道歉——我们错了,这或许是一种解脱"。"错了,还要知道为什么会错。究其原因,还是关乎我们编辑、记者的政治修养、业务素质和职业道德的问题。"①

承认自律的原动力,就不会过分赞美自律。新闻机构的自律也是理性选择的结果。制度性的约束和偶然性的约束并不相同,前者贯穿媒体管理的始终,后者属于"流星式的自律",即新闻机构高调的自律行为只存在一个美丽的瞬间。这种偶发的自律对改进新闻工作有帮助,但炒作的成分明显,并非制度化的行为。

从时间纬度上看,自律分为事前自律与事后自律。受制于原动力的自律是事前自律,事后自律属于被动的自律。正如康德所言:"出于责任感而诚实,与出于惧怕不利后果而诚实,是完全不同的两回事,因为在前一种情况下,行动概念本身包含着为自己规定的法则,而在后一种情况下,我必须先看看这样做会给自己带来什么后果。"②

(二)自律与媒体声誉危机应急管理实务

行业受到的监督越多,越有利于行业性自律习惯的形成。媒体声誉危机应急管理的透明性不够,自律问题也比较突出。危机事件的偶发性和应急处理的不公开增加了分析的难度。我们依据零星的材料,从媒体从业者个人态度、新闻机构内部竞争和自我评价来认识媒体声誉危机应急管理的自律问题。

1. 个人态度的自律

从表面上看,媒体声誉危机应急管理关注的是声誉危机事件,实际上关注的是与之相关的人和问题。自律的缺失或者不足才是危机的原因。媒体声誉危机应急管理的质量与对人的分析是否到位有关。

---

① 李启瑞. 我们错了 [M]. 北京:商务印书馆,2011:187,188.
② 约翰. 美国新闻道德问题种种 [M]. 刘有源,译. 北京:中国新闻出版社,1988:8.

新闻机构的规模越大，对人的管理越难。规章制度可以约束职业行为，但很难将媒体从业者的价值观和行为方式标准化。如果这样，反而是在扼杀新闻事业，因为个性给新闻竞争增加了砝码。尊重媒体从业者的个性，鼓励每人发挥其个性，增加了新闻机构的活力。

肯定个性的同时，也应树立个性的风险意识。为降低这种风险，新闻机构应引入个人言行应急管理理念，以制度的形式强制要求媒体从业者树立风险意识，通过端正工作态度来降低其本人及新闻机构的声誉风险。制度约束不是目的而是手段，借助这种手段培养媒体从业者的职业自律习惯。习惯的有无，关系到声誉安全。缺乏危机意识，风险就从潜在的可能性变成了现实的可能性，只待某个具体的或然性因素来开启这个"潘多拉的盒子"。

自律也是情感的自律。情感自律是高级的自律，行为主体在控制个人行为的同时也控制自己的情感。情感控制缺位，同样会招惹是非。媒体从业者把个人的情绪带到工作中，必然要付出代价。有媒体从业者在新浪微博披露了一次不愉快的工作经历："刚刚给（新华社）总社国内部打电话，想询问全会的发稿情况，我刚刚说完你好，对方一个男声就猛地打断我：三中全会的稿子要等，别打电话问了。然后不由分说，就挂了电话。"他写道："从宣传工作的需要出发，你有义务提供重要报道的信息，以便我们做好版面安排，嫌电话麻烦，就线路上发个通告。干吗这么粗暴？"①

2. 内部竞争的自律

自律有特定的时空范围。关系亲近的人在私密空间活动时自律性最差，关系疏远的人在公共空间活动时自律性最强。人们在单位的自律性比在外部要差，和同事打交道往往不必刻意约束自己。

自律的时空范围有其合理性。内外有别的前提是不能超越道德和法律底线，抹杀私人空间和公共空间的界限。媒体声誉危机应急管理的自律也有空间的特征——内紧外松，这是自律的需要。与公众沟通不能以指示命令的方式进行；内部问责应严抓不放。必要时可公布内部问题，既警示员工也树立自律的榜样。2015年1月8日晚间，上海一家网络媒体甲的负责人公开向本地另一家新闻机构乙道歉一事就颇有代表性。1月7日，甲媒体登载的一篇报道疑似抄袭乙媒体的新闻，且并未表明出处。"其中细节我就不过多解释了，否则就有辩解嫌疑。错了就是错了，毫无疑问要道歉，并且如果道歉不够及时的话，本身也足以需要道歉。"利益共同体的自律来自内外的压力。自律的高级境界在于寻找并善待"反对派"，便于发现问题，这是避免造成不良社会影响的积极策略。新闻机构的监督经验可能不适用于监督自身，但在监督同行方面则显然可以发挥作用。

3. 自我评价的问题

自律需要一个模板，预先勾勒出理想的画像，通过自我约束无限接近它。美的建造

---

① 传媒危机案例集锦第324#案例［EB/OL］.（2013-11-12）[2022-03-09].http://47.106.15.148/forum.php?mod=viewthread&tid=5374&extra=&page=33.

根据个人的尺度进行，这个尺度依据个人标准建造"理想化的自我"。不少人并无自律的积极性，觉得自己已经自律，哪怕公众的印象大相径庭。这个场景仿佛20世纪30年代的舞台剧《头版》及其电影版《星期五女孩》。记者们齐坐，在写稿时间里，一边喝着纸杯里的威士忌，一边开始制贩谎言。①

新闻机构应对危机事件，自己满意和外界满意需要统一。如果公众（舆论）继续持批评态度，新闻机构反倒不能理解公众为何如此挑剔。这是自满对自律消解的结果。要改变这种状况，新闻机构需要先听取公众的批评再来自我评价。顺序颠倒了，媒体声誉危机应急管理的自律将不复存在。

（三）媒体声誉危机应急管理自律的尺度问题

自律尺度的主动权掌握在自己手里。自律同样是门艺术，这种艺术来自经验，无法套用某个现成的理论。新闻机构的传统并非一成不变，而受制于社会大环境。新闻机构处理媒体问题主要依照内部的规章制度，同时兼顾外部影响。网络舆论影响不大，沿用内部传统处理即可；网络舆论影响大，则加大惩罚的力度，唯独没有自律不行。"现在已经不可能像亨利·沃特森（（Henry Watterson）在1900年的《路易斯维尔信使新闻报》（*LouisvilleCourier-Joumal*）上说的那样："新闻界没有道德规约或自我约束体系和自尊。它的工作或义务没有确定标准。"②

标准是制度化的尺度。标准在固定前经过相应的测试，被普遍接受的标准才有利于行业的发展。关于标准的重要性，《圣路易环球民主党人报》（*St. Louis Globe-Democrat*）主编卡斯珀·S.约斯特（Casper S. Yost）曾评价道："在整个历史上，制定和公布确定的道德标准一直是文明进步的必要因素，只有当这些原则和标准被制定和接受后，道德范畴的文明才得以进步。"③

伦理规约就是这些标准的具体体现。媒体伦理规约大体相似，但各有特点。这些规约理应在应急管理中发挥作用。应急管理的自律应贯穿于预防危机、化解危机和内部问责的全过程。新闻机构不缺乏规章制度，目前普遍存在的问题是：在预防危机这个环节上缺乏足够的自律。差错、意外事故和媒体从业者新闻工作之外的不当言行，都是媒体声誉危机事件的"病毒携带者"。对这类病毒的"免疫"工作应在新闻伦理规约中被明确禁止。从历史上看，新闻机构以往的伦理规约对媒体从业者设置了某些禁区。1868年，美国人查尔斯·A.达纳（Charles A.Dana）接办《纽约太阳报》（*New York Sun*）后将新闻与广告分开、不许用谩骂讥笑的文字发表言论、未经采访对象许可不得发表该采访对象的访问记等13项内容写入规约，这个规约是最早要求媒体从业者自律的"报人守则"。④

新闻机构应提醒从业者使用社交媒体的风险，加强这方面的自律。对网友的批评要

---

① 安东尼.言论的边界［M］.徐爽,译.北京：法律出版社,2000：138.
② 利昂.报纸的良知［M］.萧严,译.北京：中国人民大学出版社,2005：325.
③ 利昂.报纸的良知［M］.萧严,译.北京：中国人民大学出版社,2005：326.
④ 黄瑚.新闻伦理学［M］.北京：新华出版社,2001：45.

礼貌回应，主动表示歉意而不是直接辩论，禁止使用攻击性的语言宣泄不满。这样的尺度对媒体从业者来说确实具有暴力的性质，只是这种特殊的"暴力"（自律）才能降低新闻机构的舆论风险，值得尝试。

自律的尺度应由新闻机构决策者率先示范，进而把这个尺度变成新闻机构的新传统。2013 年 4 月 17 日，美联社、美国有线电视新闻网（Cable News Network）、福克斯新闻频道（Fox News）等美国媒体一度误报波士顿爆炸案嫌犯被捕。4 月 22 日，美联社执行主编凯思琳·卡罗尔（Kathleen Carroll）声明称："我们不会把责任全推到基层主管身上。当时，我们这些在总部的人，大多数也参与了相关的讨论和决策，对此负有终极责任。"①

二、媒体声誉危机应急管理与他律

他律是指向自我的外来暴力。来自网络舆论的压力，担心被舆论围观的恐惧，接受约束是所有"弱者"的选择。我们都是这样的"弱者"，包括制造、引领舆论导向的新闻机构和媒体从业者。媒体声誉危机事件是来自舆论的他律。回应这种约束，媒体声誉危机应急管理责无旁贷。

（一）媒体声誉危机应急管理他律的两种形式

他律的意义在于限制人（机构）的任性。新闻活动也有任性的成分，增加了新闻机构犯错的可能性。他律有明确的指向，促使新闻活动依法合序。媒体声誉危机应急管理的他律包括新闻机构接受行政监督和舆论监督。

1. 行政监督

我国新闻机构和行政部门的关系决定了媒体接受较多的行政监督。行政监督是他律的表现形式。除新闻行政管理部门外，工商管理、税务、审计和监察部门也有权监管新闻机构。比如，网络舆论调侃个别新闻机构新的标志性建筑，这些建筑物的经费预算和使用最终接受审计。审计结果和整改意见具有强制性，迫使新闻机构纠正偏差。2014 年 6 月 25 日，审计署公布自 2010 年以来，某报社在规划许可和建筑施工许可尚未办理的情况下，即开工建设报刊综合业务楼；要求设计单位编制虚假的初步设计概算以通过银行贷款审查。对审计发现的问题，报社正在组织进行整改。……具体整改结果由报社向社会公告。②

行政监督建立在行政级别的基础上。高级别的行政管理部门的监督（他律）效果明显；两者平级，他律也有效果，力度弱了一些；在低级别的行政管理部门和高级别的新闻机构之间，这种形式的他律缺乏现实的可能性。③

---

① 资料来源：MICHAEL C, *AP executive editor: we deserved "shellacking" for Boston marathon misreporting*, huffington post, 2013 年。
② 审计署.××报社一大楼未批先建，贷款材料涉假［EB/OL］.（2014-06-25）[2022-03-09］. https://www.chinanews.com.cn/gn/2014/06-25/6320021.shtml.
③ 20 世纪 50 年代，广西宜山曾出现过同级新闻机构监督同级党委的争议，后遭到最高新闻管理部门的否决。

2. 舆论监督

网络舆论监督起着影响并改造社会的作用。舆论监督形式的他律效果与舆论声势成正比。舆论批评的声势如风力，不同级别的风力所产生的实际影响不同。[①] 微风级别的舆论批评可以在他律对象身上起到刺激神经的作用，这种形式的他律实际意义不大；有痛感且在社交媒体平台持续发酵的监督效果明显。新闻机构不能无视这种指向自己的痛感，需要有所反应。

舆论监督是最常见也最具持续性的他律形式。记者接受被采访对象吃请或者收取车马费，在私密状态下，记者不会有多少心理压力；转入公开状态，当事人不仅面对舆论压力，还可能受处分甚至被解雇。正是这个原因，他律才是新闻业良性发展的保证。网络舆论活跃了，媒体行为才规范。2014年2月，某知名媒体人发表"打劫匪，也犯法"的评论，遭到网友"@孙警官说事"的公开批评。[②] 被批评者当天致歉："我犯了错误。向 @孙警官说事等各位网友致歉。"媒体要摆脱舆论压力，道歉是明智的选择。当事人的行为做法受到好评：

> 针对 @×××道歉，来龙去脉来一篇，说得详细又周全，佩服都在心里面，作为专业时评员，事实真相很关键，就事论事来发言，最好失误能不犯，但是这个确实难，偶然有个小事件，出点错误也难免，其实失误不怕犯，改正态度很关键，相信对于网民而言，已经原谅在心间，给盛老师点个赞。

在所有的媒介批评中，媒体同行批评最应引起重视。媒体问题，同行最有发言权。媒体声誉危机应急管理的得失，媒体同行也有评判。这种形式的他律对提高应急能力很有帮助。2015年7月24日，武汉晚报社与楚天都市报社在微博上开展的批评与反批评，就是媒体声誉危机应急管理他律的鲜活案例。

> @武汉晚报：今天《楚天都市报》将本报独家稿件删掉正文中"武汉晚报"字样，并以《楚天都市报》名义在"今日头条"上发布。请《楚天都市报》立即删除该篇严重侵犯我报知识产权的稿件，并在"今日头条"网站同等影响力的位置发布道歉声明。
>
> //@武汉晚报：楚天都市报回应，@今日头条 从来都是未经允许转稿子改内容。可今日头条号创建、抓稿，是要经过贵报授权的。现在今日头条上已找不到以

[①] 气象学把风力分作0~12共十三个等级，分别是无风、软风、轻风、微风、和风、轻劲风、强风、疾风、大风、烈风、狂风、暴风、台风。对照网络舆论的社会影响来看，5级的轻劲风"小树摇摆，湖面泛小波，阻力极大"，大致与舆论普遍批评态势相当，6级以上的强风到台风，等同于具有破坏性的媒体声誉危机事件。台风级的声誉危机很少发生，但不是没有这样的事例。新闻集团的"窃听门"导致160多年历史的《世界新闻报》关闭，可以视作典型的台风级别的媒体声誉危机事件。

[②] 这位新闻评论人要好好去学习一下法律［EB/OL］.（2014-02-24）［2021-07-20］.http://47.106.15.148/forum.php?mod=viewthread&tid=5374&extra=&highlight=%B4%AB%C3%BD%CE%A3%BB%FA&page=38.

贵报名义推送的本报原创稿《一女子"卖卵"遭遇卖淫陷阱》，我只能呵呵。@今日头条。君请问你们会改内文、并精准删除我们故意嵌入防盗的"武汉晚报"四个字吗？①

被批评的媒体对同行监督并无认错的迹象，这涉及他律的效力问题。如果媒体声誉危机的事实不够醒目，舆论的破坏力处于微风状态，他律的效力有限。社会影响恶劣的事件，在网络舆论压力不大时，他律的效力同样无法理想。1835年，《纽约太阳报》炮制的"月球骗局"报道，涉事媒体的脆弱辩词是："人的大脑渴求奇妙的、神秘的、不可思议的新发现是很自然的事情，正如人的胃需要粮食。"②这个造假事件如果发生在今天，同样的辩词可能让这家报社陷入窘境。从这个意义上说，只有在社交媒体发达的今天，网络监督这种形式的他律才可以发挥应有的作用。

他律对新闻机构修正错误有监督作用，这与公众的兴趣有关。新闻机构珍惜来自网络舆论的批评，主动接受而不是设法逃避这种形式的他律。逃避只能暂时摆脱舆论压力，代价是不利于自身问题的改进，由此增加了潜在的舆论风险。因此，逃避他律的监督既不明智也不符合利己原则。

（二）他律与媒体声誉危机应急管理实务

网络舆论监督和被监督者之间并无义务关系，因而这样的他律具有或然性特点。新闻机构并非道德楷模，对于来自外部力量的他律不会欣然接受。媒体声誉危机应急管理在他律方面也存在不足。

1. 抵制批评

自律的约束符合自律者的审美趣味，因而乐于接受这种限制；他律作为异己的暴力形式，因不符合被约束者意愿而产生排斥心理。"闻过则喜"需要境界，多数人的心态是排斥，这样的排斥多产生于瞬间。在一次节目中，撒贝宁告诉他的一位同事经常有人在微博上留言，劝其改掉主持节目的一些不良习惯。这位同事反应强烈，讥讽撒贝宁喜欢"装"。③两人的言语冲突不像事先安排，表现得更为真实。媒体从业者在获悉舆论批评时可能碍于面子而有所抵制。

媒体应急的声明通常字斟句酌，而非新闻机构的第一反应。即便声明中使用了"感谢网友批评"的话，并不意味着这就是新闻机构的真实心态。抵制批评是正常反应，对批评的公开表态则是权衡利弊后的理性选择，公开抵制意味着抗拒网络舆论，可能激化矛盾。如果不是舆论批评恶意中伤，新闻机构不会轻易与舆论尖锐对立。弗林特建议："有批评精神的公众给我们的，才更有可能是治病的良药。喝的时候，脸色最好不要太难看。如果这药没效，至少证明我们没患这药能治的那种病。总归没什么坏处，顶多就

---

① 湖北日报集团诉"今日头条"侵权　双方各执一词［EB/OL］.（2015-08-12）［2022-03-08］. https://finance.huanqiu.com/article/9CaKrnJOrLs.
② 利昂. 报纸的良知［M］. 萧严，译. 北京：中国人民大学出版社，2005：33.
③ 简直不敢相信［EB/OL］.（2012-07-06）［2022-03-06］. https://m.weibo.cn/status/3464900183692516.

是浪费了一些药,而公众自纠错中所得之快感,即是对我们尝药的痛苦的回报。"①

2. 推诿责任

回应监督、简单明了的表态和随后通报问责及改进措施,是他律的理想结果。不肯澄清事实,而由第三方承认错误,会给公众留下不好印象。2011 年 9 月 26 日,《京华时报》报道了《××市回应否认 4 万元接待记者 称实际接待费用为 7402.52 元并向××(媒体)表示歉意》,洪湖市委宣传部称:"我部以接待记者为由,一并申请解决其他记者接待经费的做法,损害了这家分支机构的形象,造成了不良的社会影响。在此,我们向涉事媒体机构表示歉意,诚恳接受社会监督,并认真进行整改,杜绝类似事情再发生。"②

地方宣传部门向新华社湖北分社致歉,给公众留下想象的空间:新闻机构的新闻采访有无经费保障,接受地方安排的吃请对新闻的真实性和客观性是否构成影响,类似行为是孤立的还是具有普遍性,通讯社该如何追究责任。这些追问的新闻价值显然超过地方的道歉。

来自舆论的监督只要基本事实清楚,新闻机构应该公布问责结果。谁是责任主体,谁是被问责的主体,行为责任主体和问责主体是否同一。如果错位,是有意的错位还是无意的错位;如果是后者,被错误问责的主体是否申诉,不申诉的话其原因是什么。存在官僚作风的新闻机构对舆论批评可能零回应也可能推诿责任。不论何种原因、何种形式的推诿责任,都意味着他律失灵。

3. 效果问题

网络舆论的伴生性决定了舆论焦点的时空转移。网络舆论监督的效果也存在这方面的问题。

舆论不会只聚焦一个事件,危机事件持续的时间也必然有限。时间的有限性影响着他律的效果。舆论批评对新闻机构造成的压力时间有限,他律的效果只在危机期间效果明显。2014 年 6 月 24 日,宁财神因吸食毒品被抓。6 月 28 日 21 点 10 分,江苏卫视《非诚勿扰》当期节目中涉及宁财神的镜头全部被紧急处理,其画面和声音都被剪掉,这说明《非诚勿扰》已开始"去宁财神化"。③

受网络舆论的压力以及新闻主管部门的指令,新闻机构需要有所反应。网络舆论和行政监督的他律往往就事论事,这种形式的他律持续时间不长。

他律的空间问题也需要被提及。应对跨国批评时,新闻机构压力相对要小。网络舆论与新闻机构的空间距离越近效果越明显。跨国媒体的批评限于语种原因,本国受众所知不多,新闻机构对跨国舆论批评不够重视。有研究者写道:"在美国,对媒体从业人员的他律是一种看似不存在的存在,其起到的仅仅是一种警示作用,对专注于美国国内公

---

① 利昂. 报纸的良知 [M]. 萧严,译. 北京:中国人民大学出版社,2005:4.
② 孙雪梅. ××市回应否认 4 万元接待记者 称实际接待费用为 7402.52 元并向××(媒体)表示歉意 [N]. 京华时报,2011-9-26(A20).
③《非诚》紧急"处理"宁财神 镜头全招了 [N]. 半岛晨报,2014-06-30(A27).

司报道、人物报道的编辑和记者还有一定约束力，可对于进行国际新闻报道和公共事件报道的记者来说，约束力不大。"①

　　自律和他律相辅相成。同为伦理规制，自律和他律的主次问题应该是他律为主、自律为辅。自律对主体的品行修养和思想境界有较高的要求，修养和境界达标还需要韧性精神。只有同时具备这三种元素，自律才可以发挥作用。媒体的新闻理念和品格需要注入道德的血液，既不能在权力和金钱面前迷失自我，也不能对公众有傲慢心理。当前，在不少业界人士看来，谈论新闻理想显得奢侈，谈论自律更为超前。在这种情况下，单靠良心发现和道德说教很难指望自律真正发挥作用。

　　自律的作用有限，他律就必须有所作为。行政部门的行政型他律当然必要，但行政监管的覆盖面和严密度并不理想。社交媒体具有了舆论监督的职能，社交媒体用户变成了舆论监督员，这种新型的他律（网络型他律）将新闻机构关进了舆论的笼子里。网络舆论监督全天候在岗，这种形式的他律真正成为监督媒体的主力，成为伦理规制的主导力量。

　　法律监督是他律的最高形式。西方媒体的新闻机构应对声誉危机时，优先选择司法诉讼，这种途径成为最有效和最根本的解决办法。不是所有的危机事件都适合寻求法庭裁决。比如，过失导致的舆论压力同样促使新闻机构主动缓和舆论紧张关系。当然，诉讼有助于新闻机构树立自律意识。

　　媒体声誉危机应急管理存在的意义不在于解决一次性的危机冲突，而在于通过危机事件改进管理水平、提高媒体从业者的职业道德水准。正视问题、解决矛盾、化解危机，是媒体声誉危机应急管理的合法性所在。摆脱危机只是媒体声誉危机应急管理的第一步，对于新闻机构而言，每次危机事件都是"一种复杂的恩赐"，需要新闻机构从中总结教训，获得新的成长力量。正如奥古斯丁所言："每一次危机既包含导致失败的根源。又孕育着成功的种子。"②

　　注重从职业伦理角度反思自我，牢记"晴带雨伞，饱带干粮"的古训，新闻机构应未雨绸缪，定期进行"健康指标"的测试。确保自己处于健康的状态而不是亚健康状态，从而远离麻烦。

---

① 李强. 从造假丑闻看美国新闻机构自律与他律的缺失［J］. 中国广播, 2011（4）：23-24.
② 诺曼. 危机管理［M］. 北京新华信商业风险管理有限责任公司, 校译. 北京：中国人民大学出版社, 2001：5.

第七章 结论与建议

作为新型的媒体管理模式，我国的媒体声誉危机应急管理面临诸多挑战。从理论层面探寻媒体声誉危机应急管理的规律，从微观层面提出一些具有操作性的建议，这是我们的研究目标。

一、把握传播环境对媒体声誉危机应急管理的影响

传播技术是新媒介形态的助产士。社交媒体是当代传播技术的结晶，对社会生活产生了深刻影响。社交媒体的舆论影响力渐大，"微博（信）并不微小"的现实改变了人们的观念。社交媒体对传统媒体的影响同样深刻：它不仅改变了新闻素材的来源，也对媒体管理提出了挑战。

（一）传播环境影响管理理念

媒介是富有张力的信息载体。这个信息载体并不满足仅仅充当静态的信息容器，信息一旦进入这个载体，即刻被赋予了"生命"——在信息的流动中被再生产。在传统媒体主导的传播模式下，公众空有对信息再生产的冲动。微博的开放性和交互的自主性使信息再生产的规模迅速扩大，受欢迎的程度在增加。这样，微博不再是简单的信息容器，也不再是单纯的社交媒体，变成了新型的"舆论媒体"。这种特殊的媒介形态塑造了一个全新的传播环境，每个人都受到影响。恩格斯"人创造环境，环境也创造人"[1]的论断，同样适用于评价微博等社交媒体对当代社会的影响。

信息交流越便捷，交流的后果越不确定。信息量的增加和传播速度的加快，增加了交流的广度和深度。社交媒体平台在满足公众交流的同时也让这里成为是非之地。有的名人微博受到攻击和诋毁，不堪骚扰者被迫关闭微博账号。知名人士可以选择远离微博，知名机构显然没有这么幸运。在社交媒体平台上，新闻机构也被打上"风险"烙印，让媒体深刻体会到这个新环境生态的"恶劣"。有关风险社会与传播环境的关系，已有系统论述的成果，这里不再赘述。[2]

在传统媒体普遍不景气的今天，新闻机构需要在社交媒体平台扩大影

---

[1] 马克思恩格斯选集：第1卷[M].中共中央马恩列斯著作编译局，译.北京：人民出版社，1995：92.
[2] 郭小平.环境传播——话语变迁风险议题建构与路径选择[M].武汉：华中科技大学出版社，2013：119-123.

响，无法以超然的姿态偏安一隅。新闻机构对网络舆论应有警觉，对这种舆论风险进行"环境监测"。这样的"环境监测"源自舆论风险带来的压力，新闻机构需要通过变革管理理念以适应时代的发展。

（二）舆论冲突危及媒体安全

信息再生产的过程也就是形成舆论的过程。新闻媒体在真实性和客观性法则的监督下对事实进行艺术化的陈述。至于公众的感受，传统媒体的传播环境并未给他们预留太多空间。广播电视媒体的谈话节目以观点交流为主，个别节目中也穿插着争辩甚至冲突，但绝大多数的观点碰撞被事先设计好了。偶尔的意外冲突会很快被劝和，这类冲突多出现在事先录制的节目中，直播节目更加注重对意外之事的防范。至于社会对新闻的反响，新闻机构会有选择性地报道。传统传播环境无法避免观点的碰撞，但舆论冲突的激烈程度不高时，媒体可以通过议程设置操控舆论。

传播环境的变化影响舆论生态。社交媒体改变了信息传播的专业化模式，公众也有自己的"媒体"。社交媒体没有边界，参与讨论的人们彼此不需要熟悉。讨论者身份的差异造成了理性讨论和非理性讨论并存的局面，意见无法趋于统一的可能造成舆论冲突。社交媒体讨论的话题众多，能达成共识的话题讨论较少。观点多元、讨论自由，使社交媒体平台的舆论冲突呈现出常态化和事件化的特征。这两个特征越明显，社交媒体的活跃度就越高。

社交媒体传播环境的这种冲突是新型的"邻人冲突"。社交媒体也是个"村落"，每个人都是"近邻"。作为邻居，言论自由和文责自负是维系微博/微信舆论生态的两个前提。在文责自负尚不理想的今天，很难要求人们的发言全都理性，他们的"麦克风"可能成为伤人的"武器"。相反，新闻机构的"麦克风"受到的约束较多，它们可以尽量避免伤害别人，但无法避免受到邻人的伤害。新闻机构的声誉风险带来了新的媒体安全问题。重视声誉安全，避免"邻人冲突"，成为媒体管理新的必选项目。

（三）风险沟通有助于化解舆论危机

新闻机构应重视风险管理，增加媒体抵抗舆论风险的免疫力。风险管理的核心是风险沟通。记者的"沟通"能力不仅体现在新闻采访方面，也包括"讲故事"的能力。新闻质量管理强调内容的可读（视/听）性。这个目标的实现依赖的是记者和受众的间接沟通能力。掌握了受众心理，了解了他们的审美趣味，新闻才能喜闻乐见。媒体工作离不开"沟通"，通过沟通化解矛盾，使之健康协调发展。

媒体声誉危机应急管理的实质是"风险沟通"。风险沟通需要媒体管理者知道问题的症结所在，这样才能确定工作目标，明确沟通对象以及沟通的方式。"风险沟通"可以理解成"舆论沟通"，即新闻机构与公众某种形式的沟通。舆论沟通在形式上属于间接沟通，即沟通双方非面对面形式的沟通。危机应对的舆论沟通不宜采用面对面的交流方式，那样伴随的风险更多。如果沟通失败，沟通过程中的一句话、一个细节被公开，将给新闻机构造成更多的被动。而间接沟通则以单向传播的形式，新闻机构针对网络舆论聚焦的问题进行回应。先观察这种回应的舆论反响，必要时再度回应舆论存疑的事项。

风险沟通（舆论沟通）伴随着风险，这种沟通的艺术性强，时间的选择、语态、措辞和行文，都需要字斟句酌。稍有纰漏，将危及双方沟通的效果，严重的话加剧新闻机构与网络舆论的紧张关系。相比较而言，媒体管理者的舆论沟通能力比记者讲故事的难度更大。讲故事的能力可以通过日常的报道得到锻炼，但风险（舆论）沟通实战次数少，出错的成本高，更具挑战性。

二、从典型案例中寻找到共通的媒体问题

自然界里没有两片完全相同的树叶，人类社会更没有两件完全相同的事件，媒体声誉危机事件也不存在"孪生兄弟"，每个事件都有独特的研究价值。

（一）重视典型危机案例分析

新闻机构要适应技术变革的趋势，将应急管理纳入媒体管理的架构之内。新的管理组织形式需要专业知识和专门经验。媒体声誉危机应急管理有必要从公共危机管理和企业危机管理中汲取营养。新闻业的独特性决定了媒体声誉危机应急管理无法简单套用已有的危机（应急）管理理论，公共危机事件和企业声誉危机事件与媒体声誉危机事件在性质上差别明显，媒体声誉危机应急管理需要独立思考新闻业的问题。依据已有的媒体危机案例，观摩同行的应急经验，提高新闻机构的应急能力。

重视典型案例分析，加强个案研究，将间接经验转化成初级的媒体声誉危机应急管理知识，这是现阶段我国媒体声誉危机应急管理建设的必由之路。个案研究的最好方法是对比。通过对不同介质媒体、不同问题、不同应急后果和不同区域应急管理典型案例的对比，弥补媒体声誉危机应急管理经验的不足。

不同介质的媒体问题有共性的一面，也有独特的个性。以文字差错为例，纸媒的文字差错白纸黑字，如果不能召回全部报纸重新印刷发行，这些差错将成为历史档案。同属电子媒体，广播差错和电视差错的情况也不相同。广播节目的差错是口语表达的错误，有读音的错误而无错别字方面的担忧；电视节目的差错既可以是字幕的文字差错，也可以是口语表达的差错。对于差错的更正，广播节目修改容易，听众较少同步录制广播节目，这类差错的社会影响相对较小。电视的直观性强，观众数量众多，同样的差错社会反响不同。不论是媒介形式单一的新闻机构还是多介质形式的综合新闻机构，在选择危机案例时对同类案件的选择应全面。新闻机构应善于通过一起案例发掘不同介质类型的同类问题，以点带面，实现案例研究价值的最大化。

媒体声誉危机事件由某个具体的媒体问题引发。"媒体问题"的概念相当笼统，我们只能大致划定个范围：新闻机构的新闻理念、报道策略和报道问题；媒体从业者的职业活动和非职业性的活动，凡是可能导致舆论争议的问题均可以归为"媒体问题"。

问题的形态千差万别，这增加了媒体声誉危机事件原因分析的难度。不同类型的问题在网络舆论的反响为何不同，这既与公众的审美趣味有关，也与意见领袖的态度有关；同样属于表达不当，纸媒采访和电视采访受舆论关注的程度可能差别很大。分析媒体问题和危机事件的差异，通过对个性问题量的积累，增加媒体管理者对应急管理的认识。

媒体问题的差异还有个时间纬度的问题。在不同时期，同样的媒体问题可能性质也有所不同。比如，记者通过贿赂受访人获取秘密信息，这样的手段在新闻史上可能被当作"佳话"，但在法治社会被明令禁止。学会从历史长河里寻找声誉危机事件中的问题所在，以史为鉴，可以避免重蹈历史覆辙。

在因果链上，一因多果现象比较普遍。列夫·托尔斯泰用既形象又富有哲理的语言表达了同样的意思："幸福的家庭都是相似的，不幸的家庭各有各的不幸。"

每个案例背后都有鲜活的故事。同样是声誉危机事件，有喜剧型的结果，也有悲剧型的结果，这对媒体声誉危机应急管理者来说有探究的必要。同样是主持人的冒犯性语言，有的很快掀起轩然大波，有的被人旧事重提才引发轰动；不同的新闻机构对这类问题的处置有的公开谴责，有的变相包庇。进行案例对比应有史学家的考证精神，考证同类媒体问题产生的不同后果，从不同的传播环境和管理文化层面深刻认识媒体危机趋势的复杂性，克服侥幸心理，强化危机意识。只看到一种结果，媒体声誉危机应急管理者失去了认识另一种结局的机会，机会的丧失不利于今后的应急管理实践。

空间位置的差异对媒体的危机应对也有影响。区域间的差别不仅体现在经济发展水平上，也体现在新闻业的发展水平上。新闻业和地方经济发展水平成正比，经济欠发达地区的媒体数量有限，影响力相对较弱。发达地区的媒体数量多，新闻机构的显著性增加，它们被关注的程度也大不一样。新闻机构的社会影响力不同，公众对媒体问题的挑剔程度也有所区别。

我国地域辽阔，东西部地区的经济发展水平差别明显，知名媒体集中在北、上、广等主要省会城市。从理论上说，互联网没有地域歧视，所有地区的新闻机构接受舆论监督的待遇平等。公众未必这么认为。同样的媒体问题，公众对知名媒体的关注度高，他们对知名媒体更加挑剔。典型案例分析显然不应忽视区域差异对新闻机构的影响。认识到这种区域差别，经济发达地区的知名新闻机构更应重视媒体问题的预防，重视对声誉危机事件的应急处置。

政治色彩的区域差异也需要被考虑在内。港澳台地区的媒体问题和大陆的媒体问题相比有共性的问题也有个性的问题。重视关注港澳台地区的媒体声誉危机事件及其应对媒体危机的做法，对于改进大陆媒体声誉危机应急管理工作不无裨益。

在传播国际化的今天，媒体问题也呈现出国际化的特征。我国的媒体声誉危机应急管理起步晚，实战经验不足。要缩小大陆新闻机构和西方媒体声誉危机应急管理的差距，分析他国的媒体危机案例同样很有必要。国情不同，媒体制度和法律制度有别，但这并不妨碍他山之石对我们的借鉴意义。

（二）从个案中发现共性问题

从个案中发现媒体声誉危机和危机应对的普遍性质，以把握媒体声誉危机应急管理的规律。

问题是和风险结伴的。没有问题，也就失去了孕育风险的土壤。如果把问题比作雪花，把危机事件比作冰山，更有利于理解媒体声誉危机"冰冻三尺，非一日之寒"的道理。记者编辑把新闻活动看作工作任务，而媒体管理者看到的是新旧问题的更迭。新闻生产的疏忽，生产过程的意外事故，以及媒体从业者的职业行为和非职业行为，这些环节都可能出现问题。媒体管理无法从根本上杜绝问题。社交媒体出现后，不是媒体从业者的非职业行为招惹的是非多了，而是这些行为遇到了克星，媒体声誉危机应急管理的任务因此加重。

媒体问题的种类多样却有共通之处：缺陷（瑕疵/过失）。产品的瑕疵、人为的过失和自然原因的意外，要么有碍于公众的审美，要么有悖于公序良俗，这些问题在社交媒体上容易引发议论。认识到媒体问题的来源，媒体应急的管理对象明确了，治理问题才能对症下药。

"危机"级别的事件有个共同的结果：损害新闻机构的社会声誉。声誉损害包括直接损害和间接损害两种形式。直接损害属于有痛感的损伤，这种损害给新闻机构和责任人造成舆论压力。间接损害的程度较轻，网络舆论批评虽然让被批评方不悦，但并未造成有痛感的伤害。

声誉危害也可分为短暂损害与持久损害。声誉是第三方的整体印象评价，这种评价受制于外部条件的变化。新闻机构的社会声誉相对稳定，部分公众对新闻机构形成某种忠诚感。忠诚感强化了他们对新闻机构的信任，增加了他们看待媒体问题的免疫力，从而宽容所信赖新闻机构的问题。后一种信赖，通常称作媒体的公信力。和新闻机构的社会声誉相比，公众态度的忠诚显得更为恒定。

新闻机构通过媒体声誉危机事件期间舆论的态度走势，可以发现一家新闻机构在公众心目中的整体印象和真实地位。新闻机构的这个软实力在很大程度上关系到涉事机构抵抗声誉危机的能力。准确衡量自身的社会地位，有利于新闻机构自觉维护媒体声誉。

媒体声誉危机事件和应急管理的共同点是刻不容缓。从潜在风险变成现实的危机，舆论冲突双方同时感受到时间的压力。批评者渴望被批评方有正面的回应，最好是接受批评。受这种心理的驱使，在等待新闻机构的正式回应过程中，他们渴望回应的程度造成现实时间和心理时间成反比。在这个群体那里，等待的过程是一个艰难的煎熬过程，有的人通过加大批评的力度来舒缓心理压力。与此同时，面对汹涌的舆论批评，新闻机构管理层也会变得焦虑。处于被动局面的他们选择回应舆论的批评并非易事，接受批评意味着认错，不接受批评可能激怒更多的人，拒绝回应不等于麻烦自然消失。新闻机构权衡利弊的过程也是个艰难选择的过程。在外界看来新闻机构的反应速度慢，对新闻机构而言其焦急从未停止过。

危机管理侧重对事件本身的应对，应急管理侧重对舆论冲突双方焦急心态的平衡和抚慰。两者的侧重点不同，决定了危机管理和应急管理的区别。应急管理对舆论的心态和管理心态更为重视，舒缓公众的焦急心理，危机事件自然化解；危机事件化解了，新闻机构的焦急自然消失。造成双方焦虑的根源不在于直接的经济损失，而在于精神利益相关的程度。所有的媒体声誉危机事件和危机应对，毫无例外是在努力缓和局面和缓和心理压力。

(三）建立传媒舆情预警机制

风险意识在教训中后天习得。"危机"常被拆分成"危险"+"机遇"。危险面前人人平等，通过和危险的博弈把握住机遇，获得这份"礼物"的人并不多。所以，机会总是留给有准备的人。

新闻机构存在潜在的媒体风险，风险转化为危机事件的概率很低。传播环境发生变化，新闻机构意识到这方面的变化，树立风险意识是预防危机的前提。应急管理的成效不在于危机应对而在于风险防范，有效预防不能单靠管理制度的约束，而在于通过建立传媒舆情预警机制，动态地了解风险的活跃度和发展态势，及时发出预警信号。

舆情预警并非新鲜事物。新闻机构的批评报道，也就是常说的"舆论监督"和"环境监测"，同样具有舆情预警的功能。媒体的舆论监督是公开的"实然＋应然"监督形式。这里所谓的"实然"是指客观存在的事实，媒体的舆论监督指明了改进问题的方向，这种建议暂时处于"应然"状态。

我国的新闻机构还有另一种监督形式：内参。新闻机构肩负着汇总舆情信息的义务。敏感信息暂不适合公开，新闻机构以"内参"的形式呈递给行政部门参考。内参这种舆论监督也是"实然＋应然"模式。与新闻报道的区别在于，内参的应然比重增大，舆情预警的色彩更为明显。

除了利他的舆论监督（环境监测）外，新闻机构也需要利己的监督。这种监督不是简单的舆论对新闻机构的监督，而是新闻机构自觉关注并研判传媒舆情，及时向主管部门和同行发出预警。网络舆情的产业化对社会未必有利，网络舆情的专业化则相当必要。如果新闻行业组织或者某个传媒集团牵头组建全国性的传媒舆情监测系统，通过对"未然"和准"实然"的媒体风险/问题进行信息汇总，及时分析网络舆论（特别是微博）对媒体问题的态度，发出行业性的预警（应然），我国的媒体安全将得到基本保障。

三、重视媒体声誉危机应急管理亟待新的共识

媒体声誉危机应急管理既要重视微观的特殊性问题，也不能忽视对普遍性行业问题的审视。媒体声誉危机应急管理实践和理论研究应坚持将特殊性和普遍性相结合，全面认识问题。新闻业界重视媒体声誉危机事件及其危机应对，亟待形成新的共识。

（一）风险共识

当前，业界的"危机意识"并不淡薄。新兴媒体受宠，媒介融合很时尚，传统媒体经营困难，断言传统媒体已是"夕阳产业"的声音颇有市场。新闻业界弥漫的悲观情绪不是缺乏"风险共识"的问题，而是忧患过度的问题。实体经济不景气导致传统媒体收入下滑，传统媒体在实体经济链条上的事实被忽视了，造成新闻业界被悲观失落情绪所笼罩。悲观是对风险的误读。只要实体经济继续存在，传统媒体也不该是社会的负资产。行业不景气的周期性和阶段性，业界应有清醒的认识。

必要的乐观与风险意识并不矛盾。一个行业在低谷阶段，更应形成"风险共识"，因为处于低谷的行业经不起更多意外声誉危机事件的冲击。具体到媒体声誉危机应急管

理，行业的风险共识首先是承认缺陷（过失）的普遍性。盲目自信产生的完美心态容易迷惑媒体从业者的眼睛。新闻生产属于文化生产，文化生产领域的"文人相轻"传统在的新闻业界依然有生存的土壤。过分的自信让媒体从业者很难意识到自身问题。这种现象在媒体管理实践中也有体现。以自身的管理模式和管理制度为范本，察觉不到现有的管理模式和管理制度的缺陷所在，造成新闻机构的风险意识淡薄。

个人和机构的缺陷客观存在，风险意识缺位对媒体安全构成威胁。行业性的风险共识是减少媒体声誉危机事件、强化应急管理的前提。风险意识指向媒体安全，这种安全不是现成的上苍恩赐，而是新闻业界强化媒体管理、预先消除隐患的产物。

此外，还应避免对"媒体安全"的误读。业界有一种传统观念：新闻机构是国家的媒体，不会垮掉，所以媒体不存在风险（危机）之说。但这样的"安全传统"正在失灵。声誉风险不以人的意志为转移，新闻机构承认这个（未然的）事实，提前做好应对这类风险的准备工作，应是媒体声誉危机应急管理的基本共识。

（二）态度共识

态度既是心理活动也是思想表达。心理活动的隐蔽性强，当其告一段落进入行为表达环节时，只能在一定程度上掩饰行为主体的真实想法。掩饰真实想法属于虚假态度。媒体声誉危机应急管理的坦诚准则拒绝这种虚假表达（态度的虚假）。

态度和人（机构）的核心利益最为接近，也最难被改变。在媒体声誉危机事件中，新闻机构的核心利益很难被界定，因为决策者的涉公私利（如职务安全）也可能被当事人视作新闻机构的核心利益。管理层不止一人，集体的心理活动达成一致是协商的结果。协商必然有所取舍，保留的东西既要符合管理层成员的私人利益，同时又要符合新闻机构的整体利益，这样的协商才能达成共识。

态度共识的达成最为不易，在于法人态度是少数人说服全体成员的产物。具体到媒体声誉危机应急管理，态度共识首先表现为"闻过则喜"。这种共识是一种境界，需要新闻机构的管理层具有高度的责任感。"闻过"意味着承认过失，承担管理责任；"喜"需要通过"问题"的暴露寻找发展契机。产权明晰、责权利统一的新闻机构，态度共识的形成相对容易。危机面前公开认错，这样的态度共识也有难度。《纽约时报》对待造假丑闻的严肃态度，模仿者寥寥。

态度共识还包括尊重公众。公众和新闻机构的利益并不存在根本冲突，在偶然的事实面前，公众和新闻机构形成对立。这种非敌对性质的对立只是暂时现象，公众的出发点是新闻产品应该达标、媒体从业者的形象应该与其所从事的职业吻合。公众批评的动机和结果向善，其实符合新闻机构的根本利益。新闻机构认识到这一点，在危机应对过程中就不会以公众为敌，有利于缓和危机。

态度共识最终将体现在具体的行动上。承认过失和善待公众，这两个环节在心理活动层面可以完成。意识到问题、承认问题，不等于愿意主动修正问题。媒体问题导致声誉危机时，承认问题、尊重公众是应急管理的第一步。修正问题以完善管理机制、杜绝类似问题再度发生为目标，这考验着新闻机构的态度是否真诚。完善机制是利益调整的过程，因涉及媒体从业者的利益，调整过程中经常遇到阻力。这表明，态度共识从心理活动变成现实行动，排除阻力比纯粹的危机应对更为棘手。

（三）伦理共识

站在新闻机构的角度看，声誉危机属于典型的丑闻。利己的本能让新闻机构优选"家丑不外扬"这个选项——外界最好不知晓这类不体面的事情，或者仅限于小范围知晓。受这种心理的驱使，新闻机构本能地回避或掩饰冲突，这样的反应并不奇怪。

利己有小利己和大利己之分。掩饰问题属于小利己，直面危机解决问题属于大利己。新闻机构的利益诉求有暂时的诉求和长远的诉求，至于以何种诉求为主导，由新闻机构自主选择。研究者审视媒体声誉危机事件和危机应对，只能从应然角度提出建议，这离不开伦理共识。

伦理共识强调危机秩序的恢复。新闻活动需要稳态的环境做支撑。新闻活动伴随着问题甚至冲突，媒体管理追求动静结合，以动求静。动力学关注的是力和运动的关系，力和运动的紊乱会导致媒体秩序的失调，直至酿成危机事件；静力学侧重力场的平衡，通过管理制度的规范使新闻活动进入有序状态。媒体声誉危机应急管理的目标是尽快缓和新闻机构与公众的紧张关系，如果媒体秩序不稳定，新闻生产传播的乱象将损害新闻业的利益。媒体秩序包括了微观的媒体秩序和宏观的媒体秩序，微观秩序指的是新闻机构运营秩序的稳定，宏观秩序是一个国家新闻业的整体稳定。秩序稳定符合新闻机构和媒体从业者的利益，这种共识的达成并不困难。

秩序有道德层面的要求。偏离了道德轨道，秩序的稳态照样可能造成负面影响。比如，对有偿新闻的默许和对新闻敲诈的容忍，这类新闻活动也呈现出稳态的特征，只是这样的秩序属于"亚稳态的秩序"。有偿新闻这种潜规则不能受到制约，新闻业界内部秩序的这种稳定，以扰乱社会秩序为代价，终将导致媒体公信力下降。

秩序共识对新闻业的整体声誉提出了要求。虚假新闻、假记者、新闻敲诈和有偿新闻等，这些常规的媒体问题降低了公众对新闻机构的评价。社交媒体平台赋予了公众表达的自由，媒体问题一旦重复出现，公众的媒介记忆被唤醒，他们就找到了表达个人看法的机会。这样的记忆如果具有普遍性，一个人的批评在网络舆论引起围观并产生共鸣，如果新闻机构不能及时反应，更多的人把他们的类似记忆分享出来，将导致危机升级。舆论发酵，公众对新闻机构的印象由具体到模糊，整个新闻业被作为批评的标签。这样的标签让新闻业的整体声誉受损。一旦维护行业声誉成为共识，呼吁新闻机构表态，这就是舆论监督力量的胜利。

伦理共识维护的是新闻业的精神利益。这个利益的维护需要媒体从业者以身作则，引领社会风尚，起到道德标杆的作用。从媒体声誉危机应急管理到自觉维护新闻业界的整体声誉，这样的转变符合新闻业的利益，也是合力作用下的多赢局面。

社交媒体形成的传播环境成为当代中国的网络"公共领域"，赋予了新闻机构既是监督者也是被监督者的双重角色。作为被监督者，网络舆论对媒体问题的监督一旦形成共振现象，公众态度和意见的"共振"对新闻机构来说就是典型的"声誉危机"。认识网络舆论的共振现象，保障媒体安全，新闻机构需要加强对中外媒体声誉危机事件的研究，从中寻找具有规律性的经验和教训。典型案例占有得越多，分析得越透彻，越有助于减少媒体声誉危机应急管理工作的盲目性，提高危机应对的水平。微博/微信的活跃度高，网络舆论的共振现象处于动态的变化之中，单个新闻机构应接不暇。现实压力需要新闻机构联合应对舆论风险，建立行业性的传媒舆情监测系统，为新闻业提供源源不断的风险类信息。通过对传媒舆情信息的研判和预警，增强它们的危机防范意识。媒体危机和应急管理需要相应的行业共识护航。风险共识、态度共识和伦理共识是媒体声誉危机应急管理的前提，也是避免应急管理少走弯路的指示灯和警示灯。了解新的传播环境，重视典型案例的个性和共性分析，恪守三个共识，媒体的安全有了保障，新闻业才能在有序的稳态环境下发展自身。

附录：媒体声誉危机应急管理调查问卷

一、基本情况

1. 您所在的媒体属于以下哪种类型？（　　）
   A. 报纸　　　　　　　　　B. 广播
   C. 电视台　　　　　　　　D. 杂志（期刊）
   E. 网站　　　　　　　　　F. 自媒体
2. 您的职业（或职务）是（　　）
   A. 记者　　　　　　　　　B. 编辑
   C. 中层或高层管理人员

二、调查内容

1. 您觉得所在媒体的新闻理念（　　）
   A. 完美无缺，媒体从业者相当认同
   B. 比较完美，符合多数员工的意愿
   C. 有不少缺陷，为生存考虑才留下工作
   D. 不觉得所在媒体有什么值得称道的新闻理念
2. 您认为新闻机构遭遇的声誉危机事件（　　）
   A. 纯属偶然事件，新闻机构本身并无过失
   B. 有偶然的因素，但新闻机构自身也应反思自己
   C. 具有必然性，因为媒体从业者的行为存在某些过失
   D. 运气不佳，怪自己倒霉
3. 您所在的媒体遭遇意外声誉危机事件时（　　）
   A. 第一时间主动发布公告，告知公众事情真相
   B. 及时澄清事实，并诚恳道歉
   C. 上级部门施加压力时，不得不出来应对
   D. 在多年后，媒体从业者的回忆录里记载就行
4. 新闻机构遭遇的声誉危机，主要与哪些因素相关？（可以多选）（　　）
   A. 新闻理念定位有问题，记者编辑没有考虑公众的感受
   B. 新闻采编流程存在问题

C. 媒体从业者工作疏忽

D. 媒体从业者个人的行为社会影响不好

E. 纯属网民瞎起哄，一味批评媒体

5. 新闻机构在处理突发的声誉危机事件时，应坚持的原则是（可以多选）（　　）

A. 速度第一，及时回应

B. 沟通第一，以诚相待

C. 处理到位，解决问题

D. 前瞻意识，预防为主

6. 您认为当媒体遭遇意外情况或者声誉危机时应该怎样做？（或者写下您的观点）（　　）

A. 保持沉默，与其多说多错，不如等待舆论平息

B. 事件发生时简明表达观点和立场即可

C. 内部解决问题即可，不用向公众解释

D. 通过其他途径删除社交媒体上不利于单位的信息

7. 您所在的单位有专门针对新闻差错管理的制度吗？（　　）

A. 有，并且详细规定了有关差错的惩处办法

B. 只有部门内部约定俗成的习惯

C. 没有

8. 您怎样看待工作中出现的差错？（　　）

A. 差错在所难免，只要不涉及重大失误都能接受

B. 差错虽在所难免，但提高责任心可以减少差错

C. 差之毫厘，谬以千里，出现差错一定要引起重视

9. 您所在的单位是否遭遇过新闻业务方面的意外情况？（可多选）（　　）

A. 由于工作人员言行不当引起的

B. 由于工作失误被发现引起的

C. 由于新闻或传播内容失实侵犯某些人或单位的权益

D. 由工作人员牟取不正当利益引起

E. 不知情的情况下突然遭遇法律纠纷

F. 没有

10. 您所在的媒体是否建立与受众的沟通渠道？（　　）

A. 有专门的群众工作部

B. 通过微博、微信公众号与公众互动沟通

C. 读者单方面的来电或来信

D. 没有

11. 您所在的单位是否有明确的应急管理制度或预案？（　　）

A. 有　　　　　　B. 没有　　　　　　C. 不太清楚

12. 您认为媒体声誉危机应急管理的主体是（   ）

A. 国家新闻出版广电总局或地方新闻出版广电局

B. 各级记协组织

C. 本单位的管理部门

D. 记者或编辑等实际接触新闻业务的工作人员

13. 您觉得新媒体环境下给媒体相关问题管理带来怎样的改变？（多选题）（   ）

A. 舆论的引导及监督范围更加扩大，工作开展需更加谨慎

B. 搭建了与受众的交流平台，扩充沟通反馈渠道

C. 将媒体置于广泛的关注下，遇到问题想要蒙混过关更加不可能

D. 媒体从业人员（包括管理人员）工作压力和难度将加大

E. 工作环境越来越复杂，更考验业务水平和能力

14. 您觉得报刊媒体差错的显性问题有哪些？（可以多选）（   ）

A. 文字差错   B. 图片差错

C. 称谓差错   D. 印刷错误

15. 您觉得报刊媒体差错的隐性问题有哪些？（可以多选）（   ）

A. 不够客观   B. 信息不对称

C. 民族宗教问题   D. 报道存在歧义

16. 您觉得广电媒体差错的显性问题有哪些？（可以多选）（   ）

A. 信息误报   B. 播音问题

C. 言论不当   D. 着装问题

E. 临时更换主播

17. 您觉得广电媒体差错的隐性问题有哪些？（可以多选）（   ）

A. 劳累困倦   B. 姿态问题

C. 预告不准   D. 安全隐患

18. 您认为技术原因和媒体声誉危机的关系是（可以多选）（   ）

A. 设备故障造成广播电视节目无法正常播出

B. 软件问题影响广播电视节目的质量

C. 意外事故（停电、地震、老鼠出没）吓坏主持人

D. 黑客攻击造成媒体报道严重错误

19. 在新闻采编活动中，您认为哪些情况可能引发媒体问题？（可以多选）（   ）

A. 采访过程中收取"车马费"

B. 媒体从业者进行新闻敲诈

C. 媒体从业者的人身安全受到威胁

D. 其他原因

20. 您认为媒体从业者突然离职对新闻机构的影响有哪些？（可以多选）（   ）

A. 媒体高管突然离职，导致媒体运转受到直接影响

B. 著名记者（编辑）突然离职，影响到新闻报道的质量

C. 编辑团队突然离职，造成媒体无法正常出版（播出）

D. 媒体从业者自杀，影响其所在部门的工作

21. 您认为媒体从业者有损于供职单位声誉的不良作风有哪些？（可以多选）（   ）

A. 吸毒   B. 嫖娼   C. 同性恋   D. 被包养

E. 说大话

22. 新闻产品被同行非法侵权，您认为新闻机构应怎么办？（   ）

A. 公开曝光，维护自己的版权权利

B. 诉诸法院，要求赔偿并承诺以后不再侵权

C. 发布公告，制造舆论声势，迫使对方不再侵权

D. 私下协商

E. 碍于面子，彼此相互不尊重作品的版权

23. 新闻机构的官方微博哪些方面容易出现问题？（可以多选）（   ）

A. 发布虚假消息

B. 发布偏激言论

C. 发布低俗信息

D. 出事后称账号被盗，与自己无关

24. 媒体从业者个人的社交媒体，和供职媒体的关系是（   ）

A. 代表单位形象

B. 和供职单位无关

C. 一定程度上代表着媒体形象

25. 新闻机构的劳资诉求，您认为哪种方式更合适？（   ）

A. 满足诉求后不对外公开

B. 满足诉求后依然对外公开

C. 部分满足诉求，通过社交媒体给单位施压

D. 要求不能满足，扯横幅制造舆论声势，迫使单位妥协

26. 新闻机构的记者站，您认为其职责应该是（   ）

A. 只从事新闻采编活动

B. 既从事新闻采编活动，也开展媒体经营活动

C. 以经营创收为主要任务

D. 和地方政府搞好关系

27. 对于新闻机构存在的问题，您认为新闻行政管理部门应该（   ）

A. 直接干预，强令纠正

B. 间接干预，要求纠正

C. 不予过问，任其发展

D. 只有政治敏感问题，才出面干预

28. 现行的新闻法规和规章制度,对规范新闻机构及其从业者的行为有何影响?(　　)

A. 形同虚设,基本不发挥作用

B. 管理部门严格按照法规、制度约束新闻机构及其从业者

C. 管理部门超越法规、制度干预新闻机构事务

29. 您所在的新闻机构在处理自身的声誉危机事件时,存在(　　)

A. 管理缺位　　　　B. 管理越位　　　　C. 管理不到位

30. 您认为还有哪些措施可以提升媒体问题的应急管理水平?(开放问题)

后　记

　　关于"灵感",人们最常说的就是"长期积累,偶然得之"。媒体声誉危机应急管理研究这个选题也是灵光闪现的产物。自2010年起,我养成了在传媒教育网(原龙新网)上分类搜集与传媒有关素材的习惯,几年下来,积少成多,不经意间已有80多个专门的集锦帖子。媒体声誉危机应急管理案例集锦始于2010年搜集的一则关于新闻机构问题的帖子。随着这方面素材的增多,我逐渐意识到:媒体负面信息有其特殊的研究价值。

　　2013年初,我从媒体声誉危机应急管理角度将自己搜集的数百个帖子和近三年来的思考作为自选课题申报国家社科基金项目。自当年6月立项以来,我一边在课题组成员的协助下搜集、整理素材,一边抽出时间向媒体管理层的朋友们请教,思考相关问题。应急管理研究的虽是"急病",但对付"急病"无疑需要"慢医生",不能头痛医头、脚痛医脚,提出几点建议草率交差。我希望在哲学、管理学、新闻传播学等领域,做个合格的"交叉生",让自己负责的这个项目经得起时间的检验,而不是拿到一纸成果鉴定书就万事大吉。为此,我们申请延期一年结项,尽可能让这个研究报告既有理论深度又有实用价值,同时还适合学术界和新闻业界来阅读。研究报告的后半部分,在行文方面我们偶尔使用略微活泼的语言,托喻设譬,希望能给读者留下一些记忆。

　　一个项目的完成,离不开众人的帮助。申报项目阶段,我虚心请益。项目题目的拟定,连学生都当过我的"老师";申报书初稿出来,向多位同行专家求教,聆听他们的意见。没有智慧的"众筹",也许就没有今天写这篇后记的机会;项目批准立项后,得到国内新闻业界不少媒体老师的支持,他们给我介绍了内幕,帮我出谋划策。特别需要提及的是,我在中国传媒大学读博期间的英语老师贺文发先生,专门快递他的专著给我,供我参考其中涉及西方新闻机构应急管理的内容。此外,还有中国传媒大学出版社的编辑老师们,我对他们的热情支持深表感谢。

　　2016年10月,本研究申请结项。2017年7月,收到规划办转来的5份专家鉴定意见书。字里行间,无不凝聚着专家们的智慧和心血。同行的批评弥足珍贵,也是难得的学习参考书。我研读并梳理了专家们的意见,从9个方面对研究报告进行了修订。2018年1月,完成结项。

作为一项具有拓荒性质的研究项目，没有现成的理论，缺乏直接相关的研究文献，加上本人学识水平有限，决定了这份研究报告还有诸多不足。2017年暑假，我在研究报告基础上进行压缩并完善成书稿。从2019年9月起，每年都会根据编辑的建议对书稿进行校对、删减和润色。尽管如此，限于作者个人理论素养和文字表达的水平，书稿难免存在纰漏和差错，敬请读者在阅读过程中批评指正。

刘海明
2022年8月15月于重庆大学虎溪花园